JN440799

함안조씨연행록

오백 년 명문가의 도덕적 원천

함안조씨 언행록

김종수 역주

경상국립대학교출판부

역주자의 말

인류가 문명의 터널로 진입하기 시작한 역사(歷史) 시대 이후로 윤리·도덕의 세계란, 인간사를 지탱하는 가장 근원적인 동력으로 인식되어왔다. 특히 유학(儒學)이 한반도에 전파된 이래로 오륜(五倫)과 삼강(三綱)으로 대변되는 덕목들은, 마치 밤낮으로 저 하늘을 환하게 밝혀 주는 일월과도 같이 만고 불변의 가치를 지니는 것으로 믿어 의심치 않았다. 실상 조선시대 때 발간된 각종 읍지류(邑誌類)의 후반부 목록을 차지하고 있는 〈충의(忠義)·효자(孝子)·효녀(孝女)·열녀(烈女)〉 등과 같은 항목들은 삼강·오륜으로 표상되는 윤리적 절대주의의 가치를 한껏 정당화해 주고 있다. 행인들의 왕래가 잦은 마을 어귀에 떡하니 세워진 각종 정려각(旌閭閣)·비(碑)들도 조선 왕조가 윤리·도덕의 결정체인 유교적 이념을 구현하기 위해 얼마나 절치부심했던가를 잘 방증해 주고 있다.

그런가 하면 혈연에 기반한 특수한 조직 구분·운영 방식인 종법제(宗法制)라는 제도하에서 이뤄진 거대한 유교적 실험은 불가피한 한계점들을 더러 추수하기도 하였다. 그 폐해의 한 극점은 지고지순한 유교적 이념이 '가(家)'라는 소규모 혈연 집단의 테두리 안에 철저히 봉쇄되고야 만 기이한 현상을 통해서도 뚜렷하게 확인된다. 다양한 읍지류의 말미에 할애된 〈문과(文科)·증시(贈諡)·생진(生進)·무과(武科)〉 조항들은 특정 문중의 사회적 지위나 성공 지표를 상징해 주는 공적인 기록물이면서, 또한 유교(儒敎)가 으뜸의 가르침을 뒷전으로 한 채 서서히 가문 혹은 문중 지향적인 종교로 변질되어 갔던 징표라는 의미를 아울러 담지하고도 있다. 예컨대 굳이 온갖 무리수를 써가면서까지 친자에게 회사를 물려주려 하다가, 기어이 세상의 지탄을 받곤 하는 오늘날 한국식 대기업의 허상 또한 '가'라는 혈연적 소집단에 유폐되고야 만 유교적 폐습의 현대적 부활에 다름 아닌 것이다. 이처럼 유사 이래로 세속적 부귀(富貴)는 늘 인간의 본능적 욕망과 애틋한 비례 관계를 유지해 오면서, 유교를 위시한 다양한 고등종교의 가르침들을 무한한 시험의 장으로 유인케 하는 반면교사 역할을 수행해 왔던 것이다.

그런 의미에서 볼 때 본서가 대본으로 삼은 『함안조씨언행록(咸安趙氏言行錄)』은 철저히 영원주의(永遠主義) 철학의 편에 선 희유한 문중용 텍스트로 평가할 수 있다. 왜냐하면 『함안조씨언행록』의 경우, 동국의 거성(巨姓) 집단인 함안조씨 내의 범(凡) 덕곡공파 문중 후손들의 바람직한 도덕감 형성을 위해 저술된 서책이기 때문이다. 그리하여 『함안조씨언행록』의 편집진은 이 문중 출신의 문과·무과 및 생원·진사시의 합격자 수치나, 혹은 곳간을 가득 메운 볏섬의 수량 따위를 주요한 평가 기준으로 내세우지 않았다. 대신에 『함안조씨언행록』의 저자는 이 텍스트에 수록될 인물들을 선정하기 위한 긴요한 척도로 효우(孝友)·충절(忠節)·의리(義理)·순절(殉節)·전공(戰功) 등과 같은 복수의 잣대들과 함께, 또 학덕(學德)의 성취와 강학(講

學) 활동의 전개 및 관직 근무[居官]의 태도며 위민(爲民) 의식의 발휘 등과 같은 심히 보편적인 기준들을 일관되게 적용하였음이 대단히 주목된다.

더욱이 『함안조씨언행록』은 려말(麗末)·선초(鮮初) 무렵에서 시작해서 해방 정국을 맞이했던 1950년도에 이르기까지 무려 500여 년이 훌쩍 넘는 역사적 무대를 시간의 좌표로 설정한 가운데, 도합 68인에 한정된 인물만을 엄선했다는 점도 이 서책의 중요한 텍스트다움(Textualitat)을 형성하고 있다. 결과적으로 『함안조씨언행록』은 약 500여 년에 이르는 기나긴 세월의 분절 단위들이 동일하게 참된 가치·덕목들을 지향하는 차원에서의 시간의 존재론적 성격에 대한 철학적 접근 방법을 지칭하는 영원주의 철학과 궤를 나란히 하는 텍스트임이 입증된다.

바로 이런 이유 때문에 『함안조씨언행록』은 이른바 '문중(門中) 사학(史學)'이 터한 지극히 편협된 공간과 자가애(自家愛)적인 나르시시즘(Narcissism) 증상을 초극한 층위(層位)에서 만인의 심금을 울릴 만한 감동적인 메시지를 선사할 수 있었던 것이다. 이에 역주자는 『함안조씨언행록』이야말로 만민이 사장님과 선생님의 나라로 화한 작금의 '갑을적(甲乙的)' 한국 사회의 저급한 천민문화를 향해서 일대 경종을 울릴 만한 텍스트로 판단하고, 국역과 약간의 해석을 덧붙인 역주서(譯註書)를 세상에 내놓게 되었다. 남덕유산 자락의 심심산골에 위치한 거창군 북상면의 양지마을에서 우연히 이 서책을 접한 지 약 5년 만의 일이다. 이번의 역주서가 발행되기까지에는 명말(明末)의 운서주굉(雲棲株宏) 스님이 설한 시절인연(時節因緣)과도 같은 숱한 사연들이 잠복하고 있어서, 필자가 느끼는 감회란 참으로 남다르다.

차제에 1946년에 발간된 소위 병술본(丙戌本) 『언행록』의 발문(跋文)을 지은 조성제(趙成濟) 선생이 토로한 20세기 중반 무렵의 세태 인식에 관한 내용을 가만히 음미해 보기로 한다.

> "지금 세상은 푸른 바다가 뽕나무밭으로 바뀌듯 크게 돌변한 탓에, 삼강·오륜이 땅바닥에 떨어졌습니다. 또 천현(天顯)[지친 관계]과 민이(民彝)[오상]를 강론할 만한 곳이 없어진 까닭에, 사람으로 날짐승과 네 발 달린 짐승들과 다른 자가 거의 드문 지경입니다 …(중략)… 그러니 밤낮으로 언행(言行)을 독실하게 하여, 어찌 서로 힘쓰지 않으시겠는지요?"

윗글은 병술본 『언행록』의 후신에 해당하는 『함안조씨언행록』이 '관감(觀感)·흥기(興起)'로 대변되는 교육적 목적을 지향했던 중요한 이유를 저절로 실감케 해준다. 이처럼 눈으로 보고 마음으로 느끼면서 의로운 기운이 떨쳐 일어나는 양상이란, 어찌 함안조씨 덕곡공파라는 특정한 문중에만 국한될 일이겠는가?

끝으로 다소 산만한 본서의 원고를 '2019년 경남스토리텔링 우수저작물 공모 사업'에 선정해 준 경상국립대학교 출판부 측에 깊은 사의를 표하는 바이다. 또한 몇 번에 걸친 교정 작업과 사진을 삽입하는 등의 까다로운 일정들을 묵묵히 감당해 주신 이가람·이희은 씨께도 감사를 드리고 싶다. 본 역주서가 출판부 측에 누가 되지 않기를 바라는 마음 간절할 따름이다. 또한 이 역주서가 오로지 물신교(物神教)만을 유일한 종교라 생각하고 일심으로 섬기는 금수(禽獸) 무리들로 넘쳐난 끝에, 흡사 인면수심(人面獸心)과 진배없는 작금의 세기말적 징후들을 조금이나마 정화시켜 주는 알싸한 청량제로 다가서길 바라는 마음 간절하다.

2021년 8월 7일에

고향의 시은재(市隱齋)에서 갑자산을 응시하면서

김종수가 삼가 쓰다.

목차

2부 역주 『함안조씨 언행록』

1부

안내 글

德谷 趙承肅
덕곡 조승숙과

咸安趙氏言行錄
함안조씨언행록

지난날 경상우도(慶尙右道) 권역의 함양(咸陽)에 연고를 두었던 덕곡 조승숙은 여말(麗末)·선초(鮮初)를 주요 활동기로 삼아, 불사이군(不事二君)으로 표방되는 시대정신을 몸소 실천한 충절의 인물이다. 정몽주(鄭夢周)의 문인이기도 하였던 조승숙은 스승인 포은(圃隱)과 정치적 노선을 같이하여, 조선(朝鮮)이 개국(開國)한 직후에 고향인 함양의 덕곡촌(德谷村)으로의 귀은(歸隱)을 단행함으로써, 태조(太祖) 이성계(李成桂)에 의해 구축된 신왕조에 대한 강력한 항절(抗節) 의지를 몸소 실행에 옮기게 된다. 물론 당시 조승숙이 선택한 귀향·은둔 행위란 14세기를 전후로 한 고려(高麗) 말엽에 이르러, 이른바 두문동(杜門洞) 72현(賢)들이 선택한 분화된 자정 노선(自靖路線)의 세 국면 중에서 하나의 방식을 선택한 결과이기도 하였다.

한편 조승숙은 향리사회로 귀은에 돌입한 이래로 후학들을 대상으로 한 강학활동(講學活動)을 일관되게 전개함으로써, 일찍이 맹자(孟子)가 설파한 대장부(大丈夫) 정신을 재야(在野)의 뜰에서 몸소 구현하기도 하였다. 차후 거성(巨姓) 집단인 함안조씨를 지탱하는 일파(一派)에 해당하는 덕곡공파(德谷公派)의 파조(派祖)로 옹립된 조승숙이 생전에 남긴 일련의 행적들은, 이 문중의 후손들에게 유의미한 삶의 전범으로 뇌리 깊숙이 각인되기에 이른다. 즉, 범(凡) 덕곡공파 후손들의 입장에서 봤을 때 이미 원조(遠祖)로 화한 조승숙은 닮아야 할 동일시 모델 그 자체로 인식되었던 것이다.

이 같은 정황은 범 덕곡공파 문중 차원에서 간행한 문중 내적인 교훈서이자 계몽서의 성격을 띤 『함안조씨언행록』를 통해서도 분명하게 확인된다. 도합 5편으로 구성된 『함안조씨언행록』은 고려 말엽에서 시작하여 20세기 중반인 1950년도 무렵에 이르기까지 주요 후손 68인이 선보인 귀감이 될 만한 행적들을 발취하여 재구성한 독특한 유형의 텍스트의 성격을 띠고 있다. 조승숙은 함안조씨 문중의 시조(始祖)인 조정(趙鼎)과 함양권으로 이주한 입향조(入鄕祖) 조영준(趙英俊), 그리고 부친 조경(趙璥) 등의 인물들과 함께 『함안조씨언행록』의 「제1편」에 소속되어 있다.

그런데 조승숙의 경우 『함안조씨언행록』 전체에서 가장 많은 서술 공간을 획득하였을 뿐만 아니라, '선생(先生)'이라는 호칭이 구사된 정황 등으로 미뤄 볼 때 언행록의 직접적인 연원을 제공해 준 상징적인 인물임이 간취된다. 참고로 『함안조씨언행록』은 선생·관직명·호(號)·'휘(諱)ㅁㅁ'라는 네 종류의 호칭법을 구사하고 있다. 그중에서 '선생'이라는 영예로운 칭호를 부여받은 인물은 불과 세 사람에 한정된 상태이므로, 이 호칭법에 내재된 상징적인 위상의 정도를 어느 정도 가늠케 해 준다.

또한 1963년도에 발간된 계묘본(癸卯本) 『함안조씨언행록』의 경우, 범 덕곡공파 내부에서 개별적인 파별(派別) 단위로 나누어 독립적인 서술 체계를 유지하였던 기존 『언행록(言行錄)』 체제의 한계를 초극한 차원에서, '연대(年代)·연기(連記)'라는 새로운 편집 원칙을 적용한 점도 대단히 주목되는 바이다. 그 결과 계묘본 언행록은 범 덕곡공파 후손들 가운데 엄선된 68인을 대상으로 하여 효우·충절·학문의 성취도 및 청렴성과 위민의식(爲民意識) 등과 같은 극히 보편적인 인물 선정 기준을 적용함으로써, 서술의 체계성과 인물의 총괄성을 한껏 강화한 차원에서의 새로운 문중용 텍스트로 거듭나게 되었던 것이다. 그리하여 1963년에 이르러 『함안조씨언행록』으로 개명하여 편찬한 계묘본 언행록의 경우, 문중용 도서가 초래하기 십상인 폐쇄적·종족주의적 한계성을 극복한 층위(層位)에서 지극히 보편적인 가치를 담지한 서책으로 환골탈태할 수 있었던 것이다.

그 결과 애초 범 덕곡공파 후손들을 위한 문중용 교훈서인 『함안조씨언행록』이 협소한 소집단 위주로 형성된 문중의 강고한 벽을 뛰어넘을 수 있었던 것이다. 더 나아가 독자 제위(諸位)들에게 깊은 공감에 뒤이은 신선한 감동까지 아울러 선사할 수 있게 된 이면에는, 이상에서 간략히 진단해 보인 여러 부류의 복합적인 정황들과 텍스트적인 특성 등이 동시에 계루된 결과였음을 이해하게 된다.

1. 드는 말

약 30쪽 분량으로 이뤄진 『함안조씨언행록(咸安趙氏言行錄)』은 경상우도(慶尙右道)의 함양(咸陽)에 연고를 둔 고려 말엽의 충신인 덕곡(德谷) 조승숙(趙承肅, 1357~1417)과 그 후손들이 남긴 귀감이 될 만한 언행과 약전(略傳)을 수록한 범(凡) 덕곡공파(德谷公派) 문중(門中) 내부의 도덕교육 용도의 성격을 띤 서책에 해당한다.[1] 즉, 『함안조씨언행록』은 이 성씨의 시조인 모당(慕唐) 조정(趙鼎)을 필두로 하여 구한말(舊韓末)의 인물인 죽사(竹史) 조경제(趙京濟, 1901~1949)에 이르기까지 68명의 인물들을 엄선하고, 이들이 향유한 특징적인 삶의 모습을 극히 교훈적인 기법으로 간략히 소개해 둠으로써, 후손들의 긍정적인 도덕감 형성에 지대한 영향력을 행사한 계몽서의 역할을 수행할 수 있었던

1 이하의 내용은 金鍾秀, 「德谷 趙承肅과 『咸安趙氏言行錄』 연구」, 『동방문화와 사상』 6집, 동방문화대학원대학교 부설 동양학연구소, 2019, 175~208쪽의 내용을 대폭 보완하여 작성한 결과임을 밝혀 둔다.

것이다.

이를 위해 『함안조씨언행록』의 편집진은 분파별(分派別)로 나뉘어 기술된 기존 『언행록』의 독립적인 서술 체계를 과감히 탈피한 끝에, 연대별(年代別)로 재편하여 일률적으로 소개하는 식의 통합적인 서술 체계를 새롭게 선보였는데, 이것이 바로 현전하는 『함안조씨언행록』인 것이다. 『함안조씨언행록』의 가장 특징적인 서술 방식을 형성하고 있는 연대별에 따른 범 문중 차원에서의 통합적인 편집 체제는, 「제1편」에서 「제5편」에 이르는 세부적인 구성 체계를 보여 주고 있다. 이에 조승숙에서 연원하는 덕곡공파의 원조(遠祖) 혹은 선계(先系)에 해당하는 인물들 5인을 「제1편」에 배속시킨 가운데, 일정한 연도의 진행 추이에 따라 순차적으로 선별된 문중의 인사들을 「제2편」에서 「5편」까지로 나눠서 단계적으로 소개하는 식으로 체계적인 방식을 취하고 있다.

본 논의와 관련하여 보다 더 중요한 사실은 도합 5편으로 나뉘어 수록된 『함안조씨언행록』 속의 인물들에 대한 선별 기준은 과연 무엇인가 하는 점일 것이다. 효율적인 논의 전개를 위한 방편상 결론을 미리 앞당겨서 소개하자면, 언행록에 수록된 인물들에 대한 일차적인 선정 기준인 효우(孝友)·충절(忠節)·의리(義理)·순절(殉節)[전공(戰功)] 등과 함께, 또 학문적 성취 정도와 강학 활동 및 거관(居官)·위민(爲民)의 태도 등과 같은 심히 보편적 기준을 일관되게 적용하였음이 자못 주목된다. 물론 여느 문중들의 경우와 마찬가지로 문과(文科)·무과(武科) 출신자 수효와 이들의 관직 이력 및 생원(生員)·진사시(進士試) 합격자 등과 같은 부차적인 기준도 반영하지 않았던 것은 아니다. 그러나 『함안조씨언행록』의 저변을 관류하는 일관된 흐름은 앞서 적시한 덕목·가치·정신 및 처세(處世)의 태도 등에 관한 이행 여부 정도 등과 같이 상당히 공적이면서도 보편적인 기준들이 주류를 형성하고 있다. 바로 이러한 텍스트적 특성으로 인하여『함안조씨언행록』은 문중(門中) 사학적(史學的)·폐쇄적 한계를 과감히 초극할 수 있었고, 그 결과 경상우도를 대표하는 사족층(士族層)의 한 그룹으로서 굳건한 위상을 오래도록 향유할 수 있었던 것으로 분석된다.

이에 필자는 일차적으로『함안조씨언행록』에 대한 해제(解題) 성격의 글을 학계에 소개한 바가 있고, 그 후속 작업의 일환으로 이 텍스트에 대한 역주(譯註) 작업을 시도하게 되었다. 이 같은 필자의 단계적 조처는 이하와 같은『함안조씨언행록』의 광범위한 기대 효과를 예감하였기 때문이다. 왜냐하면 이 서책은 노블레스 오블리주(noblesse oblige)를 실현하기 위해서는 대(代)를 잇는 부단한 노력과 가문 내적 성찰과 희생이 필요하다는 지극히 상식적인 이치에 관한 역사적·경험적 차원의 선례를 제공해 주고 있을 뿐만 아니라, 첫 번째 지적과는 대척점에 처한 작금의 '갑을적(甲乙的)' 한국 사회의 저급하기 짝이 없는 현실에 대해서도 일대 경종의 의미를 동시에 선사해 주고 있는 것으로도 판단되었기 때문이다. 그렇다면 이제『함안조씨언행록』의 대본(臺本)에 상응하는 인물인 덕곡 조승숙의 생평사략(生平史略)을 우선적으로 소개하는 절차를 수행하도록 하겠다.

2. 덕곡 조승숙의 약전(略傳)

현전하는 『함안조씨언행록』(1963)을 정밀하게 분석해 본 결과, 이 서책이 저술된 이면에는 덕곡공파의 파조(派祖)로서 충절의 인물인 조승숙의 삶이 문중 후손들에게 끼친 크나큰 영향력에서 직접 기인하고 있었다는 점을 파악하게 되었다. 다시 말해서 함안조씨 덕곡공파 문중 후손들의 모범적인 행적(行蹟)들을 적출해서 재구성한 『함안조씨언행록』의 저변을 형성하고 있는 효우로운 가풍(家風)과 충절 의식, 그리고 호학(好學) 지향적 성향과 강학 활동의 전개 등과 같은 일련의 특징들의 연원을 제공해 준 당사자이자 시발점은 바로 '두문동(杜門洞) 71인(人)'의 일원이었던 덕곡 조승숙이었던 것이다.[2] 이에 『함안조씨언행록』에 대해서 일종의 대본에 해당하는 의미를 지닌 인물인 조승숙의 특징적인 생애에 관한 약전(略傳)을 간략하게 재구성해서 소개하는 절차를 우선적으로 수행할 필요성이 제기된다.

일단, 이 사안과 관련하여 『함안조씨언행록』에서는 「제1편」의 〈덕곡선생휘승숙(德谷先生諱承肅)〉 조항을 통해서 이 문중의 파조(派祖)이자 정신적인 구심점이기도 한 조승숙의 생애를 아래처럼 일목요연하게 정리해서 소개해 두었음이 확인된다.

"자(字)는 경부(敬夫)요 호(號)는 덕곡으로, 고려(高麗) 공민왕(恭愍王) 1357년에 출

2 咸安趙氏世譜編輯委員會(가칭), 『咸安趙氏世譜』 卷1, 「咸安趙氏言行錄」, 〈德谷先生諱承肅〉, 咸陽教授亭活印, 1963, 3쪽, "先生入杜門洞時, 與七十一人, 各言其志." 이 구절은 이른바 '두문동 72현(賢)'에 대한 전거(典據)에 해당하는 문장인데, '72현' 혹은 '72인'이 아닌 '71인'으로 표기한 점이 눈에 띈다. 이하에서는 『咸安趙氏世譜』는 생략하고, 그 대신에 『咸安趙氏言行錄』만을 표기하며, 또한 함안조씨세보편집위원회는 '함안조씨세보위'로 약칭하도록 한다. 이하의 쪽수 표시는 편의상 필자가 순서대로 매긴 것이다.

생하였다. 홍무(洪武) 9년인 1376년에 진사시에 합격하였고 익년인 1377년 에 문과(文科)에 올라 특별히 저작랑(著作郞)에 임명되어 하사(賀使)에 충원되었다. (이후) 1391년에 이르러 봉정대부(奉正大夫)와 부여(扶餘) 감무(監務)에 제수[除]되었고, 영락(永樂) 15년[1417]에 타계하였으니, 향년 61세였다."[3]

윗글에 잘 드러나 있듯이 조승숙은 20세에 사마시(司馬試)에 합격한 후에, 익년인 1377년에 이르러 약관의 나이인 21세에 당당히 문과에 급제한 수재형 인물이었다. 또한 조승숙이 문서의 초안을 담당하는 관직인 저작랑에 특배(特拜)되고, 연이어 축하 사절단을 뜻하는 '하사(賀使)'에 충원되어 중국으로 사행(使行)에 나섰던 이면에는 '사령(辭令)·장주(章奏)'로 대변되는 문장 방면의 탁월한 역량 때문이었다. 당시 중국에서 조승숙이 올린 "간절한 장주(章奏)"로 인하여 명(明)나라의 태조(太祖)[洪武帝]로부터 특별히 자금어대(紫金魚帒)를 하사받기도 하였다. 사신행 중에 발휘된 덕곡의 문장 작법 역량은 일순 중국의 지성계를 술렁거리게 하였을 정도로 빼어났던 것으로 『함안조씨언행록』에 기록되어 있다.[4]

그래서인지 조승숙 후손들의 경우 정주학(程朱學) 방면의 도덕철학적 주제 사안을 뜻하는 의리학(義理學) 방면에 대한 탐구에 못지않게, 사장학(詞章學) 또한 결코 소홀히 하지 않았던 공통된 경향을 보여 주고 있다. 『함안조씨언행록』에 선정된 인물들 대부분이 '유고(遺稿)·유집(遺集)·유사(遺事)·가장

3 咸安趙氏世譜委, 『咸安趙氏言行錄』, 「第一編」, 〈德谷先生諱承肅〉, 2쪽, "字敬夫, 號德谷, 高麗恭愍王丁酉生, 洪武九年丙辰, 中進士, 翌年丁巳, 登文科, 特拜著作郞, 充賀使, 辛味除奉正大夫夫餘監務, 永樂十五年丁酉卒, 享年六十一."

4 咸安趙氏世譜委, 『咸安趙氏言行錄』, 「第一編」, 〈德谷先生諱承肅〉, 3쪽, "先生以著作郞充賀使, 嫺於辭令, 凱於章奏, 中朝之人, 莫不聳驚而敬重之, 於是, 皇朝特賜紫金魚帒, 自此華聞播於中朝." 운위된 '장주(章奏)'란 신하가 황제나 임금에게 올리던 글을 뜻한다.

(家藏)' 등으로 지칭한 문집이나 저술을 남겼던 이유는 바로 이러한 맥락에서 이해가 가능하다. 『함안조씨언행록』에서 다수의 시(詩) 작품들에 대한 소개가 이루어지고 있는 정황 역시 『소학(小學)』에서의 이른바 '작문자(作文字)' 활동을 경시하지 않았던 덕곡공파 문중의 고유한 전통을 은연중 시사해 주고 있다.

그런데 조승숙의 일생을 개괄하여 제시한 위의 인용문에서는 그가 "일찍이 포은(圃隱) 정(鄭) 선생(先生)[鄭夢周(1337~1392)]에게 사사(師事)하여 의리(義理)를 강구(講究)하고 연원(淵源)을 깊이 소급하였던" 학적 이력과 함께,[5] 차후 조선의 개국과 동시에 항절(抗節)의 방편으로 고향 덕곡촌(德谷村)으로 퇴은하여 은거(隱居)에 돌입한 중차대한 사안에 대해서는 전혀 언급하지 않고 있다. 『함안조씨언행록』에 따르면 조승숙은 고려 말엽의 숙유(宿儒)였던 목은(牧隱) 이색(李穡, 1328~1396)과도 "오래도록 도의(道義)에 계합하였고, 성리(性理)를 강론·궁구하였던" 것으로 전한다.[6] 이미 성장기적 때부터 "학업에 독실하여 조예(造詣)가 날로 깊어만 갔던" 조승숙의 각별하였던 면학 열정으로 미뤄 볼 때에,[7] 그가 고려 말엽을 대표하는 양대 지성인 정몽주·이색과 같은 인물들과 동시적인 학연(學緣)을 맺은 이후로 정주(程朱) 성리학(性理學)의 도덕 철학 방면에 상당한 식견을 온축하였을 것으로 추정된다. 특히 "임[主] 향한 일편단심이야 가실 줄이 있으랴?"라며 결연한 순절(殉節) 의지를 웅변해

5 咸安趙氏世譜委, 『咸安趙氏言行錄』, 「第一編」, 〈德谷先生諱承肅〉, 2쪽, "先生幼而岐嶷英邁 ... 嘗師事圃隱鄭先生, 講究義理, 深泝淵源."

6 咸安趙氏世譜委, 『咸安趙氏言行錄』, 「第一編」, 〈德谷先生諱承肅〉, 3쪽, "先生與牧隱李穡, 宿契道義, 講究性理."

7 咸安趙氏世譜委, 『咸安趙氏言行錄』, 「第一編」, 〈德谷先生諱承肅〉, 2쪽, "先生幼而岐嶷, 英邁夙成, 長而篤學, 造詣日深."

보였던 정몽주와의 특별한 인연이란,[8] 조선이 개국한 1392년 7월에 이르러 조승숙의 진퇴(進退)·향방(向方)의 문제와 관련하여 중대한 영향력을 행사하는 계기로 작용하게 된다. 이는 조승숙이 정몽주의 정치적 노선과 마찬가지로 우왕(禑王)·창왕(昌王)의 정통성을 적극적으로 두둔하는 가운데, 두 왕의 정통성을 부정한 개국공신인 삼봉(三峰) "정도전(鄭道傳, 1342~1398)을 심히 배척"하였던 정황을 통해서도,[9] 차후 자신이 취할 향방과 관련된 조짐의 일단이 분명하게 읽히기도 한다.

그 즈음에 조승숙은 백성들의 생계 도모를 위한 '걸양(乞養)'을 명분으로 삼아 충청도 부여(扶餘)의 지방관으로 파견되어 복무를 수행하고 있었다. 그러던 차에 조선이 개국하는 비상한 국면을 맞이하게 되자,[10] 마침내 조승숙은 고향인 함양의 덕곡촌으로의 귀은(歸隱)을 단행하기에 이른다. 42세 때의 일이다.

> "1392년[壬申] (역성) 혁명(革命)의 초엽에 관직을 버리고, 함양의 덕곡으로 귀향[歸]·은거[隱]하여, 정자[亭]를 짓고 생도(生徒)들을 교수(敎授)하였다. (이에) 일시에 명유(名儒)와 석사(碩士)들이 그 문하에서 많이 배출되었다."[11]

8 沈光世, 『休翁集』 卷3(한국문집총간 84), 「海東樂府 幷序」, 〈風惡色〉, 민족문화추진위원회, 1986, 363쪽, "文忠遂作歌送酒曰, 此身死了死了, 一百番更死了, 白骨爲塵土, 魂魄有也無, 向主一片丹心, 寧有改理也歟."

9 咸安趙氏世譜委, 『咸安趙氏言行錄』, 「第一編」, 〈德谷先生諱承肅〉, 4쪽, "柳眉庵希春, 箚錄曰, 先生在麗季, 見國事日非, 退著一記, 痛辨禑昌二王之爲恭愍王子孫, 而深斥鄭道傳, 誣以辛昌之奸云云."

10 咸安趙氏世譜委, 『咸安趙氏言行錄』, 「第一編」, 〈德谷先生諱承肅〉, 3쪽, "先生, 歲辛未, 乞養夫餘監務, 及壬申革命之初 ..."

11 咸安趙氏世譜委, 『咸安趙氏言行錄』, 「第一編」, 〈德谷先生諱承肅〉, 3쪽, "及壬申革命之初, 棄官歸隱咸陽德谷, 築亭教授生徒, 一時名儒碩士, 多出其門.(出文集.)"

위의 인용문은 조승숙이 고려 말엽의 절의지사(節義之士)들이 보여 준 세 가지 유형의 진퇴(進退)·행장관(行藏觀)인 순절(殉節)·항절(抗節)·정절(靖節) 행위 중에서,[12] 특히 귀향·은둔하는 처사를 통한 적극적인 항절의 이행이라는 '자정(自靖)' 노선(路線)[13]을 선택하였음을 확인시켜 준다. 이를테면 "천시(天時)와 인사(人事)를 알 수 있었으니, 문충공(文忠公)[포은]의 충(忠)은 충이다"는 평을 받은 정몽주의 단심(丹心)이 순절을 대표한 사례였다면,[14] 은거를 통한 항절의 실천은 불사이군(不事二君)을 추구하였던 당시의 이른바 두문동(杜門洞) 72현(賢)들이 가장 많이 선택한 진퇴 · 행장의 유형에 해당한다. 순절과 항절 행위는 절의 정신을 망각하지 않은 채 차후 신왕조에 부분적으로 동참한 가운데, 내심으로 도덕적 자아 정체성을 제어하는 차원에서 정절을 이행한 세 번째 유형과 더불어, 당시 지사(志士)들이 인간 본연의 의리(義理)를 기준으로 하여 취한 자정 노선의 분화된 세 국면을 대변해 준다. 그리하여 후대에 이르러 미수(眉叟) 허목(許穆, 1595~1682)이 적시한 여말·선초의 세 가지 유형의 자정 노선과 관련하여, "혹 죽었거나 혹은 죽지 않았으나, 그 자정(自靖)하기는 매 한 가지다"라는 평가를 내렸던 것은 바로 이러한 맥락에

12 金貞子, 「杜門洞72賢의 選定人物에 대한 검토-《華海師全》과 《騎牛集》을 중심으로-」, 『釜大史學』 22집, 부대사학회, 1998, 98쪽. 다만, 김정자의 경우 '궂은일의 가여운 정황'이라는 사전적 의미를 함축한 '정절(情節)' 개념으로 '정절(靖節)'을 대체하였으나, 이는 잘못된 분류 기준으로 판단된다. 왜냐하면 1934년에 건립된 개성(開城)의 두문동(杜門洞) 서원(書院)의 실(室)·반(班) 분류법도 '순절(殉節)·항절(抗節)·정절(靖節)'이라는 세 기준에 따라 이뤄졌기 때문이다. 즉, '스스로를 다스리는 절개·지조'라는 뜻이 담지된 정절(靖節)이란 신왕조인 조선조(朝鮮朝)에 부분적으로 참여하되, 절의(節義)와 자정(自靖)의 엄정한 척도인 의리(義理)를 결코 저버리지는 않는다는 개념으로 설정함이 정당한 설명 방식일 것이다.

13 許穆, 『冶隱先生續集·附錄』 卷下(한국문집총간 7), 「徐掌令甄墓石記畧(眉叟許穆)」, 민족문화추진위원회, 1986, 451쪽, "麗亡, 鄭夢周李穡金震陽李種學吉再徐甄, 數君子者, 或死或不死, 而其自靖一也."

14 沈光世, 『休翁集』 卷3, 「海東樂府 幷序」, 〈風惡色(天時人事可知, 文忠忠則忠矣, 非眞儒以道徇身者也.〉, 363쪽.

서 정당하게 이해할 수 있다.[15]

이렇듯 의(義)라는 명백한 기준에 의거하여 각기 상이한 현실 대처 방식을 허용하였던 자정 노선은, 일제(日帝) 강점기(强占期)가 시작되기 직전 무렵에 이르러서는 의암(義庵) 류인석(柳麟錫, 1842~1915)의 이른바 '처변삼사(處變三事)'로 대변되는 논리 창출로 재현되었다는 사실도 이참에 아울러 지적해 두기로 한다.

> "변고를 접한 초엽에 (류인석은) 곧 사우(士友)들과 더불어 의론하여 '변고에 대처하는 세 가지 방식'을 터득하였다. 이르기를, '의병을 일으켜 소청(掃清)하는 것이요, (조국) 강역을 떠나서 구제[舊]를 수호하는 것이요, 스스로를 다스리어 뜻을 이루는 것이다.'"[16]

류인석은 윗글에서 차례대로 나열된 '처변삼사' 중에서, 특히 조국 "강역을 떠나서 구제[舊]를 수호하는" 방식의 처사(處事)와 관련하여 "천하가 온통 천한 오랑캐들인데, 조악(粗惡)한 곳에서 어찌 우리의 도[吾道]를 지키겠는가?"라는 반문 제기를 통해서,[17] 두 번째 방식에 대한 정당화 논리를 제시해 두기도 하였다. 물론 세부적인 차원에서는 다소간의 내용상의 차이가 존재하는 것도 사실이지만, 이 같은 처변 방식은 "함양의

15 許穆, 『冶隱先生續集·附錄』 卷下, 「徐掌令甄墓石記畧(眉叟許穆)」, 451쪽, "麗亡, 鄭夢周李穡金震陽李種學吉再徐甄, 數君子者, 或死或不死, 而其自靖一也."

16 柳麟錫, 『毅菴集 Ⅰ』 卷24(한국문집총간 337), 「書」, 〈答湖西諸公尹錫鳳·趙龜元·柳浩根·趙瑢淳·趙琮淳·沈宜悳·李冕植.(丁酉, 七月)〉, 민족문화추진위원회, 2004, 158쪽, "聞變之初, 卽與士友議得處變三事, 曰擧義而掃淸也, 去之而守舊也, 自靖而遂志也."

17 柳麟錫, 『毅菴集 Ⅰ』 卷27, 「雜著」, 〈雜錄〉, 221쪽, "曰去之守舊, 誠正當, 天下皆夷陋, 陋可守吾之道乎."

덕곡으로 귀향[歸]·은거[隱]한" 조승숙의 그것과 일맥상통하는 바가 있음이 감지된다. 나아가 류인석은 자신이 제기한 '처변삼사' 이 "세 가지가 모두 마땅하지 않음이 없으니, 이는 마치 (은나라의 미자·기자·비간) 삼인(三仁)이 각기 그 일들을 실행하였으되, 똑같이 인(仁)을 위한 것과 같은 것이다"라는 총평을 아울러 덧붙여 두었음이 주목된다.[18] 왜냐하면 이 같은 류인석의 평가성 언술은 앞서 소개한 미수 허목의 해당 내용과 동일한 문맥임이 확인되고 있기 때문이다.

결과적으로 정몽주와 조승숙, 그리고 허목과 류인석 등이 선보인 상황윤리 인식의 기저에는 공히 의(義)로 표상되는 덕목·가치가 근간을 형성하고 있음을 확인하게 된다. 이 같은 정황들은 역설적으로 극한의 도덕적 딜레마 사태[곧 처변(處變)]를 수반하는 국가적인 위기 상황에서는 불가피하게 무한한 자기 희생이 요구된다는 철리(哲理)를 암시하는 것으로, 우리는 그 실상의 일부를 후론된 『함안조씨언행록』의 해당 장(場)을 통해서도 거듭 확인하게 될 것이다.

아무튼 "혁명의 초엽에 관직을 버리고 함양 덕곡으로 귀은한" 조승숙의 충절은 차후 문중 후손들의 뇌리 깊숙이 지대한 가르침으로 각인되는 중층(中層)의 국면을 맞이하기에 이른다. 기실 『함안조씨언행록』에는 국가적 차원의 전란을 맞이하여 비장한 각오로 거의(擧義)를 시도한 끝에, 장엄한 순절을 맞이한 다수의 문중 후손들의 행적들이 수록되어 있음이 자못 눈길을 끌게 한다. 그런 점에서 『함안조씨언행록』은 조승숙이 남긴 특징

18 柳麟錫, 『毅菴集 Ⅱ』 卷38(한국문집총간 338), 「雜著」, 〈書贈李紀仲 肇承·洪元玉 選杓·歸故國.(丙申十二月)〉, 민족문화추진위원회, 2004, 25쪽, "三者俱無不宜, 是如三仁各行其事而同爲仁也."

적인 삶의 궤적을 심리학적 동일시 모델로 설정한 텍스트임을 이해하게 된다. 다시 말해서 조승숙은 멜라니 클라인(M. Klein)의 이른바 투사적(投射的) 동일시(同一視, projective identification) 이론[19]의 심리학적 원점이자 원천으로 기능하게 되었던 것이다.

한편 소위 '교수정(敎授亭)'[20]으로 명명된 공간에서 진행된 조승숙의 강학 활동 역시 후손들에게 큰 시사점을 제공해 주게 된다. 조승숙의 은거 일상 중에서 가장 특징적인 장면을 형성한 "생도(生徒)들을 훈회(訓誨)하는 것을 자신의 임무로 삼았던" 일이란,[21] 일견 "뜻을 얻으면, 백성들과 함께 하고, 뜻을 얻지 못하면 홀로 그 도(道)를 행한다"라는 맹자(孟子)의 대장부(大丈夫) 정신의 실천을 함축하고 있는 것으로도 분석된다.[22] 결과적으로 조승숙이 귀은한 이후에 전개한 회심의 강학 활동 역시 후손들에게 큰 영향력을 행사하였을 뿐만 아니라,[23] 또한 추수적으로 향리사회에서 주자학적(朱子學的) 소양의 보급이라는 교육적 결실로도 이어졌음을 앞의 인용문은 동

19 멜라니 클라인(M. Klein)이 설명한 투사적 동일시란 한 개인이 투사(投射, projection)를 이용해 자신의 가족이나 소속 그룹[곧 덕곡공파], 혹은 조직의 다른 멤버들[곧 범(凡) 함안조씨 문중]에게 투사된 태도에 일치되는 행동을 하도록 유도하는 심리적 과정을 의미한다. 한나 시걸 저(이재훈 역), 『멜라니 클라인: 멜라니 클라인의 정신분석학』, 한국심리치료연구소, 1999, 126~138쪽 참조.

20 咸安趙氏尙書公派族譜編纂委員會, 『咸安趙氏尙書公派族譜』, 「제3편 縣監公派 1」(癸卯譜), 2쪽, "築亭敎授生徒, 時人名其亭曰, 敎授亭." 현전하는 '교수정'이라는 제액(題額)은 능주(綾州) 목사(牧使)와 공조판서 등을 역임한 자애(紫崖) 한치조(韓致肇, 1808~1889)가 쓴 것이다.

21 咸安趙氏世譜委, 『咸安趙氏言行錄』, 「第一編」, 〈德谷先生諱承肅〉, 5쪽, "宋立齋近洙, 敎授臺碑文曰, 此勝國忠臣德谷趙先生 ... 終身不出, 以訓誨生徒爲己任, 時人名其居曰, 敎授亭."

22 朱熹, 『孟子集註』, 「藤文公(上)」편의 제2장, "居天下之廣居, 立天下之定位, 行天下之大道. 得志, 與民由之, 不得志, 獨行其道. 富貴不能淫, 貧賤不能移, 威武不能屈, 此之謂大丈夫."

23 이른바 '훈회(訓誨)·강학(講學)' 활동에 주력하였던 인사들로는 '조광보(趙光輔)·조희안(趙希顔)·조일신(趙日新)·조성린(趙成麟)·조생(趙生)·조역(趙淢)·조두렬(趙斗烈)' 등을 우선적으로 지목할 수 있다.

시에 확인시켜 준다. 강학 활동을 펼치던 조승숙이 함양 향교(鄕校)의 전신인 소소당(昭昭堂)의 〈명륜당기(明倫堂記)〉를 지었던 사실도 동일한 맥락에서 이해할 수 있는 대목이다. 동시에 이 일은 당시 지역 사회 내부에서 구축하였던 조승숙의 상징적인 위상과 선한 영향력의 양상을 간접적으로 확인시켜 주기도 한다.

이상에서 정리한 내용들은『함안조씨언행록』의 저변을 관류하는 기본 기조(基調)를 형성하게 되는데, 그런 의미에서 조승숙이 영위한 모범적인 삶은 후손들에게 심리학적 차원의 동일시 모델에 준하는 전범(典範)을 제시하였을 것임은 앞서 논급한 바와 같다. 또한 조승숙이 개척한 생애가 언행록에 대해서 일종의 '대본'에 상응하는 의미를 지닌다는 평은 바로 이러한 맥락하에서 내려진 것임을 자연스럽게 이해하게 된다.

3.『함안조씨언행록』의 편집 원칙과 구성 체계

1) 계묘본(癸卯本) 언행록의 편집 원칙

총 5편(編)으로 구성된『함안조씨언행록』은 선계(先系)에 해당하는「제1편」에서 시작하여 19세기 후반에서 20세기 중반인 1949년까지를 활동기로 삼았던 인물들을 수록한 마지막「제5편」으로 이뤄진 폭 넓은 연대기적 분포를 보여 주고 있다.[24] 그런 점에서 「제1편」과 「제2편」만으로 구성된 충의공파(忠毅公派)의 『함안조씨언행록』의 조촐한 구성 체계를 참고해 볼 때에, 범 덕곡공파 문중에서 간행한 언행록의 규모와 연도의 범위 등을 어느 정도 가늠할 수 있다.[25] 『함안조씨언행록』은 1836년에 간행된 『함안조씨세덕편(咸安趙氏世德編)』과 함께,[26] 이 문중 전래의 양대 가승(家乘)에 해당하는 고문헌 자료다. 다만 『함안조씨세덕편』의 경우 덕곡공파의 파조인 조승숙을 위주로 한 기록물의 성격이 강한 반면에, 『함안조씨언행록』은 조승숙 이후의 범 덕곡공파 인물들을 망라한 도덕 교육적인 텍스트라는 엄연한 차이가 존재한다.

한편 대성(大姓) 혹은 거성 집단에 해당하는 함안조씨 문중에서는 일정한 주기별로 대보(大譜)와 파보(派譜)를 재발간해 옴으로써, 보다 완성도 높은 세보(世譜)나 족보(族譜)를 갖추는 일에 각별한 관심을 기울여 왔음이 확인된다. 예컨대 『함안조씨언행록』이 등재된 신보(新譜)로 현전하는 『함안조씨세보(咸安趙氏世譜)』는 다섯 번째 간행된 계묘본(癸卯本)에 해당하는데, 1963년도 여름철에 발간되었을 것으로 추산된다.[27] 그런데 구보(舊譜)로 지칭한 소위 병술본(丙戌本) 『함안조씨세보』(1946)[28]까지는 『언행록(言行錄)』이 분파별(分派別)

24 물론 제5편에 65번째로 수록된 치재(致齋) 조용헌(趙鏞憲, 1869~1951)이 타계한 시점은 마지막 68번째로 수록된 죽사(竹史) 조경제(趙京濟, 1901~1949)보다 2년 뒤인 1951년으로 확인되었다.

25 咸安趙氏世譜委, 『咸安趙氏世譜』 卷1, 「咸安趙氏世言行錄」, 1928 참조. 충의공파는 대소헌(大笑軒) 조종도(趙宗道, 1537~1597)를 파조로 삼는 함안조씨 내의 일파로, 달리 호를 따서 대소헌공파(大笑軒公派)로 칭하기도 한다.

26 이 자료를 소개하고 분석한 논의로는 윤호진, 「덕곡(德谷) 조승숙(趙承肅)의 생애와 후대의 평가: 수양명월(首陽明月)과 율리청풍(栗里淸風)」, 『淵民學志』 23집, 연민학회, 2015, 72쪽 참조.

27 咸安趙氏世譜委, 『咸安趙氏世譜』 卷1, 「言行錄跋」, 2쪽, "癸卯綠陰節, 後孫甲濟謹跋."

28 咸安趙氏世譜委, 『咸安趙氏世譜』 卷1, 「世譜開刊歷代」, 1쪽, "憲宗乙巳始刊, 高宗庚辰再刊, 壬子三刊, 丙戌四刊, 癸卯五刊, 右派譜開刊第次."

로 수록된 개별적인 체제를 유지하였던 모양이고,[29] 추후적으로 확인해 본 결과 실제로도 그러하였다.

그러던 차에 1963년도에 이르러 범 덕곡공파 문중 차원에서 개별적인 별파(別派)를 모두 아우르는 식의 새로운 편집 체제를 기획하게 되었던 것이다. 그리하여 1963년에 다섯 번째로 간행된[五刊] '금보(今譜)'[곧 신보]에서는 서책의 명칭도 범 덕곡공파 문중 차원에서 『함안조씨언행록』으로 개명하고, 아래와 같은 새로운 편집 기준을 적용하였음이 대단히 주목되는 바이다.

> "이제부터는 연대(年代)로써 차례[序次]를 삼아 파별(派別)로 나누지 않고, 총괄하여 연속적으로 기록하여, 그 상고(詳考)하여 열람하기에 편리하게 하고자 한다."[30]

윗글은 계묘본 『함안조씨언행록』에 적용된 편집 기준이 파별 단위로 구성된 기존의 서술 체제의 한계를 극복하기 위한 방편으로 '연대(年代)·연기(連記)'라는 두 가지 원리를 새로운 편집 원칙으로 설정하였음을 확인시켜 준다. 이와 동시에 계묘본의 「언행록발(言行錄跋)」을 쓴 후손 조래홍(趙來洪)은 『함안조씨언행록』에 수록된 주요한 내용들과 함께, 또 이 책이 궁극적으로 지향하는 목적에 대해서도 아래와 같은 입장을 명시적으로 피력해 두었음이 주목된다.

29 咸安趙氏世譜委, 『咸安趙氏世譜』 卷1, 「言行錄跋」, 2쪽, "舊譜之言行錄, 派別載錄."

30 咸安趙氏世譜委, 『咸安趙氏世譜』 卷1, 「言行錄跋」, 2쪽, "今則, 以年代爲序次, 不分派別, 總括連記, 使其便於考閱也."

"가만히 엎드려서 생각하건대, 우리 선조[祖先]들의 위대한 업적과 우뚝한 절개 및 좋은 말씀들이며 선행(善行) 등은 이미 역사서[史乘]에 실려 있기도 하고, 혹은 문집(文集) 중에 기록되어 있기도 한즉, 새삼 군더더기 말을 더 보탤 필요가 없다. 대개 언행록은 곧 보규(譜規) 중의 일사(一事)니, 신보[今譜]도 또한 언행록을 싣지 않아서는 안 된다."[31]

위의 인용문은 『함안조씨언행록』의 주된 내용이 이 문중의 선조들이 남긴 '위업(偉業)·탁절(卓節)·가언(嘉言)·선행(善行)' 등과 같은 내용들로 구성되어 있다는 사실을 확인시켜 줌과 동시에, 또한 심히 교훈적인 '보규(譜規)'를 제시하기 위한 분명한 목적과 의도하에 해당 사항들을 발췌해서 재구성하여 세보·족보의 서두에 배치되어 왔다는 점도 아울러 분명하게 밝혀두었다. 그런 의미에서 『함안조씨언행록』은 문중 내적 도덕 교과서 용도의 성격을 띤 저술로서 규정할 수 있을 듯하다.[32]

그런데 이 같은 정황은 비단 덕곡공파 일문(一門)에만 국한되어 적용되었던 것은 물론 아니다. 왜냐하면 범(凡) 함안조씨 문중 내부에서 『언행록』 시리즈를 발간한 또 다른 문중의 경우, 공히 공통된 문제의식을 공유하고 있었던 것으로 확인되고 있기 때문이다. 이 사안과 관련하여 1736년

31 咸安趙氏世譜委, 『咸安趙氏世譜』 卷1, 「言行錄跋」, 2쪽, "竊伏惟吾先祖之偉業卓節嘉言善行, 已載於史乘, 或記於文集中, 則不贅然, 盖言行錄, 乃譜規中一事也, 今譜, 亦不可無載錄焉."

32 金鍾秀, 「거창군 북상면의 蘆川齋 一考」, 『南冥學』 23집, (사)남명학연구원, 2018, 281쪽.

[丙辰][33] 무렵에 후손 조원식(趙源植, ?~?)이 지은 「언행록발(言行錄跋)」에는 아래와 같이 중요한 정보를 제시해 두었음이 새삼 눈길을 끈다.

"여러 선조와 방계 선조[傍先]들의 아름다운 행실과 우뚝한 절조는 판각[梓]에 기록되어 오래도록 전해져 왔으니, 비단 절도공(節度公)의 아훈(雅勳)·장렬(壯烈)과 참봉공(參奉公)의 독실한 효우(孝友)의 겸전[至], 충순위공[忠順衛]의 수기(修己)·독행(篤行)이며 도사공(都事公)의 성효(誠孝)와 지극한 행실이란, 한 나라의 역사서와 주지(州誌)[읍지] 및 묘표(墓表)·묘갈명[碣銘] 등에 기재되어 있을 뿐만이 아니어서, 징험할 수 없음을 근심할 일은 아니다. 그런데 유독 편질(編秩)에는 누락되어 있으니, 어찌 그 앞선 세대들이 미처 겨를이 없어서 그러하였겠는가? 한을 삼키어 목이 메는 것을 느끼지도 못하겠노라!"[34]

함안조씨 내의 '절도공파·참봉공파·충순위공파·도사공파' 네 유파 출신의 인물들이 남긴 모범적인 삶의 궤적을 수록한 서책인 또 다른 『언행록』의 상기 「발문(跋文)」은 본 논의와 관련하여 몇 가지 측면에서 매우 의미 있는 시사점을 제공해 주고 있다. 그것은 첫째, 『언행록』이라는 서명을 부여한 서책이 여타의 함안조씨 문중 차원에서도 지속적으로 간행되어

33 「언행록발」이 수록된 『咸安趙氏世譜(目錄)』의 표지 우측면에는 "中元甲丙辰家來開刊."이라는 연도가 표기되어 있다. 또한 이 책의 「咸安趙氏族譜序」에는 "崇禎紀元後再己未孟夏, 後孫榮佑謹書."라는 기록이 발견되는데, 이는 1739년(영조 15)에 서문이 작성되었음을 확인시켜 주고 있다. 따라서 이 책에 수록된 『言行錄』은 1736년에서 1739년을 전후로 한 시기에 편찬되었을 것으로 추산된다.

34 咸安趙氏世譜委, 『咸安趙氏世譜(目錄)』, 「言行錄跋」, 1736, "列先與傍先之懿行卓節, 錄梓壽傳, 惟我節度公雅勳壯烈, 參奉公孝友篤至, 忠順衛修己篤行, 都事公誠孝至行, 載於國乘州誌墓表碣銘, 不患無徵, 獨漏於編秩, 何其前世之未遑也, 不覺飮恨哽塞也."

온 구체적인 정황을 환기시켜 주고 있다는 사실과 관련해서이다. 둘째, 적시된 '절도공·참봉공·충순위·도사공'의 사례를 통해서 확인되듯, 북계(北溪) 조수천(趙壽千, 1482~1553)[35]을 비롯하여 『언행록』에 수록된 인물들의 선정 기준에 대한 정보의 일단이 선명하게 드러나 있다는 점과 관련해서다.

특히 위의 인용문에 드러난 인물에 대한 선정 기준들인 '의행(懿行)·탁절(卓節)' 및 '가언(嘉言)·탁행(卓行)'[36]과 함께, 그 세부적인 내용에 해당하는 '아훈(雅勳)·장렬(壯烈)·효우(孝友)·수기(修己)·독행(篤行)·성효(誠孝)' 등과 같은 덕목들을 세세하게 언급해 보인 대목들은 매우 귀중한 정보를 제공해 주고 있다. 이 같은 인물 선정 기준들은 1963년도에 덕곡공파 문중에서 편찬한 『함안조씨언행록』의 기준과도 정히 부합되는 내용이라는 점에서, 이 대성(大姓)의 구성원들이 오래도록 추구해 온 도덕적 에토스(ethos)의 특징적인 면모를 생생하게 확인할 수 있다.

한편 인용문 말미에서 발문(跋文)의 찬자(撰者)[지은이]인 조원식이 '의행(懿行)·탁절(卓節)'과 '가언(嘉言)·탁행(卓行)'을 선보인 선조들의 거룩한 자취가 "유독 편질(編秩)에는 누락되어 있다"라며 크게 아쉬워 한 장면이란, 바로 세보(世譜)의 편차(編次)에도 마땅히 『언행록』을 응당 포함해야 한다는 의미임을 부연 설명해 두기로 한다. 즉, 조원식의 상기(上記) 언술은 1736년도를 전

35 호는 북계(北溪)로 조려(趙旅)의 손자이자 좌윤공(左尹公) 조금호(趙金虎)의 아들. 1503년(연산군 9)에 무과에 급제하여 선전관(宣傳官)과 함흥(咸興)·밀양(密陽) 부사(府使)를 거쳐, 충청병마절도사(忠淸兵馬節度使)와 경상우수군절도사(慶尙右水軍節度使) 등을 역임하였다. 조수천의 후손들은 다시 도사공파(都事公派)·통정공파(通政公派)·충절공파(忠節公派)·첨정공파(僉正公派)·사미당공파(四味堂公派)·부윤공파(府尹公派)·도정공파(都正公派)·승의공파(承義公派)·인계공파(仁溪公派)로 분화되기에 이른다. 이상의 내용은 '카페: 함안조씨 역사연구회[cafe.daum.net/cjn3400]'에 등재된 내용을 참조한 결과이다.

36 咸安趙氏世譜委, 『咸安趙氏世譜(目錄)』, 「言行錄跋」, "節度公參奉公忠順衛都事公事蹟 ... 諸先之嘉言卓行, 活印續錄 ..."

후로 하여『언행록』을 처음으로 편찬하게 된 생생한 경위의 일단이 드러나 있다는 점에서, 대단히 중요한 정황 증거상의 자료적 성격을 지니고 있는 것으로 분석된다. 또한 찬자인 조원식이『언행록』의「발문」에 임하게 된 구체적인 이유와 관련하여, 후손들에게 "선세(先世)의 표준(標準)을 강명(講明)하기" 위한 것으로 설명해 보인 부분[37] 또한 '보규(譜規)'의 제시라는 차원에서『함안조씨언행록』의 편찬 목적을 해명한 덕곡공파 문중의「언행록발」과 동일한 문제의식을 발휘한 결과였음을 아울러 확인할 수 있다.

이처럼『함안조씨언행록』은 함안조씨라는 특정 문중 내부의 도덕 교육용 텍스트 혹은 문중용 교훈서의 특성을 강하게 내포한 텍스트로 자리매김해 왔던 것이다. 이 같은 규정 방식이 크게 무리가 아님은, 장차 문중 후손들이 이 책을 눈으로 보고 마음으로 느끼는 '관감(觀感)'과 그에 따른 '흥기(興起)·고무(鼓舞)'의 교육적 효과를 은근히 기대한 덕곡공파 문중의「언행록발」속의 아래 구절을 통해서도 판단의 적실성이 어느 정도 입증된다.

> "후일에 태어난 자들이 조상들의 풍도[風]·모유[猷]와 사업(事業)을 눈으로 보고 마음으로 느끼어, 떨쳐 일어남이 있어, 널리 알려져 드러난 공적들을 계승하여 잇게 한다면, 이 어찌 받들 바의 일이 아니겠는가?"[38]

윗글 속에는『언행록』을 세보의 서두에 배치해서 간행해 온 전래의 관행적 전통에 담긴 깊은 의미들이 잘 드러나 있다. 물론 윗글은 "선덕(先德)

37 咸安趙氏世譜委,『咸安趙氏世譜(目錄)』,「言行錄跋」, "夫錄言行弁譜首者, 使後世雲仍, 講明先世之標準也."

38 咸安趙氏世譜委,『咸安趙氏世譜』卷1,「言行錄跋」, 2쪽, "生後生者, 觀感於祖先之風猷事業, 使有興起, 以紹述彰顯之功, 則此豈非所承之事耶."

을 닦아 소생(所生)에 욕됨이 없게 한다"라는 병술본『언행록』의 취지가 보다 풍부한 문장 기법으로 재구성된 결과라는 점도 첨언해 둔다.[39]

그리하여 1963년도에 이르러 마침내 범 덕곡공파 문중 차원에서 '연대(年代)·연기(連記)'라는 보다 진화된 편집 기준을 새롭게 개발해서『함안조씨언행록』을 총괄적으로 재구성하여 편집하기에 이르렀던 것이다. 이는 언행록의 저변을 형성한 기조의 일환인 효우로운 가풍(家風)이 독창적인 편집 기준과 접맥된 결과이기도 하다는 점에서 시사하는 바가 결코 가볍지 않다. 이제 차후의 논의 절차로서 1963년도에 간행된 계묘본『함안조씨언행록』작성에 적용된 편집 원칙과 맞물려 있는 부수적인 사안인 참고문헌의 문제를 간략하게 짚어 보이도록 하겠다.

2) 언행록의 참고문헌

이상에서 논급한 계묘본『함안조씨언행록』에 적용된 참신한 편집 기준의 문제 외에도, 이 서책을 작성하는 과정에서 동원된 다양한 참고문헌의 목록도 눈여겨볼 만한 대목에 해당한다. 계묘본『함안조씨언행록』에 등장하는 참고문헌은 크게 족보·세보·문집 등과 같은 집안 전래의 기록물들과 읍지류(邑誌類), 그리고 야사(野史)와『효우록(孝友錄)』·『문헌록(文獻錄)』따위와 같이 공식·비공식적 문헌 자료 및 묘표(墓表)·묘비명(墓碑銘) 등과 같은 묘도 문자에 이르기까지 실로 다양한 자료들을 총체적으로 수합(收合)해서 망라한 특징을 보여 주고 있다.

39 咸安趙氏德谷公派世譜編纂委員會,『咸安趙氏德谷公派世譜』卷1,「言行錄跋」, 大譜社, 2007, 70쪽, "凡我同譜諸宗, 勿以今日之修譜爲幸, 聿修先德無忝所, 則孝悌之心油然而生, 而門戶之昌, 不下昔日, 亦不負修譜之本意矣."

특히 함안조씨 덕곡공파 문중 인사들의 경우, 공히 '유고(遺稿)·유집(遺集)'이나 혹은 '유사(遺事)' 등으로 지칭한 문집들을 숱하게 남긴 사실이 대단히 주목된다. 이 같은 정황은 비록 "대부분 병란[兵變]에 유실되었으나," 생전에 "32권 분량의 문집을 남긴" 조승숙의 선행 사례가 큰 영향을 드리웠기 때문인 것으로 분석된다.[40] 예컨대 대사간(大司諫)을 역임한 조효동(趙孝仝, 1402~1499)의 『남계집(南溪集)』, 조희문(趙希文, 1527~1578)의 『월계집(月溪集)』, 그리고 조용규(趙龍奎, 1851~1901)의 『저산집(樗山集)』과 "유고(遺稿)를 남겨 세상에 유통[行]되었다"[41]라고 에둘러 기술된 죽사 조경제의 문집 등을 우선적으로 지목할 수 있다. 적시된 인물 외에도, 『함안조씨언행록』에 수록된 68명 중에서 약 35명 정도가 문집을 남긴 것으로 파악되었다. 그런데 '가승(家乘)·가장(家臟)·행장(行狀)·구록(舊錄)' 따위와 같이 애매모호한 표현으로 대체한 사례들도 많았던 까닭에, 실제 문집을 남긴 문후손(門後孫)들의 수효는 훨씬 더 많았을 것으로 추정된다. 아무튼 범 덕곡공파 문중의 후손들이 남긴 문집 중에서, 앞서 소개한 '위업(偉業)·탁절(卓節)·가언(嘉言)·선행(善行)' 등등과 같은 범주에 해당하는 내용들을 발췌하여 재구성한 결실이 바로 현전하는 『함안조씨언행록』인 것이다.

한편 『함안조씨언행록』에 인용된 자료들 중에는 함양군에서 발행한

40 張源角, 「蘆川齋記」(咸安趙氏 縣監公派 門中 所藏板), 1959, "有文集三十二卷, 多失於兵變, 只有言行錄世德編已." 노천재는 함양 덕곡에서 옛 안의현 지역으로 이주한 노천(蘆川) 조돈선(趙敦先, 1568~?)을 추모하기 위해 건립한 재실(齋室)로 세 번에 걸친 영건(營建) 과정을 거쳤다. 재실이 위치한 곳은 경남 거창군 북상면 월성리 양지마을이다.

41 咸安趙氏世譜委, 『咸安趙氏言行錄』, 「第五編」, 〈竹史公諱京濟〉, 29쪽, "公幼而篤學, 受學于秋帆權道溶之門 ... 有遺稿行于世."

읍지류인 『천령지(天嶺誌)』[42]와 『함양읍지(咸陽邑誌)』,[43] 그리고 호남권의 『남원향교지(南原鄕校誌)』와 전주(全州)에 소재한 희현당(希顯堂)의 기문(記文) 등도 포함되어 있는 상태다.[44] 이 같은 문헌 자료들은 해당 고을에서 간행한 읍지류의 「인물(人物)」조(條)나, 혹은 「문과(文科)·생진(生進)·충의(忠義)·효자(孝子)」조 등과 같은 분류 체계에 수록되어 있어서 공적인 기록물의 성격을 띠는 경우가 많다. 읍지류에 수록된 해당 기록들은 이미 지역 사회 유림(儒林)의 공인을 거친 내용이기에, 『함안조씨언행록』에 보편적 가치와 정당화의 계기를 부여하는 식의 매우 긍정적인 효과를 한껏 발휘하게 된다.

이상의 읍지류와 마찬가지로 무오사화(戊午士禍)를 유발한 희대의 권간(權奸)인 유자광(柳子光, 1439~1512)을 자신이 국문(鞫問)을 받는 현장인 대궐 뜰에서 조우하자 큰 소리로 불러서 "너는 소인(小人)이거늘, 어찌 이곳에 머무르는가?"라며 나무란 끝에, 마침내 "청하여 바라건대 상방검[尙方釼]으로 너의 머리를 베는 것이야말로, 진정 내가 원하는 바이다"라고 성토한 바가 있었던 방은(坊隱) 조광보(趙光輔, 1467~1539)의 매서운 의용(義勇)[45]에 대한 평가를 사림파(士林派)의 핵심적인 인물이었던 조광조(趙光祖, 1482~1519)의 『정암집(靜菴集)』을

42 咸安趙氏世譜委, 『咸安趙氏言行錄』, 「第一編」, 〈尙書公諱英俊〉, 2쪽, "公始自咸安移居天嶺(後改咸陽)德谷里 ... 流傳後世云.(出天嶺誌.)" 인용문 속에 드러난 바와 같이, 천령은 함양의 옛 지명이다.

43 咸安趙氏世譜委, 『咸安趙氏言行錄』, 「第三編」, 〈僉正公諱光立〉, 14쪽, "公之昆季, 幼有至性, 忠孝兼備 ... 後並以孝命旌閭.(見咸陽邑誌.)"

44 咸安趙氏世譜委, 『咸安趙氏言行錄』, 「第五編」, 〈太平齋公諱性郁〉, 25쪽, "公早失所怙 ... 一心追慕.(出全州希顯堂, 通南原鄕校文.)"

45 咸安趙氏世譜委, 『咸安趙氏言行錄』, 「第二編」, 〈坊隱公諱光輔〉, 9~10쪽, "公, 博學篤行 ... 見義則勇 ... 見子光大呼曰, 汝小人也, 何以居此地 ... 請得尙方釼斬汝頭, 吾所願也.(出燃藜記述.)" 언급된 '상방인(尙方釼)'이란 상방검(尙方劍)을 가리키는 단어다. 상방검은 궁중의 집기·병기 등을 제조·관리하는 중국의 상방서(尙方署)에서 제작한 황제 전용의 보검(寶劍)으로, 황제가 전권(全權)을 맡긴다는 표시로 대신(大臣)에게 하사하곤 하였다.

빌려서 대체한 서술법[46] 또한 객관적 기록물인 읍지류를 인용하는 방식과 유사한 의미와 위력을 동시에 발휘하게 된다. 조광보의 언행을 채록해 둔 야사류(野史類)의 『연려실기술(燃藜室記述)』의 경우도 정사(正史)에서 취급하지 않은 유의미한 야담(野談)을 제공해 줌으로써, 『함안조씨언행록』의 외연과 기록적 가치를 보다 확장한 결과를 안겨 주었던 것으로 분석된다.

나아가 『함안조씨언행록』의 경우 채록한 문헌상의 전거(典據)들을 해당 조항의 끝 문장 말미에 부기해 두는 식의 일관된 편집 방식을 선보인 점도 매우 주목된다. 결과적으로 이 같은 편찬 관행은 이 서책의 내용 전반에 대해서 객관적 신뢰도를 증장하는 효력을 발휘하게 되었다. 한편 『함안조씨언행록』에 대한 편집을 자임(自任)한 문중의 원로들 중에는 가문 전래의 문집이나 적시한 여타의 문헌 자료들을 죄다 수집해서 상시 열람할 만한 여건을 갖춘 상태였을 것으로도 추정된다. 이처럼 문헌지가(文獻之家)로서의 면모가 여실히 드러난 계묘본 『함안조씨언행록』의 경우, '연대(年代)·연기(連記)'로 대변되는 새로운 편찬 기준까지 개발하여 적용함으로써, 여타 문중에서는 찾아볼 수 없는 매우 독특한 부류의 문중용 교훈서가 되었다.

다만, 『함안조씨언행록』의 경우 전반적으로 문장 구사법이나 인물에 대한 서술 양식이 상당히 획일적 양상을 취하고 있고, 또 스토리텔링(storytelling) 방식이 다소 건조한 정황 등은 문중 구성원 외의 독자 제위(諸位)의 입장에서는 흥미도 유발과 흡입력을 저하하는 요인으로 작용할 수 있을 것도 같다. 기실 지적한 사항들은 68명을 대상으로 하여 통일적인 서

46 咸安趙氏世譜委, 『咸安趙氏言行錄』, 「第二編」, 〈坊隱公諱光輔〉, 10쪽, "靜菴趙先生謂公曰, 顔子復生, 又常稱曰, 出於吾儕上一等人."

술 체제[곧 연기(連記)]를 구축·구사하는 과정에서 직면한 불가피한 텍스트적 한계였던 것으로 분석된다. 아마도 『함안조씨언행록』은 노성(老成)한 인품과 학적 역량을 아울러 겸비한 저자(著者) 한 분의 주도적인 저술 구상과 집필 노력에 크게 힘입은 가운데 편찬되었을 것으로 추정된다.

4. 『함안조씨언행록』의 구성 체계와 주요 내용

1) 「제1편」의 경우

현전하는 계묘본 『함안조씨언행록』의 체재(體裁)가 총 5편으로 이뤄져 있음은 앞서 언급한 그대로다. 또한 「제1편」에서 「제5편」에 이르기까지 일정한 연대별로 나눠서 시기를 구획하였고, 개별적 분파의 흐름을 초극해서 선정된 인물들을 총괄적으로 '연기(連記)'하여 소개하는 차원의 새로운 편집 방식이 적용되었음이 실제로도 확인된다. 그 결과 계묘본 『함안조씨언행록』은 내용 전개의 체계성과 인물 소개의 총괄성을 동시에 잘 살려낸 계몽적 · 교훈적 텍스트로 거듭날 수 있었다. 그리하여 『함안조씨언행록』은 「제1편」 4명·「제2편」 16명·「제3편」 22명·「제4편」 12명·「제5편」 14명, 이렇듯 무려 500여 년이 넘는 긴 세월을 축으로 삼아 활동하였던 도합 68명에 달하는 인물들이 남긴 귀감이 될 만한 언행이나 행적(行蹟)들을 연대별로 일목요연하게 제시하여 서술하게 되었던 것이다. 이제 「제1편」에서 「제5편」에 이르기까지 편별(編別)에 따른 구성 체계와 함께, 또한 그 안에 깃든 특징적인 내용들을 동시적으로 병행해서 검토하는 절차를 찬

찬히 진행하도록 하겠다.

『함안조씨언행록』의 「제1편」은 함안조씨의 시조로 고려조(高麗朝)에서 “대장군(大將軍) 원윤(元尹)과 문하시중(門下侍中)”을 역임한 모당(慕唐) 조정(趙鼎, ?~?)[47]에서 덕곡 조승숙에 이르기까지 4명에 한정된 선대 계보를 주축으로 한 구성 체계를 보여 주고 있다. 또한 「제1편」의 연대기적 분포의 하한선은 고려 말엽으로 설정한 점도 참고할 만한 부분이다. 이는 차후로 덕곡공파의 파조로 정립된 조승숙을 전면에 배치하기 위한 선계(先系) 설정 구상의 일단이 드러난 장면이기도 하다.

본디 중국의 당(唐)나라 사람이었던 까닭에 호를 모당(慕唐)으로 지은 시조 조정은 “신라(新羅) 경애왕(景哀王) 때 조선으로 이주하여 함안인(咸安人)이 되었고,” 또 “누차 큰 공(功)을 세워 충장(忠壯)이라는 시호(諡號)”를 받았던 인물로 기록되어 있다.[48] 시조 조정에 이어 기존의 세거(世居) 지역인 지금의 경남(慶南) “함안(咸安)으로부터 천령(天嶺)[함양]의 덕곡리(德谷里)로 이거(移居)”를 단행한 입향조(入鄕祖)로 형부상서(刑部尙書)를 지낸 조영준(趙英俊, 1082~?)을 두 번째 순서로 소개해 두었다.[49] 그런데 이처럼 각기 시조·입향조라는 지극히 상징적인 위상을 지닌 인물인 조정과 조영준 두 사람의 경우, ‘위업(偉業)·탁절(卓節)·가언(嘉言)·선행(善行)’ 등과 같은 세부적인 내용 묘사는 생략한 채 극히

47 咸安趙氏世譜委, 『咸安趙氏言行錄』, 「第一編」, 〈元尹公諱鼎〉, 2쪽, “公仕麗朝, 大將軍元尹門下侍中 ... 事實載家臧舊錄.”

48 『咸安趙氏察訪公派家乘』, 「元尹公以下十九代源派(首編)」, 〈遠祖趙鼎〉, 1쪽, “公名鼎, 字禹寶, 號慕唐, 本以唐人, 新羅景哀王時, 來寓朝鮮, 爲咸安趙氏, 官麗朝大將軍元尹, 累建大功諡忠壯.” 조정이 출생한 연대와 관련하여 『東國名賢錄』(한국학중앙연구원 장서각 소장본: MF 35-707)의 「遺事」에는 “公生于後唐僖宗十二年丁巳.”로 기록해 두었으나, 이 구절에 대한 해석이 분분한 편이다.

49 咸安趙氏世譜委, 『咸安趙氏言行錄』, 「第一編」, 〈尙書公諱英俊〉, 2쪽, “公始自咸安, 移居天嶺(後改咸陽)德谷里 ... 流傳後世云.”

상징적이면서도 간략한 서술 기법으로 대체한 특징이 포착된다.

그런 점에서 세 번째로 취급된 인물인 〈영돈정공휘경(領敦正公諱儆)〉 조항의 경우, 불과 두 줄에 지나지 않는 극히 소략한 분량임에도 불구하고, 『함안조씨언행록』의 평균적인 서술 방식에 상당히 근접한 첫 번째 사례로 평가된다.

> "공(公)은 고려(高麗)의 조정에서 벼슬을 하였으나, 몇 년이 지나지 않아서 죽당(竹堂) 정복주(鄭復周, 1367~?)의 문하[門]에 찾아갔다. 자제들을 충효(忠孝)로써 가르쳤다."[50]

윗글 속에는 조승숙의 부친인 조경의 짧은 관직 이력과 함께, 일두(一蠹) 정여창(鄭汝昌, 1450~1504)의 조부인 정복주[51]의 문하에 접어든 경위가 간략하게 소개되어 있다. 이처럼 관직을 마다하고 배움의 길을 자청하였다는 행간(行間)에 담긴 의미란, 범 덕곡공파 문중이 견지해 온 호학적(好學的) 경향의 한 연원을 은연중 시사해 주고 있음이 간취된다. 또한 『함안조씨언행록』의 저변을 관류하는 충효 교육에 관한 언급이 처음으로 드러나 있다는 점도 눈여겨볼 만한 장면에 해당한다.

더 나아가 〈영돈정공휘영준〉 항목에서 주목되는 또 다른 점으로는, 이 조항의 바로 아래 부위에 본문보다 두어 포인트 작은 글씨체로 쓰인 2행(行)[줄]으로 "자는 공보(公寶)며 진사(進士)로, 홍무(洪武) 1368년[戊申]에 문

50 咸安趙氏世譜委, 『咸安趙氏言行錄』, 「第一編」, 〈領敦正公諱璥〉, 2쪽, "公仕麗朝, 未年聘于鄭竹堂復周之門, 教子弟以忠孝."

51 본관은 하동(河東)이며 자는 사고(師古). 고려 말 조선 초의 문신으로 부친은 정지의(鄭之義). 첨절제사(僉節制使)·판사(判事) 등을 역임하였다.

과에 급제하여 관직이 영돈정(領敦正)에 이르렀다"라며 생애를 정리해서 약전(略傳) 형식으로 제시한 부분일 것이다.[52] 왜냐하면 이처럼 특정한 인물의 생애를 약전으로 정리해서 간략하게 소개한 뒤에, 언행록의 본문 내용을 기술하는 방식은 이후로 『함안조씨언행록』의 평균적인 서술 방식으로 정착되었기 때문이다. 이처럼 연대가 진행되는 추이에 맞춰 편·항목으로 된 통일적인 체제를 갖추고, 또 약전 제시와 세부적인 본문 내용의 전개라는 서술 체계를 일관되게 적용한 방식은 계묘본 『함안조씨언행록』이 보다 진화된 편집 체계를 구현해 보인 결과로서, 문중 차원의 교훈서로서는 상당히 진보적인 텍스트 구성 체계를 완비하였던 것으로 평가된다.

한편 조경에 이어 네 번째로 소개된 〈덕곡선생휘승숙(德谷先生諱承肅)〉에 대해서는 이미 앞에서 비교적 자세하게 논급한 바가 있으므로, 여기서는 『함안조씨언행록』의 구성 체계와 관련하여 두어 가지 사항들을 대신해서 지적해 두도록 한다. 우선, 〈덕곡선생휘승숙〉 조항에서 주목되는 점은 무려 6쪽에 걸쳐 45행에 달하는 최대 분량을 할애함으로써, 시조·입향조를 포함한 여타 인물들의 그것을 훨씬 상회하는 수준에서 덕곡공파의 파조(派祖)로서의 상징적인 위상과 의미를 동시에 부여하였다는 점일 것이다. 『함안조씨언행록』의 판각(板刻) 분량은 쪽당 13행으로 이뤄져 있다. 그런 점에서 시조인 조정의 경우는 단 2행만을, 입향조 조영준 역시 3행으로 분량을 배당한 정황에 비춰 볼 때에, 도합 45행에 이르는 서술 지분은 상당히 파격적인 분량을 할애한 결과가 아닐 수 없다.

이참에 서술 분량의 할애 정도에 따른 개별적 인물들의 비중감 순서

52 咸安趙氏世譜委, 『咸安趙氏言行錄』, 「第一編」, 〈領敦正公諱瓛〉, 2쪽, "字公寶進士, 洪武戊申登文科, 官至領敦正, 生年月日 ... 歲遠未詳."

를 제시해 두자면 이하의 인용문과 같이 정리된다. 다만, 두 포인트 작은 글자 크기인 가는 줄[細行] 2행으로 나뉘어 기술된 약전의 줄 수[行數]는 본문의 한 줄과 같은 판각 공간에 해당하므로, 공히 한 줄인 1행으로 합산하여 셈하였음을 밝혀 둔다.

> '조승숙(趙承肅, 45행)·조희문(趙希文, 22행)·조효동(趙孝仝, 15행)·조용규(趙龍奎, 12행)·조광보(趙光輔, 10행)·조석(趙碩, 10행)·조응수(趙應琇, 8행)·조종례(趙從禮, 7행)·조림(趙琳, 7행)·조성린(趙成麟, 7행)·조임기(趙任基, 7행)·조성로(趙性魯, 7행)·조성전(趙性全, 7행)·조성복(趙性宓, 7행)·조세유(趙世維, 6행)·조환(趙煥, 6행)·조남규(趙南奎, 6행) 등.'[53]

당연하게도 상대적으로 많은 분량의 줄 수가 부여된 인물들의 경우, 공히 귀감이 될 만한 각별한 이면사들을 보다 풍부하게 간직하고 있는 공통점도 발견된다. 그런 의미에서 1쪽 이상의 서술 공간을 획득한 인물들인 '조승숙·조희문·조효동·조용규·조광보·조석' 등은 여타의 인사들에 비해서 보다 교훈적인 사연들을 많이 내장하고 있을 것임을 유추할 수 있다. 한편 위의 인용문에 적시된 인물들에 뒤이어 5행에 달하는 분량이 배당된 후손은 모두 7명으로 비교적 높은 비율을 형성하고 있으

53 이상에서 나열한 인물들의 편·항목 소속은 이하와 같다. '조승숙(1-4)·조희문(2-19)·조효동(2-7)·조용규(5-56)·조광보(2-9)·조석(3-26)·조응수(3-31)·조종례(2-6)·조림(2-13)·조성린(3-40)·조임기(4-43)·조성로(5-57)·조성전(5-59)·조성복(5-60)·조세유(3-35)·조환(4-48)·조남규(5-62).' 가령 '조승숙(1-4)'이란 조승숙이 「제1편」에 배속되었고, 일련번호는 4번에 해당한다는 의미다. 이하 동일.

며,[54] 그 다음인 4행이 할애된 인물은 4명인 것으로 최종 집계되었다.[55] 이러한 정황들은 『함안조씨언행록』이 평균적으로 3행에서 7행에 준하는 서술 체계를 형성하고 있음을 아울러 시사해 주기도 한다.

〈덕곡선생휘승숙〉 조항에서 지적할 만한 두 번째 사항으로는 언행록에 등재된 인물들의 호칭 분류법과 관련한 것이다. 『함안조씨언행록』에는 관직 명칭과 선생(先生)이라는 칭호, 그리고 호(號)를 차용한 호칭과 '휘(諱)ㅁㅁ'처럼 인명(人名)을 그대로 사용한 경우 등과 같은 네 종류의 호칭법이 동시에 구사된 특징이 발견된다. 그중에서 두 번째 유형인 '선생'이라는 칭호는 조승숙과 남계 조효동·월계 조희문,[56] 이렇게 세 사람에 한해 적용된 매우 의미심장하면서도 영예로운 호칭법에 해당한다. 그렇다면 언행록에 이름을 올린 68인 중에서 하필 3인만을 '선생'으로 분류한 기준은 과연 무엇인가 하는 의문점이 제기될 법도 하다. 짐작컨대 〈덕곡선생휘승숙〉 항목이 시사해 주는 바와 같이, 학문[學]·도덕[行] 두 방면에서 일개 문중의 범주를 초극할 만한 수준의 학문적·도덕적 성취를 이룬 당대의 인물에 국한해서, 이처럼 심히 영예로운 호칭법을 부여하였던 것으로 분석된다.

예컨대 『함안조씨언행록』의 「제2편」에 등재된 〈신재공휘림(愼齋公諱琳)〉, 곧 신재 조림(?~?)의 경우 1513년(중종 8)에 문과에 급제한 이후로 양덕(陽德)

54 이를테면 '조홍수(趙興守, 3-21)·조은복(趙殷福, 3-23)·조광립(趙光立, 3-25)·조훈(趙勳, 3-37)·조태식(趙泰植, 4-54)·조성욱(趙性郁, 5-58)·조응규(趙膺奎, 6-61)' 등을 지목할 수 있다.

55 '조역(趙湙, 4-46)·조환식(趙煥植, 4-50)·조홍(趙洪, 4-53)·조주식(趙周植, 5-64)' 등이 이 경우에 포함된다.

56 咸安趙氏世譜委, 『咸安趙氏言行錄』, 「第2編」, 〈南溪先生諱孝仝〉, 6쪽~8쪽; 같은 책, 「第2編」, 〈月溪先生諱希文〉, 10~12쪽.

현령(縣令)·흥해(興海) 군수(郡守) 및 무주(茂州)·청송(靑松) 부사(府使)를 거쳐 성균관(成均館) 대사성(大司成)에 오른 화려한 관직 이력에 못지않게,[57] 또한 "오로지 청렴[廉潔]에 힘써서, 세칭 청백리(淸白吏)"로 불린 끝에, 청송군(靑松郡)의 사민(士民)들에 의해서 생사당[生祠]이 건립되었을 정도로 살아생전에 존경을 받았던 인물이다.[58] 그럼에도 불구하고 조림의 경우 선생이라는 칭호 대신에 호를 차용하여 '신재공(愼齋公)'으로 분류하였던 정황은, 두 번째 유형의 호칭법을 적용하는 문제에 대해 극히 신중을 기하였음을 시사해 주고 있다. "시례(詩禮)와 문장(文章), 덕행(德行)이 세상의 본보기가 되었던" 조림에게는 도합 7행의 서술 공간이 배당되었음은 앞의 인용문에서 예시한 바와 같다.[59]

한편 『함안조씨언행록』에서 가장 빈번하게 구사된 호칭법은 관직 명칭을 차용한 방식으로, 약 27명 정도가 이 분류법에 의해 항목이 배정되었다. 그런데 이처럼 관직명을 차용한 호칭법은 「제1편」에서 「제3편」에 이르기까지는 빈번하게 적용된 반면에, 「제4편」과 「제5편」에서는 각기 조호(趙豪, ?~?)·조찬(趙僨, ?~?)·조홍(趙洪, 1762~1831) 및 조성로(趙性魯, 1807~1844) 등과 같은 4인에게만 국한된 특징이 포착된다.[60] 각기 11명과 14명에 달하는 인물들의 언행을 수록한 「제4편」·「제5편」의 경우 문과·무과 출신자는 보이지 않

57 咸安趙氏世譜委, 『咸安趙氏言行錄』, 「第二編」, 〈愼齋公諱琳〉, 9쪽, "字伯瓊, 成化二十二年丙午中生員, 正德八年癸酉登文科, 行陽德縣令興海郡守茂州靑松府使, 至成均館大司成."

58 咸安趙氏世譜委, 『咸安趙氏言行錄』, 「第二編」, 〈愼齋公諱琳〉, 9쪽, "公天資穎悟 ... 歷典四郡, 專務廉潔, 世稱淸白吏 ... 上嘉尙其績, 特拜大司成, 後靑松士民, 立生祠永慕."

59 咸安趙氏世譜委, 『咸安趙氏言行錄』, 「第二編」, 〈愼齋公諱琳〉, 9쪽, "公天資穎悟 ... 詩禮文章, 德行垂範於世."

60 咸安趙氏世譜委, 『咸安趙氏言行錄』, 「第四編」, 〈禁衛公諱豪〉, 21쪽; 같은 책, 「第四編」, 〈參奉公諱僨〉, 22쪽; 같은 책, 「第四編」, 〈贈祕丞公諱洪〉, 23쪽; 같은 책, 「第五編」, 〈生員公諱性魯〉, 25쪽.

는 대신에, 4명의 후손들이 증직(贈職)된 사실만이 확인된다. 이로써 미뤄 보건대 「제4편」과 「제5편」의 내용을 구성하는 시기에 이르러 이 문중 후손들이 관직에 진출하는 경우가 점차 뜸해지는 국면을 맞이하였고, 그 결과 관직 명칭을 차용한 호칭법 구사에도 다소간의 영향을 미쳤던 것으로 분석된다.

그 대신에 「제4편」과 「제5편」의 경우 이전 시기의 「제1편」·「제2편」·「제3편」과는 다르게, 호(號)를 사용한 호칭법이 새로운 동향을 형성하고 있음이 주목된다. 대체로 이 시기는 19세기 초반 무렵에서 1950년도에 이르는 시기와 맞물려 있다는 점도 참조할 만하다. 기실 16세기 중·후반에서 18세기 중·후반까지의 인물들로 충원된 「제3편」에서도 호를 사용한 호칭법이 점증하기 시작한 추이를 보여 주고 있었다는 특징도 아울러 발견된다. 참고로 「제4편」의 첫 번째 인물은 통정대부(通政大夫) 첨지중추부사(僉知中樞府事)에 증직된 효렴당(孝廉堂) 조임기(趙任基, 1719~1798)이며,[61] 「제5편」의 대미를 장식한 이는 1949년에 타계한 죽사 조경제였음은 앞에서도 소개한 바가 있다.[62] 겸하여 관직 명칭에서 호로 대체된 「제4·5편」의 새로운 경향들은 1950년도 이전 시기까지만 하더라도, 유교적 지식인들이 호를 즐겨 사용하곤 하였던 정황들을 확인시켜 주고 있다는 점에서 중요한 문헌적 가치를 지니고 있다.

이제 『함안조씨언행록』에 적용된 네 종류의 호칭법 중에서 마지막 유

61 咸安趙氏世譜委, 『咸安趙氏言行錄』, 「第四編」, 〈孝廉公諱任基〉, 20쪽, "字君仲, 號孝廉堂, 肅宗己亥十二月二十六日生 ... 正祖二十二年戊午, 贈通政大夫僉知中樞府事, 純祖辛酉十一月四日卒, 享年八十二."

62 咸安趙氏世譜委, 『咸安趙氏言行錄』, 「第五編」, 〈竹史公諱京濟〉, 29쪽, "高宗辛丑九月十四日生, 己丑三月二十四日卒, 壽四十九."

형으로 인명을 그대로 사용하였던 사례들에 대한 소개만을 남겨 둔 상태다. '휘ㅁㅁ' 형식을 취한 이 호칭법이 적용된 인물로는 조식(趙湜, 1590~1648)[63]과 조환식(趙煥植, 1810~1874)[64] 및 조숙(趙淑, 1831~1899),[65] 이렇게 3인에 한정된 상태다. 이처럼 '선생(先生)·공(公)'으로 지칭된 호칭법 대신에 '이름[諱]'만으로 호칭을 대체한 이유는, 세 사람의 약전에서 공히 확인되는 바와 같이, 적시한 당사자들의 호가 부재한 상태였기 때문이었던 것으로 분석된다. 그럼에도 불구하고 이들 3인의 경우 "성효(誠孝)를 겸비하였다"라거나 "성효(誠孝)를 타고났다"라는 평가, 혹은 "효우(孝友)를 독실히 실행하였다"는 등의 인간적인 도리 실행에 대한 호평과 더불어,[66] 또한 공히 대단한 호학적 성향을 보여 주어 주변의 칭송을 한 몸에 받았던 인물들이었다. 그 결과 이들 세 사람은 사후(死後)에 이르러 '휘ㅁㅁ' 형식을 취한 호칭 방법을 빌려서 『함안조씨언행록』에 당당히 이름을 올릴 수 있었던 것이다.

기실 효성과 우애로 점철된 가풍을 형성하는 데에 이바지한 정도는 『함안조씨언행록』의 편집진이 가장 중시한 기준이었다. 실제 약 40여 명에 이르는 인물들이 효성 혹은 효우 방면에 모범적인 전범을 제시한 끝에, 언행록에 선정되는 영광을 안게 되었던 것으로 파악되었다. 따라서 차제에 앞에서 적시한 3인 중에서 "자(字)가 청보(淸甫)"인 조식(趙湜, 1590~1648?)

63 咸安趙氏世譜委, 『咸安趙氏言行錄』, 「第三編」, 〈諱湜〉, 18쪽, "字淸甫, 萬曆庚寅生, 崇禎戊午卒."

64 咸安趙氏世譜委, 『咸安趙氏言行錄』, 「第四編」, 〈諱煥植〉, 22쪽, "字元章, 純祖十年庚申八月二十三日生, 高宗甲戌十月二十七日卒."

65 咸安趙氏世譜委, 『咸安趙氏言行錄』, 「第四編」, 〈諱淑〉, 22쪽, "字敬贊, 純祖辛卯六月一日生, 高宗己亥十月六日卒."

66 咸安趙氏世譜委, 『咸安趙氏言行錄』, 「第三編」, 〈諱湜〉, 18쪽, "公天資聰敏, 誠孝兼至."; 같은 책, 「第四編」, 〈諱煥植〉, 22쪽, "公天資穎悟 ... 誠孝出天, 常語人曰, 孝是百行之源, 人而不能事親之道, 可謂人乎."; 같은 책, 「第四編」, 〈諱淑〉, 22쪽, "公稟氣純剛 ... 孝友篤行, 於承先裕後之道, 無不庸極, 士友推重."

이 선보인 성효(誠孝)의 사례를 시범적으로 한 번 음미해 보도록 한다.

> "공(公)은 타고난 자질이 총명하고 민첩하였으며, 성효(誠孝)[효성]를 겸하여 갖추어서, (부모를 더는) 봉양할 수 없(는 안타까운 상황에 처하)게 되자, 매일 한밤중에 눈물을 흘리곤 하였다. 일찍이 백천(白川) 이(李) 선생의 문하(門下)에서 학업을 전수받아 시례(詩禮)에 널리 통하여, 크게 동배[儕輩]들이 추복(推服)하는 바가 되었다.[가장(家狀)에 나온다.]"[67]

이상에서 「제1편」의 구성 체계를 소개하는 과정을 경유하면서 『함안조씨언행록』 전체에 적용된 편집상의 특징적인 면모와 세부적인 원칙 등과 함께, 또 언행록의 가장 특징적인 국면을 형성하고 있는 '성효·효우'에 관한 내용 등을 동시적으로 살펴보았다.

이제 이어지는 「제2편」의 구성 체계와 주된 내용 등을 분석하는 장(場)을 통해서, 나머지인 「제3편」·「제4편」·「제5편」을 동시적으로 주입(注入)하는 방식의 통합적인 논의를 진행함으로써, 보다 효율적이면서도 밀도감 높은 해제성(解題性) 안내 글을 지향하고자 한다. 이처럼 「제2편」의 장을 빌려서 통합적인 차원의 논의 방식을 채택하게 된 데에는, 비록 『함안조씨언행록』이 편별(編別)로 다섯 구역으로 세분화되어 있으나, 유사한 구성 체계와 내용 형성으로 일관하고 있다는 필자의 판단을 반영해 준다.

67 咸安趙氏世譜委, 『咸安趙氏言行錄』, 「第三編」, 〈諱湜〉, 18쪽, "公, 天資聰敏, 誠孝兼至, 以不得逮養, 每中夜隕涕, 嘗受學於白川李先生門下, 博通詩禮, 大爲儕輩所推服.(出家狀.)" 언급된 '白川 李先生'이란 백천 이천봉(李天封, 1567~1634)으로 한강(寒岡) 정구(鄭逑, 1543~1620)의 문인이다.

2) 「제2편」과 나머지 편들

(1) 「제2편」의 특징 및 거관(居官)·위정(爲政)의 태도

『함안조씨언행록』의 「제2편」은 전체 다섯 편들 가운데서, 이 서책이 저술된 이면을 가장 잘 드러내 보인 본격적인 장에 해당한다. 그뿐만 아니라 덕곡공파 문중 내부에서 새로운 분파(分派)가 형성되거나, 호남(湖南)의 남원부(南原府) 지역으로의 이주가 진행되는 등의 다양한 분화가 촉진되는 일련의 조짐들이 읽히기도 한다. 또한 14세기 중·후반에서 16세기 후반까지의 후손들을 대상으로 한 「제2편」은 이 문중의 관운(官運)이 극점에 도달한 시기라는 점도 흥미롭게 느껴진다. 관직 진출이 두드러짐에 따라 자연히 조경과 그 아들인 조승숙[68] 부자로부터 기록상 처음으로 언급되기 시작한 '성효(誠孝)·효우(孝友)'로 대변되는 이 문중의 전래의 가풍(家風)에 추가하여,[69] 충절(忠節)과 청렴(淸廉)·관직 근무[居官]·위민의식(爲民意識) 등과 같은 덕목들이 언행록의 새로운 기준으로 부상하기에 이른다. 그런 점에서 「제2편」은 『함안조씨언행록』 전체를 통해서 가장 상징적이면서 교훈적인 국면을 대변해 주고 있는 대표적인 장(場)으로 평가된다.

우선, 후손 16명을 대상으로 하여 모범적인 행적을 소개한 「제2편」의 경우, 가장 많은 수효인 22명을 취급한 「제3편」과 동일한 분량인 8쪽 가량을 할애함으로써, 이 편에 대한 상징적인 위상을 실감케 해 주고 있다. 특히 「제2편」에 배속된 조림·조희문·조효동·조광보 등은 배정된 서술 공

68 咸安趙氏世德編纂委, 『咸安趙氏世德編』 卷2, 「行狀」, "誠於奉先, 孝於養母, 平生未嘗脫衣服巾."

69 이 사안과 관련하여 「제2편」에서 특기된 인물로는 '조종의(趙從義, 5)·조종례(趙從禮, 6)·조효동(趙孝仝, 7)·조철석(趙鐵碩, 9)·조염(趙琰, 10)·조지경(趙之瓊, 12)·조우(趙瑀, 14) 등을 지목할 수 있다. 괄호 안의 숫자는 일련번호이다.

간의 획득이라는 측면에서 최상위 그룹을 형성하고 있음이 눈길을 끈다. 또한「제2편」에 구사된 호칭법으로는 '선생·관직명·호'가 각각 2, 10, 4명인 것으로 집계되었다. 이러한 정황 역시 이 편이 언행록 내적으로 점유하는 상징적인 비중감을 가늠케 해 주기에 충분한 사례에 해당한다. 그 연장선에서「제2편」에는 문과 급제자 7명·음사(蔭仕) 1명·진사(進士) 3명 및 증직(贈職) 1명 등과 같이, 두드러진 관직 진출과 관련된 정보가 제시되어 있는 점도 눈에 띈다. 특히 문과에 급제한 인원수는 조승숙 이래로 1949년에 이르기까지 범 덕곡공파 문중이 배출한 9명에 근접하는 수치인 7명임이 자못 주목된다.[70]

그러나 앞에서도 자세하게 논급한 바와 같이, 조식·조환식·조숙 등의 3명에게 적용된 '휘ㅁㅁ'라는 호칭법이 암시해 주고 있듯이,『함안조씨언행록』이 저술된 주된 편집 방향이 관직의 고하 정도와 문과·무과 배출자 수효에 초점이 놓여 있었던 것은 물론 아니다. 그것보다는 오히려『함안조씨언행록』의 주된 관심사는 조승숙의 후예들이 과연 어떠한 삶을 영위하였는가 하는 질적인 차원에서의 웰빙(well-being)에 철저히 정조준되고 있었기에,『함안조씨언행록』은 자칫 문중용 도서가 초래할 수도 있는 소집단적·폐쇄적 한계를 초극한 수준에서의 보편적인 메시지를 제공해 줌과 동시에, 그 어떤 신선한 감동까지를 아울러 선사할 수 있었던 것이다. 따라서 이 지점에서 언행록 등재를 위한 새로운 선정 기준으로 떠오른 청렴(淸廉)한 거관(居官) 자세와 투철한 목민관(牧民官) 의식, 그리고 선조인 조승숙

70 함안조씨 덕곡공파가 배출한 문과 급제자는 이하와 같다. 조승숙(趙承肅, 1-4)·조종의(趙宗義, 2-5)·조종례(趙從禮, 2-6)·조효동(趙孝仝, 2-7)·조지경(趙之瓊, 2-12)·조림(趙琳, 2-13)·조희문(趙希文, 2-17)·조희하(趙希瑕, 2-18)·조돈시(趙敦詩, 3-32). 한편 무과 급제자는 한천(寒泉) 조훈(趙勳, 1557~1592) 한 사람이며, 소속은 4-37이다.

의 "지절(至節)·숭의(崇義)" 정신[71]을 계승한 차원에서 충절과 의(義)로움을 숭상하고 실행에 옮긴 사례들을 추적해서 간략하게 소개해 두고자 한다.

우선, 호남의 "남원부(南原府) 서쪽에 터한 월계산(月溪山) 자락 아래의 죽곡동(竹谷洞)"으로 전격적인 이거를 단행한 율정(栗亭) 조종례(趙從禮, 1376~?)는 조승숙의 셋째 아들로,[72] 함안조씨의 일 분파인 제학공파(提學公派)의 파조에 해당하는 인물이다. 또 둘째 아들인 조종의(趙從義, 1380~?)의 경우 또 다른 계파인 현감공파(縣監公派)를 파생하였는데, 이로써 덕곡공파 문중의 발전적 분화와 함께 거주 지역의 다변화 현상이 본격적으로 이뤄지기 시작하였음을 알 수 있다. 적시한 현감공파와 제학공파는 기존의 상서공파(尙書公派)와 더불어, 소위 범(凡) 덕곡공파를 구성하는 세 분파를 형성하고 있다.[73]

본 논의와 관련하여 보다 주목할 만한 대목은 현감공파의 파조로 정립된 조종의의 경우, 전래의 가풍인 효성·우애의 전통에 추가하여 '관직 근무[居官]' 시(時)에 발휘해야 할 투철한 청렴성(淸廉性)의 덕목을 기록상으로 맨 처음 제시한 인물이라는 점일 것이다.

> "공(公)은 이를 갈던 어린 시절부터 보통 아이들과는 달랐으며 … 집안에 머무를 땐 효우(孝友)로써 하였고, 관직 근무[居官] 시에는 청렴[廉潔]으로

71 咸安趙氏世譜委, 『咸安趙氏言行錄』, 「第一編」, 〈德谷先生諱承肅〉, 4쪽, "尹屛溪鳳九贊曰, 花可畵也, 而香不可繪 … 而先生至節崇義, 不可得以言也."

72 咸安趙氏世譜委, 『咸安趙氏言行錄』, 「第二編」, 〈提學公諱從禮〉, 6쪽, "公, 移居于南原府西月溪山下竹谷洞." 언급된 '남원부(南原府) 죽곡동(竹谷洞)'은 지금의 전북 남원시 대산면 대곡리 대실마을이다.

73 咸安趙氏尙書公派世譜委(가칭), 『咸安趙氏尙書公派世譜』, 「咸安趙氏尙書公派世譜序」, 1910, 2~3쪽, "但屢次編譜, 先生之子, 縣監公提學公, 暨叔父典書公子孫, 分三波而成云." 이 서문은 추범(秋帆) 권도용(權道溶, 1877~1963)이 '경술년(庚戌年)'인 1910년에 지은 것으로 추정되는데, 원문의 '景戌'은 오자(誤字)다.(3쪽): "景戌中蕤之月下休, 永嘉權道溶序."

행하여, 고풍(高風)과 좋은 명성이 일세를 풍미하였다."[74]

이렇듯 기록상으로 〈현감공휘종의(縣監公諱從義)〉 항목에서 처음으로 언급되기 시작한 염결(廉潔)의 덕목은 밀양(密陽) 군수(郡守)를 역임하는 동안에, "맑은 정사가 흡사 물과도 같았다"라던 평을 받은 조종의의 증손(曾孫)인 남계 조효동에 이르러서는 "백성들에게 임(臨)하고 아전을 다스림에 한결같이 충서(忠恕)로써 대하여, 노하지 않아도 위엄이 한 고을에 미치어, 속히 영(令)이 행해졌다"라는 기록에서 확인되듯이,[75] 치민(治民)[臨御]의 요결을 제시하는 차원으로까지 연장되는 국면을 맞이하기에 이른다. 그리하여 조종의·조효동 양인(兩人)이 수립한 거관(居官)·위정(爲政) 방면의 청렴한 전범은 후손 조준석(趙峻碩, ?~?)에게 종합적으로 수렴되면서, "집안을 제어하고 백성을 다스림에 으르지 않아도 교화되었을"뿐더러, 또한 "그 합천(陜川) (군수로) 있으면서, 오로지 염결(廉潔)에 힘써 주민(州民)들이 친밀하게 대하여 노래하였고, 후소(後召)의 일컬음이 있었다"라고 전한다.[76]

이처럼 세부적인 기술상의 차이는 있을망정, 청렴성을 견지하고 투철한 위민의식을 발휘하는 등의 동일한 내포(內包)를 간직한 범 덕곡공파 문중 출신들이 선보인 모범적인 관료로서의 처세란, 찰방공(察訪公) 조철석(趙鐵碩, 1446~1525)의 경우 "충직(忠直)·염결(廉潔)"한 거관(居官) 태도로 연장되어

74 咸安趙氏世譜委, 『咸安趙氏言行錄』, 「第二編」, 〈縣監公諱從義〉, 6쪽, "公自齠齡, 異於凡兒, 風儀卓然, 學業早成 ... 處家以孝友, 居官以廉潔, 高風令名, 韻於一世.(出家藏.)"

75 咸安趙氏世譜委, 『咸安趙氏言行錄』, 「第二編」, 〈南溪先生諱孝仝〉, 7쪽, "先生出守密陽, 政清如水, 臨民御吏, 一以忠恕, 不怒而威一境, 趨令行之.(出文集.)"

76 咸安趙氏世譜委, 『咸安趙氏言行錄』, 「第二編」, 〈郡守公諱峻碩〉, 8쪽, "公英偉嚴默, 御家理民, 不威而化, 其在陜川, 專務廉潔, 州民愛之歌, 有後召之稱.(出家藏.)"

재현되었고,[77] 또한 「제3편」에 배속된 조돈시(趙敦詩, 1549~1579)의 사례처럼, "그 흥해(興海) (군수로) 있으면서, 백성 다스리기를 청백(淸白)하게 하여, 주민(州民)들이 교화된" 나머지, "공(公)께서는 절대 급히 돌아가지 마시라!"라고 운운하며 자자한 칭송을 받는 결과로 이어지기도 하였다.[78]

물론 조돈시보다 이전 시기인 1513년(중종 8)에 문과에 급제한 이후로, "양덕(陽德) 현령(縣令)·흥해(興海) 군수(郡守) 및 무주(茂州)·청송(靑松) 부사(府使) 직임을 거쳐서, 성균관(成均館) 대사성(大司成)에 이르렀던" 신재(愼齋) 조림(趙琳, ?~?)[79] 또한 이 문중에서도 단연 뚜렷한 귀감이 될 만한 인물이었다.

> "(조림은) 사군(四郡)을 두루 관장하는 동안에 오로지 청렴[廉]·결백[潔]에 힘써, 세인들이 청백리(淸白吏)라 칭하였다. 일찍이 청송 부사를 사임하고 되돌아갈 때 행리(行李)가 단출하였고, 복명(復命)하면서 정숙하게 감사의 예를 올렸다. 이에 왕은 그 공적을 가상히 여겨 대사성(大司成)에 특배(特拜)하였다. 후일 청송부(靑松府)의 사민(士民)들은 생사당(生祠堂)을 건립하여 공을 길이 추

77 咸安趙氏世譜委, 『咸安趙氏言行錄』, 「第二編」, 〈察訪公諱鐵碩〉, 8쪽, "公天資超凡 ... 居官以忠直廉潔, 齊家以孝友篤行, 解紱歸鄕, 高臥田里."

78 咸安趙氏世譜委, 『咸安趙氏言行錄』, 「第三編」, 〈郡守公諱敦詩〉, 17쪽, "公稟性淳慤 ... 其在興海, 理民淸白, 州民化之, 歌之曰, 公來何暮, 公勿遽歸云."

79 咸安趙氏世譜委, 『咸安趙氏言行錄』, 「第二編」, 〈愼齋公諱琳〉, 9쪽, "正德八年癸酉登文科, 行陽德縣令興海郡守, 茂州靑松府使, 至成均館大司成."

모하였다.[가장(家藏)에 나온다.]”[80]

위의 인용문에 잘 드러나 있듯이, 조종례의 손자인 조림이 남긴 모범적인 거관(居官)·위정(爲政)의 사례란 범 덕곡공파 문중 출신의 관료(官僚)의 한 사람으로서, 이 방면에 관한 한 하나의 극점을 제시해 주었던 것으로 평가된다.

이제 조승숙의 후손들이 조선의 명운(命運)이 심히 위협받았던 국가적 차원에서의 전란(戰亂)을 당해서 보여 준 충의(忠義)와 순절(殉節)의 사례들을 적출하여 간략히 소개해 두도록 하겠다. 「제2편」을 통해서 새로운 선정 기준으로 떠오른 청렴성과 민본의식(民本意識) 등과 같은 관직 근무·위정(爲政) 태도에 뒤이어, 충의와 순절의 기준 또한 「제3편」·「제4편」·「제5편」에서 또 다른 엄선 척도로 새롭게 부상하였기 때문이다. 이는 앞서 제2장에서 의암 류인석이 제시한 바가 있는 노선, 곧 “거의(擧義)해서 소청(掃淸)하는 것”으로 대변되는 처변(處變) 방식을 몸소 실행에 옮긴 결과로서,[81] 『함안조씨언행록』 전체를 통해서도 가장 감동적인 국면과 내용을 형성하고 있다.

80 咸安趙氏世譜委, 『咸安趙氏言行錄』, 「第二編」, 〈愼齋公諱琳〉, 9쪽, “公天資穎悟 ... 歷典四郡, 專務廉潔, 世稱淸白吏, 嘗辭歸靑松行李蕭然, 復命肅謝, 上嘉尙其績, 特拜大司成, 後靑松士民, 立生祠永慕. 出家藏.” 운위된 사군(四郡)이란 [약전]에서 소개한 바대로 ‘양덕·홍해·무주·청송’ 지역을 가리킨다. 또한 인용문 중의 ‘행리(行李)’란 여행할 때 사용하는 물건과 차림 따위를 말한다. 李象靖, 『大山集 Ⅱ』 卷49(한국문지총간 227), 「行狀」, 〈東溪權公行狀〉, 민족문화추진위원회, 2001에는 “임기를 마치고 돌아갈 때에는, 말 한 필과 물병 하나만 지닐 정도로 짐이 단출하여, 뒤따르거나 몸에 지닌 물건이 하나도 없었다.(及其罷歸, 匹馬單壺, 行李蕭然, 不以一物自隨.)”라는 대목이 발견된다. 정구와 장현광(張顯光)의 문인으로 대사간을 역임한 바가 있는 동계(東溪) 권도(權濤, 1575~1644)의 처신 또한 논의 중인 조림의 사례와 닮았음을 알 수 있다.

81 柳麟錫, 『毅菴集 Ⅰ』 卷24, 「書」, 〈答湖西諸公尹錫鳳·趙龜元·柳浩根·趙瑢淳·趙琮淳·沈宜悳·李冕植.(丁酉七月)〉, 158쪽, “聞變之初, 卽與士友議得處變三事, 曰擧義而掃淸也, 去之而守舊也, 自靖而遂志也.”

(2) 충의(忠義)와 순절(殉節)의 사례

이상의 거관(居官)·정사(政事) 방면에서 보여 준 덕곡공파 일문(一門)의 심히 청렴한 처신과 투철한 위민의식의 또 다른 한편에서는 유다른 충의정신(忠義精神)을 발휘한 장면들과 더불어, 1592년에 발발된 임진왜란(壬辰倭亂)과 뒤이은 정유재란(丁酉再亂), 그리고 일제(日帝) 강점기(强占期) 때와 같은 국가적 위기 상황에서 거의(擧義)와 충절(忠節)을 실행한 데 따른 다수의 순절자(殉節者)나 항일(抗日) 투사(鬪士)를 배출하는 등의 심히 감동적인 궤적(軌跡)들을 아울러 남기기도 하였음이 대단히 주목된다.

특히 적시한 내용은 최다 인원인 22명의 자취를 수록한 「제3편」에 집중된 경향을 주고 있다. 이 같은 현상이 발생한 이면에는 「제3편」의 경우, 임진왜란과 1597년에 자행된 또 다른 왜란인 정유재란을 전후로 한 시기를 아우른 장[編]에 해당하기 때문이다. 또한 「제5편」의 마지막인 68번째 인물로 선정된 죽사 조경제(1901~1949)의 비장한 항일 투쟁과 그에 따른 3개월 동안의 옥고(獄苦)로 『함안조씨언행록』의 대미를 장식하고 있어서,[82] 고려 말엽에 조승숙이 선보인 충의·충절의 혼(魂)으로 얼룩진 연원 깊은 정신사적 DNA가 『함안조씨언행록』의 또 다른 선정 기준으로 작동된 실상을 여실히 확인시켜 주고 있다.

기실 덕곡공파 후손들의 경우, 임진왜란과 정유재란이 발발되기 이전 시점에서는 사림파(士林派)의 후예라는 강한 잠재의식을 견지하고 있었던 것으로 보인다. 물론 그 이면에는 동방(東方) 도학(道學) 상의 적전(嫡傳) 계보(系

82 咸安趙氏世譜委, 『咸安趙氏言行錄』, 「第二編」, 〈竹史公諱京濟〉, 29쪽, "公幼而篤學 ... 庚戌屋社后, 隱居不出 ... 黃羊崇呼之歲, 唱獨立萬歲, 於倭憲兵隊門外, 拘幽三月." 언급된 '경술옥사'란 1910년에 일제(日帝)에 의해 강제로 자행된 경술합병(庚戌合倂)을 색다르게 일컫는 표현이다.

譜)를 제공한 원천적인 인물들인 포은 정몽주·야은 길재와 파조인 조승숙이 나눈 정신적 교유와 공감 정도가 중요한 계기로 작용하였을 것이다. 앞서 소개한 방은 조광보의 경우, 그 자신이 옥사(獄事)로 인해 국문(鞫問)을 받는 황량한 처지였음에도 불구하고, 되레 강한 어조로 유자광을 쏘아보면서 "청하여 바라건대 상방검(尙方劍)으로 너의 머리를 베는 것이야말로, 진정 내가 원하는 바이다"[83]라며 매섭게 성토하였던 정황 또한 바로 이러한 맥락하에 놓여 있다.

또한 차후로 선조(宣祖) 연간에 후손 조경달(趙景達, 1523~1582)이 보여 준 아래와 같은 저술 활동 역시 사림파의 의로운 기맥(氣脈)을 계승하고자 하였던 정황이 이 문중 특유의 에토스의 일단을 전시해 보인 장면으로 사료된다.

> "공(公)은 일찍이 『기묘당적(己卯黨籍)』을 편집(編輯)하면서 마음으로 군자(君子)의 도(道)가 쇠잔해지고 소인(小人)의 도가 성하여 늘어가는 이치를 궁구하였다."[84]

83 咸安趙氏世譜委, 『咸安趙氏言行錄』, 「第二編」, 〈坊隱公諱光輔〉, 9~10쪽, "公, 博學篤行 … 見義則勇 … 見子光大呼曰, 汝小人也, 何以居此地 … 請得尙方釼斬汝頭, 吾所願也.(出燃藜記述.)

84 咸安趙氏世譜委, 『咸安趙氏言行錄』, 「第二編」, 〈參奉公諱景達〉, 13쪽, "公嘗編輯己卯黨籍, 心究君子道消, 小人道長之理." 언급된 '기묘당적(己卯黨籍)'이란 1519년(중종 14) 11월에 남곤(南袞)·심정(沈貞)·홍경주(洪景舟) 등과 같은 훈구파들에 의해 조광조(趙光祖)·김정(金淨)·김식(金湜) 등이 화를 입은 기묘사화(己卯士禍) 당시의 이른바 기묘명현 혹은 기묘사림들에 대한 연구서일 것으로 추정된다. 한편 사재(思齋) 김정국(金正國, 1485~1541)이 편찬한 『기묘당적』에는 94명에 이르는 명단이 수록되어 있다. 조경달이 편집하였다는 『기묘당적』과 동일한 서명(書名)을 취한 김정국의 그것과의 동이 여부에 대해서는 확인하기가 어렵다.

위의 인용문은 조경달이 기묘사화(己卯士禍)에 희생된 인물들, 곧 이른바 기묘명현(己卯名賢) 혹은 기묘사림(己卯士林)들에 대한 관심과 추앙심의 정도가 지대하였다는 단순한 정보를 초극해서 사림파에 대한 강한 계승 의지가 충만하였음을 여실히 입증해 주고 있다. 이에 조경달은 군자·소인이라는 피아(彼我) 2분법적 구도에 입각하여 그 이면에 내재된 소장(消長)·성쇠(盛衰)의 역리(易理)를 직접 탐구함으로써, 소인이 난무·자행하는 이치에 관한 근원적인 지적 화두를 자체적으로 해소하고자 노력하였던 것이다. 따라서 이하에서 단계적으로 소개할 덕곡공파 후손들의 충의로운 사례들 또한 조상들이 견지해 온 사림파의 기맥에 대한 강한 계승 의식과 그 궤(軌)를 나란히 하는 것으로 평가할 수 있다.

국가적 차원에서 직면한 미증유의 위기 상황인 전란(戰亂)을 수습하는 기간 동안에 숭의·충절의식을 발휘한 첫 번째 인물로서 『함안조씨언행록』에 소개된 이는 어모공(禦侮公) 조은복(趙殷福, 1539~1592)이다.[85] 일단 언행록에서는 "공(公)은 소싯적부터 강개(慷慨)하여 큰 뜻을 품어, 대단한 모략과 위용(威容)이 있었으며, 활쏘기와 말을 타고 달리는 데 능하였다"라고 소개해 두었다.[86] 이 같은 언급은 조은복이 뭔가 큰일에 쓰일 만한 면모를 타고난 인물이었음을 암시해 준다. 그리하여 1592년 초여름인 4월에 이르러 임진왜란이 발발되자, 이에 조은복은 "분연(奮然)히 떨쳐 일어나 적개(敵愾)할 뜻을 두어 의병운동[擧義]을 앞장서서 창도[倡]"하게 된다.[87]

85 咸安趙氏世譜委, 『咸安趙氏言行錄』, 「第三編」, 〈禦侮公諱殷福〉, 13쪽, "嘉靖十八年己亥生 ... 萬曆壬辰八月十七日殉節, 享年五十四."

86 咸安趙氏世譜委, 『咸安趙氏言行錄』, 「第三編」, 〈禦侮公諱殷福〉, 14쪽, "公自少, 慷慨有大志, 膽畧威容, 善射馳馬."

87 咸安趙氏世譜委, 『咸安趙氏言行錄』, 「第三編」, 〈禦侮公諱殷福〉, 14쪽, "萬曆壬辰夏四月, 倭寇大擧東搶, 公奮然有敵愾之志, 首倡擧義."

나아가 조은복은 아우 조수(趙秀)와 함께 정기룡(鄭起龍, 1562~1622)·김시민(金時敏, 1554~1592) 장군을 내방하거나 종군(從軍)하기도 하다가, 마침내 "(의병) 대장(大將)인 김면(金沔)의 금산(金山) 의진(義陣)으로 달려가서, 조대중(曺大中)과 더불어 합병(合兵)하여 진격하게" 되었다.[88] 이 즈음에 "은복[公]은 분연히 앞을 맞아 나섰고, 싸움에 반드시 공(功)을 세웠으나, 죽기를 각오하고 벌인 전투에서 순절(殉節)하였다"라는 설명을 통해서, 장엄하였던 최후의 장면을 포착해 두었다.[89] 이렇듯 조은복이 거룩하게 순절한 사실은 『함안조씨언행록』 전체에서 가장 많은 인용 서적들이 거론되고 있어서,[90] 그의 숭고한 충절과 의리정신이 파급한 만만찮은 파장의 정도를 가늠케 해 준다. 조은복의 경우 국가적인 미증유의 위기 상황에서 소중한 목숨을 초개처럼 여긴, 곧 『논어(論語)』의 이른바 "위태로움을 보고 목숨을 바친다[見危授命]"라는[91] 일대 경구를 몸소 실현해 보인 심히 충의(忠義)로운 인물이었음을 알 수 있다.

위 조은복의 사례와 마찬가지로 「제3편」에 소속된 한천(寒泉) 조훈(趙勳, 1557~1592) 역시 국가적 위기 사태인 임진왜란을 당해서 "1592년 4월 19일에 순절(殉節)한" 또 다른 덕곡공파의 후예에 해당한다.[92] "소싯적부터 지혜며 용맹이 남달랐고, 특히 기개와 절조가 우뚝하였던" 조훈은 "일찍이 병사

88 咸安趙氏世譜委, 『咸安趙氏言行錄』, 「第三編」, 〈禦侮公諱殷福〉, 14쪽, "與弟秀往見鄭起龍, 從通判金時敏, 赴大將金沔金山陣, 與曺大中合兵進擊."

89 咸安趙氏世譜委, 『咸安趙氏言行錄』, 「第三編」, 〈禦侮公諱殷福〉, 14쪽, "公奮出當前, 戰必有功, 殊死戰殉節."

90 咸安趙氏世譜委, 『咸安趙氏言行錄』, 「第三編」, 〈禦侮公諱殷福〉, 14쪽, "出野史·涪溪記聞·紫海筆談·日月錄." 단, 가운뎃점[·] 표기는 필자가 첨가한 것임.

91 朱熹, 『論語集註』, 「第14 憲問」편의 제13장, "曰, 今之成人者, 何必然. 見利思義, 見危授命, 久要不忘 平生之言, 亦可以爲成人矣."

92 咸安趙氏世譜委, 『咸安趙氏言行錄』, 「第三編」, 〈寒泉公諱勳〉, 18쪽, "字君則, 嘉靖丁巳生 ... 壬辰四月九日殉節."

(兵使) 김태허(金太虛)의 집안으로부터 무예를 강습받아, 매일같이 궁술(弓術)과 마술(馬術)을 일삼은 끝에, 얼마 지나지 않아서 무과(武科)에 급제[登]한" 독특한 인물이었다.[93] 이처럼 조훈은 덕곡공파 문중에서 유일한 무과 급제자였음에도 불구하고, 부모를 봉양할 이가 없자 과감히 관직을 사양하고 귀향하여 "당시 사람들 대부분이 그 충효(忠孝)를 공경하여 찬탄한" 사실도 기록되어 있다.[94] 〈한천공휘훈(寒泉公諱勳)〉 조항의 약전에 따르면 조훈은 1585년(선조 18)에 무과에 올랐고, 첫 관직으로 훈련주부(訓鍊主簿)에 임명되었던 것으로 확인된다.[95]

그런데 귀향하여 부모님을 봉양하며 지내던 도중인 1592년에 임진왜란이 발발하자, 조훈은 "분연히 떨쳐 일어나 적개(敵愾)할 뜻을 두어, 창의(倡義)·거병(擧兵)하여 왜적[賊]을 토벌하여 전공을 세우기에" 이른다.[96] 그러던 동년 초여름 4월에 이르러 "다시 왜적(倭賊)들의 엄습을 받는 상황에 처해지자, 죽기를 각오하고 전력(戰力)하였으나, 마침내 순절(殉節)하였다"라고 기록되어 있다. 차후로 조훈이 순절한 사실이 조정(朝廷)에 알려지면서, 공신의 훈공(勳功)을 새긴 쇠로 만든 패인 녹권(錄券)이 하사되었다.[97]

이상에서 소개한 내용들은 〈한천공휘훈〉 항목에서 조훈에 대해 "성품이 충효(忠孝)에 오롯하였다"라고 평한 대목이 한갓 공치사에 그치는 수식

93 咸安趙氏世譜委, 『咸安趙氏言行錄』, 「第三編」, 〈寒泉公諱勳〉, 18쪽, "公自少, 智勇過人, 氣節特立, 性專忠孝, 嘗講武於兵使金公太虛家, 未幾登武科."

94 咸安趙氏世譜委, 『咸安趙氏言行錄』, 「第三編」, 〈寒泉公諱勳〉, 18쪽, "以定省無人, 辭祿而歸 ... 時人多有欽歎其忠孝."

95 咸安趙氏世譜委, 『咸安趙氏言行錄』, 「第三編」, 〈寒泉公諱勳〉, 18쪽, "萬曆乙酉登武科, 官訓鍊主簿."

96 咸安趙氏世譜委, 『咸安趙氏言行錄』, 「第三編」, 〈寒泉公諱勳〉, 18쪽, "時丁壬辰, 奮然有敵愾之志, 倡義擧兵, 討賊有功."

97 咸安趙氏世譜委, 『咸安趙氏言行錄』, 「第三編」, 〈寒泉公諱勳〉, 18쪽, "夏四月, 復爲倭賊之所襲, 殊死戰力, 竆殉節, 事聞賜錄券."

어가 아님을 명증하게 입증해 주고 있다.[98] 바로 이러한 정황들로 인하여 『함안조씨언행록』이 보편적 메시지를 지닌 교훈서라는 평론에 공감하게 되며, 『함안조씨언행록』이 독자 제위들에게 신선한 감동과 성찰의 세계로 인도하는 '흥기(興起)·고무(鼓舞)'의 교육적 효과를 자연스럽게 발휘할 수 있었던 것이다.

한편 조광립(趙光立, ?~1597) 5형제는 1597년에 자행된 정유재란 당시에 이른바 "봉모순효(奉母殉孝)"[99]로 불리는 특별한 유형의 순절을 선보인 끝에, 국가로부터 효자에게 내리는 정려(旌閭)의 은전에 명해진 사례를 남겼는데 그 내용이 대단히 주목된다. 물론 그 이전 시기인 임진왜란 때에도 조광립은 의기투합한 다수의 함양의 지인(知人)들과 함께 "충절[忠]을 떨쳐 의병을 일으킨" 사실도 있었다.[100] 그러던 차에 "정유란(丁酉亂)에 다시 의곡(義穀)[군량미]을 모아, 반드시 나라에 충성을 다하려 한 뒤에 그쳤다"라고 한다.[101] 그런데 모시던 "모친의 병환이 갑자기 심해지고, 왜적의 칼끝이 눈앞에 봉착해진" 식의 심히 화급한 사태에 처하게 되었다. 이에 조광립의 형제들은 어머니를 위해 비장한 '순효(殉孝)'의 길을 아래처럼 주저 없이 자청하기에 이른다.

"조광립[公]과 (그의) 아우들인 광수(光遂)·광건(光建)·광성(光成)·광덕(光德) 등

98 咸安趙氏世譜委, 『咸安趙氏言行錄』, 「第三編」, 〈寒泉公諱勳〉, 18쪽, "公自少, 智勇過人, 氣節特立, 性專忠孝, 嘗講武於兵使金公太虛家, 未幾登武科."

99 咸安趙氏世譜委, 『咸安趙氏言行錄』, 「第三編」, 〈僉正公諱光立〉, 14쪽, "萬曆二十五年丁酉八月二十八日, 奉母殉孝."

100 咸安趙氏世譜委, 『咸安趙氏言行錄』, 「第三編」, 〈僉正公諱光立〉, 14쪽, "壬辰亂, 與盧士豫盧士尙盧冑鄭慶雲朴選姜繗, 奮忠擧義."

101 咸安趙氏世譜委, 『咸安趙氏言行錄』, 「第三編」, 〈僉正公諱光立〉, 14쪽, "丁酉亂, 更募義穀, 必圖報國, 而後已."

은, 그 모친의 명(命)을 빌면서 다섯 형제가 일시(一時)에 모두 전사[死]하였고, 모친 또한 해(害)를 입었다. 후일 (조정에서는 5형제 모두를) 아울러서 효(孝)로써 정려(旌閭)에 명하였다.[『함양읍지(咸陽邑誌)』에 보인다.]"[102]

윗글은 "모친을 받들기 위해 효도에 목숨을 바친" 조광립 5형제의 희유한 '봉모순효(奉母殉孝)'의 실상을 충분히 상상하게끔 해 준다. 이처럼 조광립 형제가 선보인 '봉모순효'와 유사한 사례로, 임진왜란 때 조석(趙碩, 1562~1642)[103] 형제가 남긴 비극적인 또 다른 사태를 아울러 거론할 수 있겠다. 참고로 조석은 앞서 소개한 어모장군 조은복의 둘째 아들에 해당하는 관계임을 먼저 지적해 두기로 한다. 그야말로 부전자전(父傳子傳)이라는 사자성어를 저절로 실감케 해 주는 사례인 셈이다.

임진왜란이 일어나자 왜구를 피해 조석 형제는 모친을 모시고 깊은 산중으로 피신한 와중임에도 불구하고, 효심과 의식 봉양을 동시에 뜻하는 "지양(志養)에 마음과 힘을 다 쏟는" 식의 극진한 효성을 발휘하였다.[104] 그런데 의병장 송암(松庵) 김면(金沔, 1541~1593) 휘하의 의진(義陣)에서 남편 조은복

102 咸安趙氏世譜委, 『咸安趙氏言行錄』, 「第三編」, 〈僉正公諱光立〉, 14쪽, "母病猝劇, 賊鋒當前, 公與弟光遂光建光成光德, 乞其母命, 五昆季一時皆死, 母亦遇害, 後並以孝命旌閭.(見咸陽邑誌.)" 함양군 지곡면 덕암리에 위치한 교수정(敎授亭) 건물 아래의 동쪽 방향에는 '효자사인함양조광립·광헌·광건·광성·광덕오형제지려(孝子士人咸陽趙光立·光獻·光建·光成·光德五兄弟之閭)'가 음각(陰刻)된 정려 비석이 건립되어 있다. 정려 비각(碑閣) 상단에는 기문인 〈오형제정려기(五兄弟旌閭記)〉도 게시되어 있다.

103 咸安趙氏世譜委, 『咸安趙氏言行錄』, 「第三編」, 〈僉樞公諱碩〉, 14쪽, "嘉靖四十一年壬戌八月二十四日生 ... 崇禎十五年壬午十一月十日生."

104 咸安趙氏世譜委, 『咸安趙氏言行錄』, 「第三編」, 〈僉樞公諱碩〉, 15쪽, "公性本孝友, 氣稟雄傑, 時丁壬辰亂, 與兄廷硏, 奉母入薇谷山中, 避鋒遑遑, 備盡志養."

이 전사(戰死)한 소식을 알려 온 날벼락 같은 비보(悲報),[105] 곧 이른바 "금산(金山)[김천]의 변고[變] 소식을 접하게 되자 모친 정씨부인(鄭氏婦人)은 놀라서 서럽게 큰 소리로 울다가 피를 토하고, 1주일이 지나도록 음식을 입에 대지 않아 자진(自盡)하는" 심히 비상한 지괴(地壞)의 사태가 발생하게 되었다.[106] 이에 두 형제는 슬픔에 겨운 나머지 몇 번이고 숨이 그쳤다가 겨우 소생하기를 반복하다가, 겨우 평정심을 회복하여 "바야흐로 복수설치[雪復]할 것을 생각"하게 되었다.[107] 그러던 어느 날 아래와 같이 예기치 못한 비극적 사태가 재차 발생하게 되었다.

> "하루는 형제가 죽을 쑤어 먹고 있는데, 돌연 적의 칼끝이 들이닥쳐, 형(兄)이 또 칼에 맞아 선 채로 사망하고 말았다. (이에) 조석[公]은 흡사 번개마냥 몸을 날려서 그 적군을 손으로 쳐서 죽이니, 나머지 왜적들이 놀라

105 昆陽鄕土史編纂委員會, 「제5편. 곤양군의 역사」, 『昆陽鄕土史』, 2004.[향토역사 데이타베이스 jdpaper.ciclife.co.kr/sub.html]에는 거론된 "금산의 변고[金山之變]"와 관련하여, 〈어모장군조공은복사단비(禦侮將軍趙公殷福祀壇碑)〉를 통해서 이하처럼 조은복의 최후를 보다 자세하게 기술해 두었다. "공(公)이 선봉장을 맡아 앞으로 진격하여 적을 맞이한 끝에, 금산의 왜적 수십여 명의 목을 베니, 왜적들이 모두 뿔뿔이 흩어져 달아났다. 이윽고 난데없이 대포 소리가 굉음을 발하더니, 숨어 있던 복병들이 다투어 일어나기 시작하였다. 이에 공은 홀로 물러나지 않고 있는 힘을 다해서 싸웠으나, 아군의 세력이 약하였던 까닭에, 기어이 해(害)를 입고 말았으니, 바로 8월 7일이었다. 공이 태어난 기해년으로부터 54세가 되던 해다. 이때 부인(婦人) 정씨(鄭氏)는 두 아들과 함께 난리를 피해 미곡산(薇谷山) 산속에 있다가, 변고를 접하고서 곧 피를 토하며 자진(自盡)하였다.(公先鋒前進遇賊, 金山斬數十級, 賊皆奔散, 旣而砲聲大發, 伏兵爭起, 公獨力戰不退, 勢窮遇害, 卽八月十七日, 距其生己亥爲五十四, 時夫人鄭氏, 與二子避亂于薇谷山中, 聞變卽嘔血自盡.)" 1966년에 이르러 이 비문을 지은 이는 정여창(鄭汝昌)의 14대손인 여암(厲菴) 정도현(鄭道鉉, 1895~1977)이다. "檀紀 4299年 丙午 3月 日, 河東 鄭道鉉 撰."

106 咸安趙氏世譜委, 『咸安趙氏言行錄』, 「第三編」, 〈僉樞公諱碩〉, 15쪽, "及聞金山之變, 母鄭氏, 驚慟嘔血, 閱七日不食自盡." 금산은 경북(慶北) 김천(金泉)의 옛 지명이다.

107 咸安趙氏世譜委, 『咸安趙氏言行錄』, 「第三編」, 〈僉樞公諱碩〉, 15쪽, "兄弟, 擗踊呼憒, 幾絶僅甦, 方思雪復."

서 산산이 흩어졌다."[108]

윗글은 전래의 화불단행(禍不單行) 일구, 즉 불행은 홀로 오지 않는다는 구절을 언뜻 연상케도 해 준다. 비록 원수는 되갚았으나, 부친 조은복의 순절에 따른 모친의 자진 사태에 뒤이어 형님마저 살해되는 식의 심히 비극적 사태를 연거푸 당한 조석은 "통한(痛恨)과 비분(悲憤)"으로 인해, 살고자 하는 생각이 없는 듯하였고, 차후 "늘 죄인(罪人)으로 자처하면서, 출세(出世)하려던 뜻을 접고" 임천(林泉)에 자취를 감추어 생을 마친 것으로 묘표(墓表)에 기록되어 있다.[109] 물론 부모님과 형님을 대신하여 향년 81세의 나이로 타계한 조석은 생전에 수직(壽職)으로 정3품 관계(官階)인 통정대부(通政大夫) 첨지중추부사(僉知中樞府事)에 증직된 사실이 확인되었다. 그러나 국가에 의한 이러한 류의 관직·품계 제수(除授)가 조석이 떠안은 절절한 통한이며 비분을 원천적으로 정화하거나 달래 주지는 못하였을 것임은 불문가지의 사실일 것이다.[110]

결과적인 측면에서 볼 때 이상에서 소개한 조은복·조훈·조광립·조석 등과 같은 후손들이 전쟁통에 치른 가혹한 희생의 사례들이란, 전란이 추수한 모진 폐해나 트라우마(trauma)의 양상이 한 집안의 가족사 자체를 완전히 파괴하고도 남을 정도로 심각한 수준이었음을 환기시켜 준 특별한 유형의 역사적·경험적 사례로 남게 되었던 것이다. 그런 점에서

108 咸安趙氏世譜委,『咸安趙氏言行錄』,「第三編」,〈僉樞公諱碩〉, 15쪽, "一日兄弟饘粥, 賊鋒忽至, 兄又被刀立死, 公飛身如電, 搏殺其賊, 餘賊驚散."

109 咸安趙氏世譜委,『咸安趙氏言行錄』,「第三編」,〈僉樞公諱碩〉, 15쪽, "公痛恨悲憤, 如不欲生念 ... 而常以罪人自處, 無意出世, 遯跡林泉, 以終年.(墓表)"

110 咸安趙氏世譜委,『咸安趙氏言行錄』,「第三編」,〈僉樞公諱碩〉, 14쪽, "壽職通政大夫僉知中樞府事, 享年八十一."

이상에서 소개한 덕곡공파 문중의 후손들이 선보인 일련의 충의정신(忠義情神)과 그에 따라 순절한 사례들이 『함안조씨언행록』의 새로운 선정 기준으로 간택된 이유에 대해서도 충분히 공감을 표하게 된다.

5. 맺음말

이상의 포괄적인 논의를 통해서 우리는 여말의 충신인 덕곡 조승숙이 남긴 특징적인 생애의 대체(大體)와 더불어, 또한 그에 연원한 결실인 『함안조씨언행록』의 구성 체계와 주된 내용들을 개괄적으로 살펴보았다. 그 결과 우리는 여말·선초에 조승숙이 선보인 항절과 효성, 그리고 호학적 태도와 강학 활동의 전개 등이 차후 이 문중의 후손들에게 동일시 모델에 준하는 유의미한 전범을 제시하는 결과로 이어졌음을 확인하게 되었다.

물론 함안조씨의 또 다른 지파(支派)인 절도공파 문중에서도 파조 조수천 이후의 인물들이 남긴 모범적인 행적들을 수록한 『언행록』을 18세기 중반 무렵부터 지속적으로 편찬해 왔고, 이런 사례는 충의공파의 경우를 통해서도 재차 확인되고 있다. 그런 점에서 범 함안조씨 문중에서 발간한 일련의 『언행록』 시리즈가 이 성씨 집단의 도덕적 에토스 형성에 이바지한 막중한 기여도 정도를 간접적으로 짐작케 해 준다.

이 같은 정황은 범 덕곡공파 후손 68인을 대상으로 하여 귀감이 될만한 행적들을 발췌하여 연대별로 재구성한 가운데, 또 연기(連記)의 원칙에 의거하여 편찬한 도덕 교육적 교훈서인 『함안조씨언행록』의 특징적인 체재(體裁)와 효우·충절·순절 등과 같은 주요한 내용 형성을 통해서도 여실히 확인된다. 그런 점에서 『함안조씨언행록』은 원조(遠祖)로 화한 조승숙이 선보인 일련의 행적들을 대본(臺本)으로 삼아 저술된 계몽적 교훈서의 성격을 지닌 문중 내부의 서책으로 규정할 수 있다.

특히 계묘본 『함안조씨언행록』은 각 분파 단위로 저술되었던 기존 『언행록』의 개별적 체재를 '연대(年代)·연기(連記)'라는 새로운 편찬 원칙을 통해 텍스트의 지평을 크게 향상시킴으로써, 인물 소개의 총괄성과 내용 전개의 체계성을 완비한 서책으로 거듭나게 되었다. 그리하여 다섯 번째로 간행된 계묘본 『함안조씨언행록』은 애초 발문(跋文)에서 기대하였던 '관감(觀感)·흥기(興起)'로 대변되는 도덕 교육적 효과를 자연스럽게 발휘할 수 있었을 것으로 진단된다. 이처럼 1963년도 간행된 계묘본 『함안조씨언행록』이 성공적인 교훈서로 자리매김한 이면에는 문·무과 합격자나 생진(生進)의 수효 등과 같은 관행적·폐쇄적 기준이 아닌, 즉 보편적 덕목·정신·가치·태도에 입각하여 인물들을 선정하였던 점이 주효하였기 때문에 가능한 일이었다.

이 같은 텍스트적 특징들은 『함안조씨언행록』이 안고 있는 획일화된 서술 방식과 다소 건조한 서사(敍事) 기법 등과 같은 불가피한 한계점을 충분히 감쇄(減殺)하고도 남음이 있는 층위(層位)인 것으로 평가된다. 그럼과 동시에 1963년도 이후로는 새로 편집된 『함안조씨언행록』의 존재가 더 이상 눈에 띄지 않는다는 사실은, 무려 오백 년의 세월이 넘도록 이어져 온 가문 전래의 고귀한 전통과 결속된 연속과 단절의 문제가 추수하는 매우 중차대한 사안에 대해서 문중 구성원들의 지혜로운 모색과 사려 깊은 대응을 다시 한 번 더 요구하고 있어 보인다.

참고문헌

1. 원전류

『論語集註』·『孟子集註』

『東國名賢錄』(한국학중앙연구원 장서각 소장본: MF 35-707).

柳麟錫, 『毅菴集 Ⅰ·Ⅱ』(한국문집총간 337·338), 민족문화추진위원회, 2004.

沈光世, 『休翁集』(한국문집총간 84), 민족문화추진위원회, 1986.

李象靖, 『大山集 Ⅱ』(한국문집총간 227), 민족문화추진위원회, 2001.

張源角, 「蘆川齋記」(咸安趙氏 縣監公派 門中 所藏板), 1959.

咸安趙氏尙書公派世譜委(가칭), 『咸安趙氏尙書公派世譜』, 1910.

咸安趙氏德谷公派世譜編纂委員會, 『咸安趙氏德谷公派世譜』, 大譜社, 2007.

咸安趙氏世德編纂委(가칭), 『咸安趙氏世德編』.

咸安趙氏世譜編輯委員會(가칭), 『咸安趙氏世譜』, 咸陽教授亭活印, 1963.

咸安趙氏世譜委(가칭), 『咸安趙氏世譜(目錄)』, 1736.

咸安趙氏世譜編輯委員會, 『咸安趙氏言行錄』, 咸陽教授亭活印, 1963.

咸安趙氏世譜編纂委員會, 『咸安趙氏言行錄』(忠毅公派 門中 所藏本), 1928.

咸安趙氏察訪公派家乘編纂委(가칭), 『咸安趙氏察訪公派家乘』.

許穆, 『冶隱先生續集·附錄』(한국문집총간 7), 민족문화추진위원회, 1986.

2. 저역서

昆陽鄉土史編纂委員會, 『昆陽鄉土史』, 2004.

한나 시걸 저(이재훈 역), 『멜라니 클라인: 멜라니 클라인의 정신분석학』, 한국심리치료연구소, 1999.

3. 논문류

金貞子, 「杜門洞72賢의 選定人物에 대한 검토-《華海師全》과 《騎牛集》을 중심으로-」, 『釜大史學』 22집, 부대사학회, 1998.

金鍾秀, 「德谷 趙承肅과 『咸安趙氏言行錄』 연구」, 『동방문화와 사상』 6집, 동방문화대학원대학교 부설 동양학연구소, 2019.

______, 「거창군 북상면의 蘆川齋 一考」, 『南冥學』 23집, (사)남명학연구원, 2018.

윤호진, 「덕곡(德谷) 조승숙(趙承肅)의 생애와 후대의 평가: 수양명월(首陽明月)과 율리청풍(栗里淸風)」, 『淵民學志』 23집, 연민학회, 2015.

4. 기타

카페: 함안조씨 역사연구회[cafe.daum.net/cjn3400]

2부

역주 함안조씨언행록

咸安趙氏言行錄

일러두기

1. 『함안조씨언행록』에는 대괄호(square bracket) 안의 인물들을 각 편별(編別)로 순서대로 소개해 두었다. 이를 『국역 함안조씨언행록』에서는 좀 더 알아보기 쉽도록 하기 위한 목적으로 호(號)·인명(人名)을 먼저 별도로 제시하고, 또 [ ]를 통해서 원문(原文)의 해당 조항을 한 포인트 작은 크기의 글씨체로 부기하는 방식으로 전환하였음을 밝혀 둔다. 단, 호가 부재하거나 확인되지 않는 인물들은 인명만을 제시하였다.

2. 「제1편」의 ② 〈상서공휘영준〉 항목부터, 바로 그 아래 위치에 가는 줄[細行]로 약전(略傳)을 소개해 둠으로써, 해당 인물이 향유한 특징적인 생애에 대한 이해를 높이고자 했다.

3. "[『천령지(天嶺誌)』에 보인다.]"와 같이 대괄호 안에 제시된 참고문헌은 『함안조씨언행록』 원문에서는 가는 글씨로 해당 문장의 말미에 괄호 없이 덧붙여 두었다. 이를 『국역 함안조씨언행록』에서는 식별이 용이하도록 이와 같은 방식으로 표기하였다.

咸安趙氏言行錄

第一編

○元尹公諱鼎

公仕麗朝大將軍元尹門下侍中平章事事實載家藏舊錄

○尙書公諱英俊朝請大夫刑部尙書

公始自咸安移居天嶺後改咸陽德谷里志意高遠恬澹雅尙種德累仁遺風餘烈

流傳後世云出天嶺誌

○領敎正公諱璥字公實進士洪武戊申登文科官至領敎正生卒年月官職履歷歲遠未詳

公仕麗朝末年聘于鄭竹堂復周之門敎子弟以忠孝遺稿

○德谷先生諱承肅字敬夫號德谷高麗恭愍王丁酉生洪武九年丙辰中進士翌年丁巳登文科特拜著作郞充賀使辛未除奉正大夫扶餘監務永樂十五年丁酉卒享年六十一

先生幼而岐嶷英邁夙成長而篤學造詣日深嘗師事圃隱鄭先生講究義理

求泝淵源出行狀

『함안조씨언행록』의 「제1편」의 원문(原文)
위의 원문은 '일러두기'를 통해서 제시한 주요 사항들에 대한 이해를 보다 용이하게 해준다.

1. 계묘본(1963) 『함안조씨언행록』의 발문(跋文)[1]: 「언행록발(言行錄跋)」

가만히 엎드려서 생각하건대, 우리 선조[祖先]들이 남기신 훌륭한 업적과 우뚝한 절의(節義), 그리고 아름다운 말씀이며 선행(善行) 등은 이미 역사책에 실려 있거나, 혹은 문집(文集)에 기록되어 있기도 하므로, 굳이 군더더기 말을 더 보탤 것도 없습니다. 대개 『언행록(言行錄)』은 보규(譜規)[2] 가운데 한 가지 일이니, 지금의 신보(新譜)[3]에도 수록하지 않아서는 안 될 것입니다.

그런데 구보(舊譜)[4]에 실린 『언행록』은 각 분파별(分派別)로 『언행록』이 등재되어 있으나, 이제 신보에서는 연대(年代)로써 차서(次序)를 삼아 파별(派別)로 나누지 않고, 총괄(總括)하여 연달아 기록해서, 독자 제위들에게 그 상고[考]·열람[閱]하기에 편리하게끔 하고자 합니다. 후대에 태어난 자들이 조선(祖先)의 풍모[風]·모유[猷]와 사업(事業)을 눈으로 보고 느끼어, 그들에게 마음에 흥기(興起)함이 있어, 널리 알려져 드러난 공적을 받들어 계승토록 한다면, 이것이 어찌 받들 바의 일이 아니겠습니까?

족숙(族叔) 경제(慶濟) 씨가 저에게 이 책의 말미에 한 말씀을 기록해 줄 것을 부탁하시므로, 나는 참람하고 외람됨을 뒤돌아보지 아니하고, 삼가 몇 마디 말로써 『언행록』의 발문으로 삼고자 합니다.

1 서책의 끝에 본문 내용의 대강이나 간행과 관련된 사항 등을 짧게 적은 글.

2 족보(族譜)나 세보(世譜)를 편찬하기 위한 규약(規約)이나 원칙·기준.

3 원문에는 '금보(今譜)'로 되어 있는데, 1963년에 이르러 다섯 번째로 간행된 이른바 계묘본(癸卯本)을 지칭하는 표현이다.

4 구보란 헌종(憲宗) 때 처음으로 간행된 초간본(初刊本)과 고종(高宗) 때 재간(再刊)된 재간본, 그리고 연대 미상(未詳)의 임자년(壬子年)과 병술년(丙戌年)에 각기 삼간(三刊)·사간(四刊)된 파보(派譜)를 가리킨다.

1963년 초여름 4월에

불초(不肖) 후손 조래홍(趙來洪)[5]이 삼가 발문을 쓰다.

5 조승숙 선생의 20세손으로 공직 근무를 거쳐 사회운동 단체에 30여 년 동안을 활동하여 많은 공적을 쌓은 바가 있으며, 2008년 3월에 유림(儒林) 총회에서 함양향교의 전교(典校)로 추대되었던 문중의 원로.

2. 병술본(丙戌本, 1946) 『언행록(言行錄)』의 「언행록발(言行錄跋)」[6]

공손히 생각하건대, 우리 함안 조씨는 원조(遠祖)이신 고려(高麗) 대장군(大將軍) 원윤(元尹) 충장공(忠莊公) 휘(諱) 정(鼎) 이후로부터 잠조(簪組)[7]가 끊이지 않았고, 또 명망과 덕행 있는 이들이 서로 이어져서, 마침내 동국(東國)의 저명한 벌족(閥族)[8]이 되었습니다.

특히 파조(派祖)이신 덕곡(德谷) 선생(先生)의 드높은 충성심과 큰 절개는 해와 달과 더불어 그 찬란한 빛을 다투어서, 국왕이 사제(賜祭)[9]하셨고 사림(士林)들이 조두(俎豆)의 예를 표하였으며,[10] 전후(前後)의 여러 어진 이들의 서술(敍述)로 밝혀 드러낸 정도가 이미 소상하였으니, 지금 불초(不肖)한 성

6 이른바 '병술본'이란 덕곡공파 문중에서 1946년 봄철에 이르러 네 번째로 발간한 『咸安趙氏德谷公派世譜』를 가리킨다. 그런데 병술본까지는 범(凡) 덕곡공파(德谷公派)를 구성하는 개별적인 파별(派別)로 언행록에 수록하였고, 서명도 『언행록』으로 칭하였다. 그 이후인 1963년도에 간행한 계묘본(癸卯本)부터는 유파를 초극한 차원에서의 통합된 언행록을 개수하여 간행하였고, 이에 서책의 명칭도 『함안조씨언행록』으로 개명하였던 것이다. 상기 본문에서 소개한 「언행록발」은 범 덕곡공파를 구성하는 상서공파(尙書公派)·현감공파(縣監公派)·제학공파(提學公派) 중에서, 상서공파 일문(一門)에서 발간한 『언행록』의 발문(跋文)에 해당한다.

참고로 거성(巨姓)을 형성한 함안조씨의 여타 파들 중에서도 『언행록』이라는 제하(題下)의 문중용 교훈서를 더러 간행한 사실을 확인하였다. 이 같은 정황들은 『언행록』이 함안조씨 문중의 독특한 가전(家傳)의 전통을 형성해 왔다는 사실과 더불어, 또한 이 서책이 함안조씨라는 거성 집단을 "동국(東國)의 명벌(名閥)" 반열로 발돋움시키는 과정에서 크게 일조한 텍스트로 자리매김하였을 것임을 은연중 시사해 주기도 한다.

7 '잠(簪)'은 관(冠)이 벗어지지 않도록 관의 끈을 꿰어 머리에 꽂는 물건을, 조(組)는 갓·인장 등에 매는 끈 혹은 끈목을 말한다. 두 글자가 합성된 조어인 잠조(簪組)는 관직이나 벼슬을 상징하는 어휘로 전화되어 사용되었다.

8 나라에 공을 세우거나, 혹은 큰 벼슬을 지낸 사람이 많은 집안을 지칭하는 표현.

9 신하가 죽었을 때 왕이 칙사를 파견하여 죽은 신하를 위해 제문(祭文)과 제물(祭物)을 주어 제사를 지내 주던 일. 성종(成宗)이 조승숙의 높은 절의를 추모하여 동향권의 인물인 뇌계(㵢溪) 유호인(俞好仁, 1445~1494)에게 제문을 지어 제사 지내게 하였던 일을 말한다.

10 조(俎)는 제사 때 안주를 올려놓는 상을, 두(豆)는 식혜나 김치 따위를 담는 제기를 의미한다. 두 글자가 합성된 조어인 '조두(俎豆)'란 제기(祭器)를 나타내는 말로, 제사를 모시는 의식을 가리킨다.

제(成濟)가 어찌 감히 군더더기 말을 더 보탤 수 있겠습니까?

홍산(鴻山)[부여] 현감(縣監)[조종의][11]과 보문각(寶文閣) 직제학(直提學)[조종례][12] 두 공(公)이 고을을 다스린 일과 어진 정사, 남계(南溪)[조효동]·월계(月溪)[조희문] 두 공의 심오한 학문 세계 및 크고 높은 덕성,[13] 그리고 어모공(禦侮公)[조은복][14] 형제의 충절(忠節)과 오효공(五孝公)의 효행(孝行)[15] 등은 모두 사책(史策)에서 빛나고 있으니, 그 아름다운 말씀과 훌륭한 행실이란, 어찌 후손들에게 드리운 영원한 본보기가 되지 않겠습니까? 대저 『언행록』은 보규(譜規) 가운데 중요한 한 가지 일이니, 이제 덕곡공파의 세보(世譜)를 다시 가다듬고, 겸하여 『언행록』도 변개(改)·수정(修)하여 후손들에게 선조의 언행(言行)을 가슴속 깊이 새겨 영원한 세월 동안 폐하지 않도록 하는 것, 바로 이것이 오늘날에 급히 힘써야 할 일인 것입니다.

11 범 덕곡공파 내의 한 분파인 현감공파의 파조인 조종의(趙從義, 1380~?)를 지칭한다. 조승숙의 둘째 아들로 1399년(정종 1)에 문과에 급제하여 홍산 현감을 역임하였다. 본 역주서 제2편의 5항을 참조할 것.

12 제학공파의 파조인 조종례(趙從禮, 1376~?)로, 거주 지역을 기존 함양에서 "남원부(南原府) 서쪽 월계산 자락 아래의 죽곡동(竹谷洞)으로" 옮겼다. 26세 되던 1402년(태종 2)에 문과를 급제하여 직제학(直提學) 등의 관직을 지냈다. 제2편의 6항을 참조할 것.

13 남계 조효동(趙孝仝, 1420~1499)과 월계 조희문(趙希文, 1527~1578)에 대해서는 역주서 제2편의 7항과 17항을 각기 참조할 것.

14 어모공 조은복(趙殷福, 1539~1592)이 임진왜란(壬辰倭亂)을 당하여 의병(義兵)을 일으켜 싸우다가 1592년(선조 25)에 순절(殉節)한 일을 가리킨다. 제3편 23항을 참조할 것.

15 운위된 '오효공(五孝公)'이란 조광립(趙光立)과 그의 네 아우들인 조광수(趙光遂)·광건(光建)·광성(光成)·광덕(光德) 등이 정유재란(丁酉再亂) 당시에 모친을 모시기 위해 일시에 순절한 애달픈 사연에서 말미암은 호칭에 해당한다. 이른바 '봉모순효(奉母殉孝)'로 일컬어졌던 5형제의 눈물겨운 효행담에 대해서는 본 역주서 제3편의 25조항인 〈첨정공휘광립(僉正公諱光立)〉을 참조할 것.

지금 세상은 푸른 바다가 뽕나무 밭으로 바뀌듯 크게 돌변한 탓에,[16] 삼강(三綱)·오륜(五倫)이 땅바닥에 떨어졌습니다. 또 천현(天顯)[17]과 민이(民彝)[18]를 강론할 만한 곳이 없어진 까닭에, 사람으로 날짐승과 네 발 달린 짐승과 다른 자가 거의 드문 지경입니다.

무릇 세보를 함께한 우리 여러 종인(宗人)들은 절대 오늘의 수보(修譜)를 다행으로만 생각하지 마시고, 이에 선조의 덕업을 닦아 소생(所生)[19]에 욕됨이 없게끔 한다면, 효도하고 공경하는 마음이 뭉게구름이 일듯이 피어날 것이요, 문호(門戶)가 창성해지는 일도 옛날에 못지않게 될 것이며, 또한 세보를 개수한 본뜻을 저버림이 없을 것입니다. 그러니 밤낮으로 언행을 독실하게 하여, 어찌 서로 힘쓰지 않으시겠는지요?

세보를 수정하는 역사가 거의 끝나갈 즈음에, 문중의 부로(父老) 어르신들께서 저 성제더러 『언행록』의 「발문(跋文)」을 쓰라고 명(命)하시어, 이를 굳게 사양하였으나 허락하지 않으셨습니다. 이에 참람하고 망녕됨을 미처 다 헤아리지 못하고, 이와 같이 삼가 서술하나이다.

16 원문의 '창상(滄桑)'이란 창상지변(滄桑之變)의 준말로, 당(唐)나라 류정지(劉廷芝, 651~708)의 〈대비백두옹(代悲白頭翁)〉, 즉 백발을 슬퍼하는 노인을 대신해서 읊은 장문의 시(詩) 중에서 "다시 뽕밭이 변하여 바다가 되는 것을 듣노라!(更聞桑田變成海)"라는 일구에서 연원한 어휘에 해당한다. 푸른 바다가 뽕나무 밭으로 변하였듯이, 덧없이 변해 가는 세상 모습을 설파한 류정지의 시는, 흔히 상전벽해(桑田碧海)라는 사자성어로 즐겨 사용되곤 한다.

17 원문의 '천현(天顯)'은 천현지친(天顯之親)의 줄임말로 천륜에 의한 부자·형제·자매 등의 지친(至親) 관계를 뜻한다. 여기서는 그러한 지친 관계에 내포된 인륜의 의미나 도리를 지칭하는 단어로 사용되었다.

18 『시경(詩經)』에 전거(典據)를 둔 단어로, 사람이 지켜야 할 떳떳한 도리인 인의예지신(仁義禮智信) 등과 같은 오상(五常)을 뜻한다.

19 자기가 친히 낳은 아들이나 딸.

1946년 음력 3월 하순에 후손 전주(全州) 성제(成濟)가 삼가 발문[跋]을 쓰다.[20]

20 【原文: 「言行錄跋」】“恭惟我咸安之趙, 自遠祖高麗大將軍元尹忠莊公諱鼎以後, 簪組繼世, 名德相承, 遂爲東國名閥矣. 派祖德谷先生之高忠大節, 與日月爭光, 而國王賜祭, 士林俎豆之, 前後諸賢之敍述, 發揮已悉, 則今不肖成濟, 烏敢贅說也哉. 鴻山縣監寶文閣直提學, 兩公之治縣仁政, 南溪月溪兩公之邃學盛德, 禦侮公兄弟之忠節, 五孝公之孝行, 皆有光史策, 而其嘉言善行, 豈不爲後孫之百世垂範也哉. 盖言行錄, 譜規之一事, 而今重修德谷公派譜, 兼修言行錄, 使後孫眠膺先祖之言行, 而欲永世無替, 是今日之急務者也. 今世變滄桑, 綱倫墮地, 天顯民彝, 無地可講, 而人異於禽獸者幾稀矣. 凡我同譜諸宗, 勿以今日之修譜爲幸, 聿修先德無忝所, 則孝悌之心油然而生, 而門戶之昌, 不下昔日, 亦不負修譜之本意矣, 夙夜慥慥, 胡不胥勗也哉. 役垂訖門父老, 命成濟跋言行錄, 固辭不獲, 不揆僭妄, 謹敍如右焉. 歲在丙戌, 季春下澣, 後孫全州成濟謹跋.” 소개한 「언행록발」의 원문은 咸安趙氏德谷公派世譜編纂委員會, 『咸安趙氏德谷公派世譜 1』, 大譜社 , 2007, 70쪽에서 취한 것이다.

3. 「제1편(第一編)」

(1) 모당(慕唐)[21] 조정(趙鼎, ?~?) [원윤공휘정(元尹公諱鼎)]

공(公)은 고려조(高麗朝)에 벼슬을 하여 대장군(大將軍) 원윤(元尹)과 문하시중(門下侍中) 평장사(平章事)를 역임하였다. 이 사실은 가장(家藏)[22]과 구록(舊錄)[23]에도 실려 있다.

(2) 조영준(趙英俊, 1082~?) [상서공휘영준(尙書公諱英俊)]

|약전(略傳)|[24] : 조청대부(朝請大夫)[25] 형부상서(刑部尙書)

공에 이르러 비로소 함안(咸安)에서 천령(天嶺)[뒤에 함양(咸陽)으로 개명하였다.]의 덕곡리(德谷里)[26]로 이거(移居)하였다. 공은 마음과 뜻이 높고 원대하였으며, 염담(恬澹)[27]하고 단아하며 고상하였다. 또 남에게 은덕을 베풀고 어진 일을 많이 하여, 그 유풍(遺風)과 위업[烈]의 여파가 후세에 이르기까지

21 『咸安趙氏察訪公派家乘』, 「元尹公以下十九代源派(首編)」, 〈遠祖趙鼎〉, 1쪽. "公名鼎, 字禹寶, 號慕唐, 本以唐人, 新羅景哀王時, 來寓朝鮮, 爲咸安趙氏, 官麗朝大將軍元尹, 累建大功諡忠壯."

22 물건·서책·서류 따위를 자기 집에 보관하여 두는 것이다. 여기서는 전래로 집안에 보관되어 오던 일체의 문집·서책·서류 따위를 일컫는 어휘로 사용된 듯하다.

23 구록(舊錄)이란 1963년에 간행된 계묘본(癸卯本)보다 이전 시기에 발간된 세보(世譜)·족보(族譜) 따위를 가리킨다.

24 『함안조씨언행록』의 「제1편」의 ② 〈상서공휘영준〉 항목부터, 바로 그 아래 위치에 가는 줄[細行]로 약전(略傳)을 소개해 둠으로써, 해당 인물이 향유한 특징적인 생애에 대한 이해를 제고하는 유용한 방편으로 삼고 있다. 약전 2행(行)은 이하에 제시된 본문의 한 줄[1행]과 같은 공간 점유를 형성하고 있다.

25 고려 시대 때 문신들에 주던 관계(官階)인 문산계(文散階)의 하나로, 문종 때 종5품 상(上)으로 정해졌다가 1308년(충렬왕 34)에 폐지되었다.

26 지금의 경남 함양군 지곡면 개평리 덕암마을이다.

27 명리(名利)를 탐내는 마음이 없어 담박(淡泊)하다는 의미로, 염담(恬淡)과 같은 뜻이다.

널리 전파되었다고 운운한다.[『천령지(天嶺誌)』[28]에 보인다.][29]

(3) 조경(趙璥, ?~?) [영돈정공휘경(領敦正公諱璥)]

|약전| 자(字)는 공보(公寶)로 진사(進士). 명(明)나라 태조(太祖) 홍무제(洪武帝)[30] 원년인 1368년(戊申, 공민왕 17)에 문과(文科)에 올라 관직이 영돈정(領敦正)[31]에 이르렀다. 생졸(生卒) 연월과 관직의 이력이며 세원(歲遠)[32] 등이 모두 자세하지 않다.

공은 고려조에 벼슬을 하였으나, 몇 년이 채 지나지 않아서 죽당(竹堂) 정복주(鄭復周, 1367~?)[33]의 문하(門下)를 찾아갔다. 공은 자제들을 충효(忠孝)로써 가르쳤다.

(4) 덕곡(德谷) 조승숙(趙承肅, 1357~1417) [덕곡선생휘승숙(德谷先生諱承肅)]

|약전| 자는 경부(敬夫)며 호(號)는 덕곡. 고려(高麗) 공민왕(恭愍王) 6년인

28 함양군에서 발간한 읍지류(邑誌類)의 하나이다. 천령(天嶺)이란 신라(新羅) 경덕왕(景德王) 때 천령군(天嶺郡)으로 이름을 변경한 데서 연원한 지명에 해당한다. 지금의 함양군은 '속함(速含)·함성(含城)·천령(天嶺)·허주(許州)·함양(含陽)' 등과 같은 지명 변경사의 과정을 거쳤다. 이상의 내용은 李荇 外, 『新增東國輿地勝覽』 卷31, 「慶尙道」, 〈咸陽郡〉條, 1530쪽 참조.

29 대괄호 안에 제시된 참고문헌은 『함안조씨언행록』에서는 가는 글씨로 해당 문장의 말미에 괄호 없이 덧붙여 두었다. 이를 『국역 함안조씨언행록』에서는 식별이 용이하도록 위의 본문과 같은 방식으로 전환하였음을 밝혀 둔다.

30 홍무(洪武)는 중국 명(明)나라 태조(太祖) 때의 연호(年號)이다. 1368년은 원(元)나라 지정(至正) 28년이면서, 명나라 태조의 원년에 해당하는 시기이기도 하다.

31 조선 시대 때 돈녕부(敦寧府)에 소속된 정1품 관직인 영돈녕부사(領敦寧府事)를 줄여서 일컫는 표현이다. 돈녕부는 종친부(宗親府)에 속하지 않은 종친과 외척을 위해 설치되었던 관서다.

32 "세월이 오래되어도 임진왜란의 잔재는 남아 있다(歲遠龍蛇兵燼殘)"라는 시구를 통해서도 확인되듯, '세원'이란 오래된 세월을 뜻하는 단어다. 단, 여기서는 조경의 개인사적 흐름을 지칭하는 의미로 사용된 듯하다.

33 하동(河東)이 본관으로 정지의(鄭之義)의 아들이면서 일두(一蠹) 정여창(鄭汝昌)의 조부로, 곡물의 공급을 담당하는 전농시(典農寺) 판사(判事)를 지냈다.

1357년[丁酉]에 태어났다. 명나라 태조[洪武] 9년인 1376년(丙辰, 우왕 2)에 진사시(進士試)에 합격하였고, 그 이듬해인 1377년[丁巳]에 문과에 올라 특별히 저작랑(著作郎)에 임명된 끝에, 하사(賀使)[34]에 충원되었다. 차후 1391년(辛未, 공양왕 3)에 이르러 봉정대부(奉正大夫)와 부여(扶餘) 감무(監務)에 제수(除授)되었다. 명나라 성조[永樂][35] 15년인 1417년(丁酉, 태종 17)에 졸(卒)하였으니, 향년(享年) 61세다.

선생(先生)은 어려서부터 재능과 지혜가 뛰어나고 영매(英邁)하여, 나이에 비해 숙성(夙成)[조숙]하였다. 또 성장해서는 학업에 독실히 임하여 깊은 경지에 도달한 정도가 날로 깊어만 갔다. 일찍이 포은(圃隱) 정(鄭) 선생[정몽주(鄭夢周, 1337~1392)][36]을 스승으로 섬기어 성리학(性理學)의 의리(義理)를 강론(講)·궁구(究)하고, 학문의 연원(淵源)을 깊이 소급하였다.[행장(行狀)에 나온다.]

후일 선생은 저작랑(著作郎) 자격으로 명(明)나라로 가는 축하 사절단[賀使]에 충원되기에 이른다. 이때 선생은 사령(辭令)[37]을 우아하게 짓고, 간절한 어투의 장주(章奏)[38]를 올렸다.[39] 그러자 중국 조정(朝廷)의 사람들이 공경하고 놀라워하면서 선생을 경중(敬重)하게 대하지 않는 이가 없었다. 이에

34 하사(賀使)란 등극(登極)·존호(尊號)·존시(尊諡)·책립(冊立) 등과 같은 중국 황실의 경사(慶事)를 축하하기 위하여 보내던 임시 사절단(使節團)으로, 달리 진하사(進賀使)·성절사(聖節使)로도 칭한다.

35 명(明)나라 성조(成祖)의 연호(1403~1424)이다.

36 포은 정몽주는 고려 왕조의 충신으로 문신·외교관이자, 또 정치가·교육자·유학자이기도 한 인물이다. 문묘(文廟)에 종사된 해동(海東) 18현 중의 한 사람이다.

37 운위된 사령(辭令)의 사전적 의미는 남을 맞아 접대할 때 쓰는 형식적인 말을 가리키나, 여기서는 중국과의 외교적인 문서를 뜻한다.

38 옛날에 신하가 황제나 임금에게 올리던 글이다. 여기서는 고려의 사신단(使臣團) 일행이 명나라 홍무제(洪武帝)에게 올린 글을 의미한다.

39 이 표현으로 미뤄 보건대, 당시 조승숙이 포함된 고려 사절단(使節團)은 '주청(奏請) 겸(兼) 진하사(進賀使)'의 성격을 띠었던 듯하다.

황조(皇朝)[40]에서는 특별히 자금어대(紫金魚帒)[41][자줏빛이 나는 순금으로 물고기를 형상하여 만들고, 가죽 주머니에 넣어 차고 다니니, 황조가 총애하는 신하에게 상(賞)으로 내리는 것이다.]를 하사하였다. 이 일로 인하여 아름다운 소문이 중국 조정에 널리 퍼지게 되었다.[『천령지(天嶺誌)』에 나온다.]

이후 선생이 향관(鄕關)[고향]으로 물러나 거처하자, 왕[태조(太祖)][42]은 침향궤(沈香几)[43]를 하사하셨다. 그 「서문[序]」에서 이르시기를,

"그대의 성품이 굳고 강하여, 마침 이 침향[物]과 서로 닮았으므로, 이에 비슷한 것으로써 하사[錫]하노라!"

라고 하시었다. 또 왕은 친히 지은 어제명(御製銘)에서 이르기를,

"(그대의) 문장은 8대(代)를 떨쳐 일으켜, 명성이 일국(一國)에 드높았다. 본디 그대의 성품이 굳고 곧아서 위무(威武)에도 굴하지 않았으니, 당(唐)나라의

40 황제가 다스리는 조정이라는 의미로, 중조(中朝)와 같은 단어다. 당시 중국 명나라 태조의 연호인 홍무(洪武)는 서기 1368년부터 1399년까지 사용되었으므로, 조승숙 일행이 사행(使行)에 나선 시기는 홍무 10년[1377]에서 23년[1390] 사이일 것으로 추정된다.

41 또 다른 문헌에서는 어대(魚袋)로 표기되어 있는 '어대'란 속대(束帶)를 착용할 때 사용하는 장식 도구에 해당한다. 고려 시대에는 문관의 공복(公服)에 패용(佩用)하여 등위(等威)를 가리던 물고기 모양의 장식물을 지칭하기도 하였다. 어대에는 금어대와 은어대 두 종류가 있었다. 중국 황제가 상사(賞賜)한 자금어대는 금어대·은어대에 비해서 좀 더 고급스러운 장식 도구였을 것으로 짐작된다.

42 덕곡공파 문중에서는 조선왕조 태조 7년의 일로 보고 있다.

43 침향(沉香)은 팥꽃나무 과에 속한 상록 교목. 침향궤는 침향으로 만든 작은 탁자 모양의 팔받침을 가리키는데, 앉을 때 팔을 기대어 몸을 편하게 하는 도구에 해당한다.

위징(魏徵)[44]과 한(漢)나라의 급노(汲老)[급암(汲黯)][45]와도 같도다. 거울처럼 밝은 한 사람을 얻어서 사직(社稷)이 의지하게 되어, 짐은 금(金)·옥(玉)을 하사하고자 하였으나, 그대는 받지를 않았다. 이에 그대와 더불어 서로 닮은 물건 하나가 있기에, 비슷한 부류로써 하사하여, 그 올곧음을 드러내려 하노라! 비록 강호(江湖)로 물러나더라도, 부디 나라를 잊지 말기를 바라노라![가승(家乘)[46]에 나온다.]"

라고도 하시었다.

선생은 1391년[辛未]에 걸양(乞養)[47]을 위해 부여(扶餘)의 감무(監務)[48]로 나갔고, 1392년[壬申] 역성(易姓) 혁명(革命)이 진행되던 초엽에 관직을 버리고, 함양의 덕곡(德谷)으로 귀은(歸隱)하여, 정자[亭]를 짓고 생도(生徒)들을 교수(教

44 당나라 초기의 정치가인 위징(580~643)은 태종(太宗)에게 "임금은 배와 같고 백성은 물과 같다. 물은 배를 뜨게 해 주지만 반대로 전복시킬 수도 있다"라는 비유적인 간언(諫言)을 올린 인물로도 유명하다. 위징은 태종에게 수(隋)나라가 멸망한 것을 역사의 거울로 삼아 부역을 줄이고 세금을 가볍게 하며, 현명한 신하를 중용하고 간언을 받아들이도록 적극적으로 권유하였다. 태종은 위징의 충정 어린 간언을 수용하여 정치에 반영한 결과, 마침내 정관(貞觀)의 치적을 이룰 수 있었다.

45 급노(汲老)로 표기된 급암((?~B.C. 112)은 중국 전한(前漢) 무제(武帝) 때의 유명한 간신(諫臣)이다. 엄정한 성정(性情)의 소유자인 급암은 직간(直諫)을 잘하여 무제로부터 '사직(社稷)의 신하'라는 칭송을 들었을 정도였다.

46 한 집안의 역사적 사실을 적은 책이다. 한편 위 인용문은 『咸安趙氏世德編』 卷2의 「行狀」에 수록된 글을 발췌한 것이다. 조선 후기 무렵의 노론계(老論係)의 문신이자 학자인 병계(屛溪) 윤봉구(尹鳳九, 1683~1767)가 지은 것으로 알려진 〈德谷先生傳〉에도 이 내용이 등재되어 있었다고 한다. 그런데 정작 윤봉구의 문집인 『屛溪集 Ⅲ』 卷60(한국문집총간 205)의 「傳」에는 해당 내용이 누락된 상태여서, 덕곡공파 문중에서 불만스러운 의혹을 제기한 바가 있었다는 사실을 부기해 둔다.(『咸安趙氏世德編』 卷2, 「行狀」): "此卽尹屛溪鳳九所撰, 而見漏於屛溪集, 豈本家遺佚而然歟. 可訝." 『屛溪集』 卷60의 「傳」에는 〈戶長嚴興道傳〉만이 수록되어 있는 상태다.(196쪽)

47 남에게 구걸하여 거저 얻어먹고 사는 사람을 제 자식처럼 거두어 기름을 일컫는 단어.

48 고려 초기 무렵에 중앙집권체제에 의한 통치권(統治權)의 범위가 점차 지방으로 확대되기 시작하자, 아직 중앙의 관원(官員)을 파견하지 못하였던 속·군·현(屬郡縣)과 향(鄕)·소(所)·부곡(部曲)·장(莊)·처(處) 등과 같은 말단 지방행정 단위에 1106년(예종 1)부터 현령(縣令)보다 한 등급 낮은 지방관인 감무(監務)를 파견하였다.

授)하였다. 그러자 일시에 명유(名儒)와 석사(碩士)들이 그 문하에서 많이 배출되었다.[문집(文集)[49]에 나온다.]

일찍이 선생이 개경(開京)의 두문동(杜門洞)[50]에 찾아들었을 때에, '두문동 71인(人)'[51]과 더불어, 각기 자신의 뜻을 말하게 되었다. 이에 선생은 이르기를,

"백이(伯夷)가 수양산(首陽山)에서 굶주렸음이 또한 나의 의향이다."[52]

49 언급된 '문집'이란 32권 분량으로 구성된 『德谷集』을 가리키나, "대부분이 병란[兵變]에 유실되었고, 언행록과 세덕편만 보인다"라고 족보에 기록되어 있다.(『咸安趙氏尙書公派族譜(제2편)』 卷1, 2쪽.): "有文集三十二卷, 多失於兵變, 見言行錄世德編."

50 두문동에는 동두문(東杜門)과 서두문(西杜門)이 있었는데, 전자는 송도(松都)[개경]의 동쪽 30리 지점의 보황산 10리 주변으로 이곳에 고려의 유신(遺臣) 48현이 은둔하였다고 한다. 후자인 서두문은 송도의 서쪽 10리 즈음의 만수산(萬壽山) 자락 아래에 있는 동네로, 과거에 응시하지 않은 태학사(太學士) 72현이 여기서 모두 죽었다는 고사가 전해져 왔다고 한다(柳藩, 『僻隱先生實記』 卷1, 「松都志」, 1907.). 한편 『杜門洞書院志』의 「서문[序]」에는 '두문동 72현'이라는 어휘가 지칭하는 두문동은 서두문을 말한다고 전한다. 이상의 설명은 金貞子, 「杜門洞72賢의 選定人物에 대한 검토-『華海師典』과 『騎牛集』을 중심으로-」, 『釜大史學』 22집, 부대사학회, 1998, 5쪽의 각주16) 참조.

51 일반적으로 채귀하(蔡貴河)의 『多義堂先生實記』 卷2, 「杜門洞碑閣上梁文」(국립 중앙도서관 소장본)에서 제시된 기록, 즉 "세상에서 전하여 72선생[子]이 된 것은, 공자[孔氏]의 승당(升堂)한 제자[賢] 수치에 부합되기(世傳爲七十二子, 符孔氏升堂之賢)" 때문이라는 설명대로, '두문동 72현' 혹은 '두문동 72인'으로 통칭한다. 그런 점에서 '두문동 71인'으로 표기한 『함안조씨언행록』의 기록은 다소 특이한 감이 없지가 않다. 한편 "공씨의 승당한 현자[賢]"란 문묘(文廟)에 배향된 공자의 제자 72명을 의미한다.

52 이 구절은 李荇, 『騎牛集』卷2(한국문집총간 7), 「附錄」, 〈不朝峴言志錄〉, 민족문화추진위원회, 1986, 371쪽, "趙永肅曰, 伯夷之餓 亦我意也."의 기록과 정확히 일치한다. 조승숙을 비롯한 72현의 답변은 이하와 같은 우정승(右政丞) 박문수(朴門壽)의 권유를 접한 후에 내놓은 진지한 반응에 해당한다. "朴門壽曰, 天命有歸, 國事已非, 吾屬盍各言其志."

라고 하였다.[53]『두문동록(杜門洞錄)』[54]에 나온다.]

선생은 목은(牧隱) 이색(李穡, 1328~1396)과 함께 오래 전부터 도의(道義)가 서로 계합(契合)되어 성리(性理)를 강론·궁구하였다. 차후 목은이 함양군의 남쪽 국계(菊溪)에 깃들어 머무를 적에,[55] 서로 오가면서 시(詩)를 주고받으며 읊조리곤 하였다. 두 사람의 시는 사뭇 분개(憤慨)한 듯하여, 기자(箕子)의 맥수가(麥秀歌)와[56] 백이·숙제(叔齊)의 채미가(採薇歌)의 여운이 서린 운치[遺韻]가 배여 있었다.

또 선생은 야은(冶隱) 길재(吉再, 1353~1419)와 더불어 서로 친구지간으로 좋은 사이로 지냈다. 선생이 야은에게 보낸 〈증길야은(贈吉冶隱)〉에 이르기

53 함양군 지곡면 개평리 덕암마을에 소재한 두 칸 규모의 교수정(教授亭) 방문(房門)의 상단에도 고사리와 국화, 곧 항절(抗節)과 지조(志操)를 상징하는 기호(記號)인 '미국(薇菊)'이라는 글귀를 새긴 작은 액자가 게시되어 있는 상태다. 교수정 일원(一圓)은 솟을대문으로 축조된 정문인 숭경문(崇敬門)과 강당에 해당하는 수성문(修誠門), 그리고 사당(祠堂) 건물인 덕곡사(德谷祠)를 차례대로 거치고, 다시 언덕 상부에 위치한 정자로 인도하는 다수의 돌계단을 밟도록 재건축되어 있다. 이 같은 건물 구도 속에는 은연중에 조승숙이 생전에 성경(誠敬) 철학을 강력히 추구하였다는 암시가 배어 있음이 간취된다.

54 언급된 『두문동록』은 국립중앙도서관 소장본으로 김진근(金振根)이 1928년에 발행한 서명과 일치한다. 그런데 통상 고려 말엽의 유학자인 이행(李荇)의 시문집인 『騎牛集』 卷2, 「附錄」에 수록된 「杜門洞七十二賢錄」을 일컫는 경우가 대부분이다. 「杜門洞七十二賢錄」에는 작은 글씨로 "麗末, 忠臣立節死義者多, 其餘則杜門屛迹於當世, 或不仕自靖者, 通稱杜門洞七十二人, 同其義理, 而不但屛居於松京之謂也."라는 보충 설명이 덧붙여져 있다.

55 함양의 사근역(沙斤驛) 근처의 시내를 본래는 혈계(血溪)[피내]라 칭하였으나, 뒤에 다시 이름을 고쳐 '국계'로 불렀다고 한다. 간단하지 않은 국계와 이색의 함양 체류 문제에 대해서는 윤호진, 「덕곡(德谷) 조승숙(趙承肅)의 생애와 후대의 평가: 수양명월(首陽明月) 율리청풍(栗里淸風)」, 『淵民學志』 23집, 연민학회, 2015, 84~85쪽을 참조.

56 기자(箕子)가 멸망한 그의 조국인 은(殷)나라의 도읍지를 지나면서 탄식하며 읊었다는 노래. 『史記』, 「宋微子世家」에 수록된 가사는 이하와 같다. "보리 이삭은 무럭무럭 자라나고, 벼와 기장도 기름지고나. 교활한 저 철부지 아이가, 내 말을 듣지 않은 탓이지.(麥秀漸漸兮, 禾黍油油兮, 彼狡僮兮, 不與我好兮.)"

교수정 전경
교수정은 경남 함양군 지곡면 개평리에 있는 조선시대 정자다. 1983년 경상남도문화재자료 제76호로 지정되었으며, 덕곡 조승숙 선생이 1398년(태조 7년)에 건립하였다.

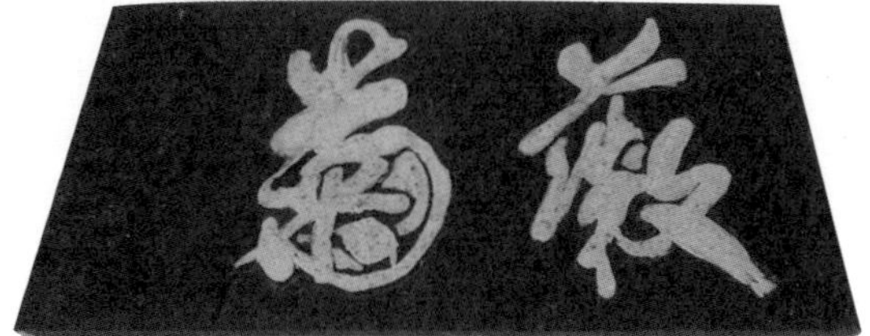

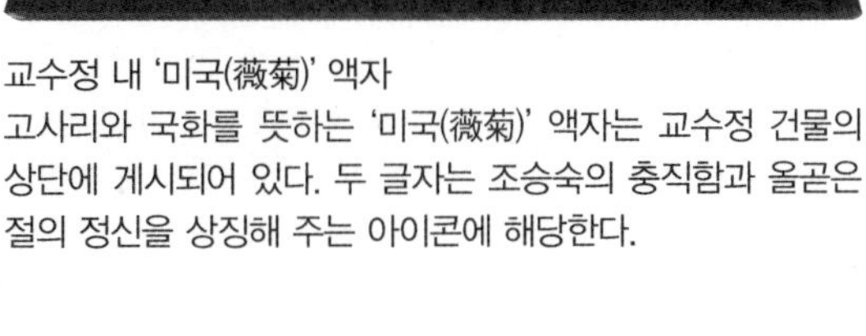

교수정 내 '미국(薇菊)' 액자
고사리와 국화를 뜻하는 '미국(薇菊)' 액자는 교수정 건물의 상단에 게시되어 있다. 두 글자는 조승숙의 충직함과 올곧은 절의 정신을 상징해 주는 아이콘에 해당한다.

를,[57]

"산을 등지고 물에 임하여 그윽한 거처를 정하니,
달뜨는 저녁 안개 낀 아침에 흥취가 넘쳐난다.
개경의 옛 친구들이 만일 나에게 묻는다면,
대나무 숲 깊은 곳에 누워 책 읽는다고 전하오!"

라고 하였다.[문집(文集)에 나온다.]

선생은 훈생(訓生) 무리들에게 『사기(史記)』를 가르치다가, 책 읽는 차례가 역대 왕조의 운수가 다하는 즈음에 이르러서는 일찍이 심경이 복받쳐 원통하고 슬픈 나머지 눈물을 흘리면서 울지 않는 적이 없었다. 그리하여 학업을 받는 문인(門人)들이 나라가 망한 장(章)을 없애 버렸다.[행장에 나온다.]

선생은 입산(入山)한 뒤로는 문을 닫고 찾는 객(客)들을 거절하였다. 옛날 개경(開京) 시절에 함께 복무하였던 친한 동료[僚友]들이 혹 지나치다가 만나기를 바라면, 번번이 병환을 핑계로 물리치기도 하였고, 혹은 편지로 안부를 묻는 이가 있더라도, 역시 다시는 답장을 하지 않아서, 이름과 자취를 감추려고 애썼다.[행장에 나온다.]

선생은 평상시에 재물이며 곡식을 남에게 주는 것에 전혀 인색함이

57 "負山臨水卜幽居, 月夕烟朝興有餘, 京洛故人如問我, 竹林深處臥看書." 그런데 〈증길야은〉은 『冶隱先生言行拾遺』 卷上에 〈述志〉라는 제목으로 등재되어 있어, 조승숙의 작품이 아니라는 주장이 제기된 상태다. 윤호진, 「덕곡(德谷) 조승숙(趙承肅)의 생애와 후대의 평가: 수양명월(首陽明月) 율리청풍(栗里淸風)」, 『淵民學志』 23집, 연민학회, 2015, 80~82쪽을 참조. 한편 〈증길야은〉은 정면 두 칸 규모인 교수정의 네 기둥에 주련(柱聯)으로 장식되어 있다.

없었다. 그러나 이웃 마을의 자녀들을 혼인[婚娶]시키는 집안에서 관대(冠帶)를 빌려 달라고 요청하면, 곧 반드시 말하기를,

“이 갓과 띠는 나의 옛 조정의 공복(公服)[예복]이니, 차마 해지거나 흠집이 나게 할 수는 없습니다. 비록 지극히 가까운 친족 사이일지라도 빌려 주는 것을 허락하지 않는답니다.”

라고 하였다. 후일 임종 시에 이르러 그것으로 염(斂)할 것을 유언으로 명하였다.[행장에 나온다.] 일찍이 선생은 〈술회(述懷)〉라는 시를 남겼다.[58] 이 시를 통해서 읊조리기를,[59]

“몇 차례나 흥망 겪으며 하찮은 벼슬에 붙이었던가?
함양의 옛 물건으로는 오직 푸른 산뿐이라네.
어찌 석 달 동안 임금이 없는 탄식이 없겠는가?
이름 구함이 무덤 구걸보다도 심함을 부끄러워하노라!”

라고 하였다.[문집에 나온다.]

58 윤호진의 선행 연구에 의하면, 조승숙의 작품으로 알려진 〈술회〉 시는 『新增東國輿地勝覽』의 「咸陽郡」의 〈題詠〉조에 실려 있는 제1, 2구와 이행(李荇, 1352~1432)의 문집 『騎牛集』 가운데 「杜門洞七十二賢錄」에 수록된 제3, 4구가 합쳐서 하나의 절구시가 완성된 것이라고 한다. 또 『咸安趙氏世德編』에는 〈술회〉가 아닌, 즉 〈우음(偶吟)〉이라는 시제(詩題)로 수록되어 있는 상태다. 이상의 논의에 대해서는 윤호진, 「덕곡(德谷) 조승숙(趙承肅)의 생애와 후대의 평가: 수양명월(首陽明月) 율리청풍(栗里淸風)」, 『淵民學志』 23집, 연민학회, 2015, 78~80쪽 참조.

59 “幾閱興亡屬一官, 咸陽舊物但靑山, 豈無三月無君嘆, 只愧干名甚乞墦.”

1490년[庚戌] 성종[成廟] 21년에 사제(賜祭)[60]하고, 뇌계(㵢溪) 유호인(俞好仁, 1445~1494)[61]에게 명하여 치제문(致祭文)을 짓도록 하였다.[62] 그 제문에 이르기를,

"수양명월(首陽明月), 율리청풍(栗里淸風)."

운운하였다.[63] 또 미암(眉菴) 유희춘(柳希春, 1513~1577)의 차록(箚錄)[64]에 이르기를,

"선생은 고려 말엽에 나랏일이 날로 그르쳐만 가는 것을 보고, 물러나 하나의 〈기(記)〉를 저술하였다. 우왕(禑王)과 창왕(昌王) 두 왕이 공민왕(恭愍王)의

60 훌륭한 신하가 죽었을 때에, 임금이 칙사를 보내어 타계한 신하에게 제사를 지내 주던 일이다.

61 본관은 고령(高靈)이며 자는 극기(克己). 김종직(金宗直)의 문인으로 문장으로 이름이 높아 성종의 총애를 받았다. 1474년(성종 5)에 식년 문과에 병과로 급제한 이후로, 봉상시 부봉사(奉常寺副奉事)를 거쳐 1478년 사가독서(賜暇讀書)한 이후 1480년에 거창 현감으로 부임하였다. 차후 공조좌랑·홍문관 교리·의성 현령·장령·합천 군수 등을 역임하였다. 1486년에 『동국여지승람』의 편찬에 참여한 바가 있고, 사후에 장수의 창계서원(蒼溪書院)과 함양의 남계서원(藍溪書院)에 제향되었다.

62 치제(致祭)란 임금이 공신(功臣)이 죽었을 때 제물과 제문을 보내어 제사를 지내는 일을 이르던 말이다.

63 윤호진은 이 8자(字)의 의미에 대해서, "수양산(首陽山)에서 밝은 일월(日月)처럼 절개를 지킨 백이(伯夷)·숙제(叔齊)와 같고, 율리(栗里)에 은거하여 맑은 바람처럼 살았던 도연명(陶淵明)과 같도다"라고 부연 설명하였다. 다만, 윤호진의 기존 재해석 중에서 '밝은 해'는 '밝은 일월(日月)'로 부분 변개하였다. 윤호진(2015), 앞의 논문, 88쪽 참조. 한편 조승숙의 정신적 기맥(氣脈)을 언표해 주는 글귀인 '수양명월(首陽明月) 율리청풍(栗里淸風)' 두 구절은 교수정 반대편 쪽에 가설한 협문(夾門)의 아래 지점에 붉은 글씨로 새긴 비석(碑石)을 통해 여전히 휘황찬란한 광채를 발하고 있다. 자연석을 이용하여 조각한 거북 모양의 비석 받침대 위에 설치된 이 비는 높이 320cm에 폭 90cm·두께 39cm의 비율을 형성하고 있다.

64 차록은 차기(箚記)·수록(隨錄) 등과 같은 단어로, 책을 읽으면서 느낀 것을 수시로 적어 모은 일종의 메모 기록에 해당한다.

교수정의 '수양명월(首陽明月) 율리청풍(栗里清風)' 비석
이 비는 교수정 반대편 쪽에 가설한 협문(夾門) 아래 지점에 붉은 글씨로 새긴 것이다. 성종(成廟)이 조승국의 충절을 가상히 여겼음을 알 수 있다.

'수양명월(首陽明月), 율리청풍(栗里淸風)'이라는 여덟 글자를 새긴 비석 옆에는 입덕문(入德門)이라는 글귀가 새겨진 바위가 있다.

자손임에도, 정도전(鄭道傳, 1342~1398)[65]이 신창(辛昌)[66]의 간음 운운하는 말로써, 무함하였다고 통렬히 변척(辨斥)하였다."[67]

라고 하였다. 또한 병계(屛溪) 윤봉구(尹鳳九, 1683~1767)[68]의 〈찬(贊)〉[69]에 이르기를,

"꽃은 그릴 수는 있으나, 그 향(香)은 그릴 수 없다. 새도 그릴 수는 있으되, 그 지저귀는 소리는 그릴 수 없으니, 곧 선생의 재예(才藝)와 사업(事業)[70]은 언표할 수 있으나, 선생의 지절(至節)과 숭의(崇義)는 말로 드러내기 어렵

65 삼봉(三峯) 정도전(鄭道傳): 본관은 봉화(奉化). 태조 이성계(李成桂)를 보좌하여 제도 개혁을 통해 조선 개국의 핵심 주역이 된 정치가. 개국 이후로 진법(陣法) 훈련을 강화하면서 요동(遼東) 정벌을 추진하려고 시도하였으나, 이방원(李芳遠) 세력의 기습을 받아 이방번(李芳蕃)·방석(芳碩) 등과 함께 살해되고 말았다.

66 신창(辛昌)은 신돈(辛旽)의 손자라는 의미로 창왕(昌王)을 가리키는 표현이다. 미암 유희춘의 「日記」에는 "정도전(鄭道傳)이 신씨(辛氏)[신돈]가 간음해서 낳았다고 무함하였다.(鄭道傳誣以辛氏之姦.)"고 좀 더 정확하게 기술해 두었다.

67 이 내용은 柳希春, 『眉菴集』 卷5(한국문집총간 34), 「日記(刪節 ○上經筵日記別編)」, 〈二十四日〉條, 민족문화추진회, 1986, 224쪽에는 이하와 같이 기록되어 있다. "二十四日. 聞趙府使先祖, 麗末以文官, 爲扶餘縣監, 知將易姓, 棄官而退, 著一記, 痛辨禑昌爲二王之恭愍子孫, 而鄭道傳誣以辛氏之姦, 戒子孫勿開, 其後孫居咸陽開見, 慮後患而焚之云.(24일. 들으니, 조(趙) 부사(府使)의 선조는 고려 말에 문관으로 부여(夫餘) 현감(縣監)을 지내면서, 장차 역성(易姓)이 될 것을 짐작하고 벼슬을 버리고 물러나 하나의 기(記)를 지었다. 우(禑)·창(昌) 두 왕이 공민왕(恭愍王)의 자손인데도, 정도전(鄭道傳)이 신씨(辛氏)[신돈]가 간음해서 낳았다고 무함하였다고 통변(痛辨)하였다. 자손들에게 열어 보지 말라고 경계를 하였는데, 그 후에 자손이 함양(咸陽)에 살면서 열어 보고 후환을 염려하여 불태워 버렸다고 한다.)"

68 본관은 파평(坡平)으로 권상하(權尙夏)의 문인이다. 1714년에 진사가 되었고, 유일(遺逸)로 천거되어 1725년(영조 1)에 청도 군수가 되었다. 이후 사헌부 지평·장령·집의 등을 거쳐 대사헌·지돈녕·공조판서 등을 역임하였다. 한원진(韓元震)·이간(李柬)·현상벽(玄尙璧)·채지홍(蔡之洪) 등과 더불어 권상하의 문하에서 수학한 소위 강문팔학사(江門八學士)의 한 사람으로서 호락논쟁(湖洛論爭)의 중심인물로 꼽힌다.

69 한문 문체의 하나로 달리 찬(讚)이라고도 한다. 찬은 송(頌)과 함께 인물이나 서화를 찬미하는 글체로 남의 좋은 점을 칭송할 때 사용한다.

70 여기서는 일정한 비영리적인 목적을 가지고 지속적으로 전개하는 조직적인 사회 활동을 지칭하는 표현이다.

다. 타고난 기품(氣稟)이 순수하고 굳세면서도 혼후(渾厚)[71]·엄직(嚴直)하여, 소나무와 잣나무가 뒤늦게 시드는 자질로,[72] 일만 명의 지아비가 빼앗기 어려운 절개를 실행하여 천지(天地) 이전이라도 어김이 없고, 천지 이후에도 주림이 없을지니, 이른바 호연지기(浩然之氣)가 어찌 유독 맹자(孟子)만이 선양(善養)한 것이겠는가?[73] 맹자 이후로 천여 년의 세월이 흐른 뒤에, 다시 능히 직(直)을 선양하여 의(義)와 도(道)에 짝하였던 자는 그 오직 선생일 것인저!"

라고 예찬하였다. 한편 입재(立齋) 송근수(宋近洙, 1818~1903)[74]는 교수대(教授臺)[75]의 비문(碑文)에서 이르기를,

"이곳은 전 왕조[고려] 때의 충신(忠臣)인 덕곡(德谷) 조(趙) 선생 휘(諱) 승숙(承肅)이 은둔하였던 공간이다. 선생의 깊고 오묘한 덕행(德行)과 우뚝한 절의

71 원만하여 온화한 기색이 있으며 인정이 두텁다는 뜻이다.

72 이 구절은 『論語集註』, 「第9 子罕」편의 제27장에서 설파된 공자(孔子)의 언명, 곧 "날씨가 추워진 뒤에야 소나무와 잣나무가 늦게 시듦을 알 수 있다.(歲寒然後, 知松栢之後凋也)"라는 구절에 전거(典據)를 둔 표현이다.

73 운위된 '호연지기'란 하늘과 땅 사이에 가득 차 있는 넓고 큰 기운을 뜻한다. 『孟子集註』, 「公孫丑(上)」의 제2장에 전거를 둔 수양론적 개념에 해당한다. 공손추가 말하였다. "감히 묻습니다. 무엇을 일러 호연지기라고 합니까?" 맹자가 말하였다. "말로 하기가 어렵다. 그 기(氣)됨이 지극히 크고 지극히 강하여, 곧게 기르는 데 해(害)하는 것이 없으면, 곧 하늘과 땅 사이에 가득 차게 된다. 그 기는 언제나 의(義)와 도(道)에 짝하여 함께하니, 이것이 없으면 허탈해지게 된다.(敢問何謂浩然之氣. 曰, 難言也. 其爲氣也, 至大至剛, 以直養而無害, 則塞於天地之間. 其爲氣也, 配義與道, 無是, 餒也.)"

74 회덕 출신으로 우암(尤庵) 송시열(宋時烈)의 8대손이며, 송흠학(宋欽學)의 아들이다. 강재(剛齋) 송치규(宋穉圭, 1759~1838)의 문하에서 성리학과 예학을 수학하여 이이(李珥)-송시열-한원진(韓元震)으로 이어지는 기호학통(畿湖學統)의 정맥을 계승하였다. 1848년(헌종 14)에 실시된 증광문과(增廣文科)에 병과로 급제한 뒤로, 대사헌·공조판서·병조판서·이조판서·좌찬성을 역임한 후에, 우의정과 좌의정에 임명되었다.

75 아래의 각주 76) 참조.

(節義), 그리고 사우(師友)의 연원(淵源)과 열조(列朝)로부터 받은 은택(恩澤) 등은, 이미 한 나라의 역사서며 야사(野史)에 자세히 실려 있으니, 어찌 다시 군더더기 말로써 언급하겠는가?

선생이 부여(扶餘) 감무(監務)로 지낼 적에, 고려(高麗) 왕조의 운세가 다하자 벼슬을 버리고 되돌아와 이 산에 은거한 채 종신(終身)토록 나가지 않았고, 오로지 생도(生徒)들을 가르치고 일깨우는 것으로 자신의 임무로 삼았다. 이에 당시 사람들은 그 선생이 거처하던 곳을 이르기를, '교수정(教授亭)'이라 하였다.[76] 그 이후로 수백 년 동안 몇 차례씩이나 세우고 무너지는 일을 거쳤으나, 다만 거친 잡초와 무성한 수풀 속에 옛터만이 남아 있었던 탓에, 오래도록 사림(士林)들이 그곳을 가리키며 한숨을 쉬며 탄식하곤 하였다.

이에 지금의 성상(聖上) 1870년[庚午](고종 7)에 이르러 선생의 여러 후손들이 함께 중건(重建)할 것을 꾀하였다. 또 작은 석재 하나를 다듬어서 정자의 한편에 세우고, 비석(碑石)에 성종대[成廟]의 조정(朝廷)에서 하사한 제문 중에서 '수양명월(首陽明月) 율리청풍(栗里淸風)' 여덟 글자를 크게 써서 비면(碑面)에 아로새겨 게시하였다. 이리하여 눈앞에 우뚝 솟아 장대(壯大)하고 미려한 건물[輪奐,[77] 교수정]을 다시 보게 되었고, 휘황(輝煌) 찬란한 성종의

76 1398년(태조 7)에 지은 강학용(講學用) 정자인 교수정(教授亭)은 정면 3칸에 측면 2칸으로 설계된 팔작지붕의 구조를 취하고 있다. 현재 경상남도 문화재자료 제76호로 지정된 상태다. 정자 앞쪽에는 '고려충신조선생백세청풍비(高麗忠臣趙先生百世淸風碑)'가 세워져 있다. 그 아래의 출입문 주변의 바위에는 '교수대(教授臺)'라고 쓰인 글귀가 발견된다.

77 륜(輪)은 굴곡이 있고 광대하다는 뜻이며, 환(奐)은 크고 성대하다는 의미이다. 합성된 조어인 '윤환(輪奐)'은 건물이 크고 미려(美麗)한 것을 지칭하는 표현이다.

표창(褒彰)[78]이 천고(千古)에 환하게 빛나게도 되었다.

> "이 정자에 올라 이 비문(碑文)을 읽는 자라면, 눈으로 보고 마음으로 느끼어 흥기(興起)하지 않음이 없어서, 자신도 모르게 충의(忠義)의 마음이 흡사 구름이 뭉게뭉게 이는 듯이 솟구치리라! 그렇다면 이 터와 이 정자를 어찌 가히 폐할 수 있겠는가? 이 비석 또한 그쳐서는 안 된다. 오호라, '수양(首陽)'이라는 이름과 '율리(栗里)'라는 칭호는 마땅히 천지(天地)와 더불어 나란히 보존될 것이니, 곧 선생의 풍모(風貌)와 세찬 지조(志操) 또한 장차 천지와 더불어 무궁할 것이다."

라고 운운하였다.

숙종(肅宗) 27년인 1701년[辛巳]에 여러 선비들의 의론이 크게 일어나서 함양의 도곡서원(道谷書院)[79]에 향사(享祀)[80]되었다. 또 1934년[甲戌][81]에 이르러 개성(開城)의 두문동서원(杜門洞書院)에도 향사되었다.

78 공로나 선행 따위를 칭찬하여 내세움을 뜻한다. 원문의 '신표(宸褒)'란 성종이 사제(賜祭)하고, 또 유호인에게 치제문(致祭文)을 짓도록 명한 사실을 일컫는다.

79 1701년(숙종 27)에 창건된 도곡서원의 원래 명칭은 도곡향현사(道谷鄕賢祠)로 조승숙 외에도, 죽당(竹堂) 정복주(鄭復周, 1367~?)·송재(松齋) 노숙동(盧叔同, 1403~1463)·신고당(信古堂) 노우붕(盧友朋, 1471~1523) 등의 학덕을 추모하기 위해 위패를 모셨던 사우(祠宇)였다. 李肯翊, 『燃藜室記述·別集』 卷4, 「祀典典故」, 〈書院·咸陽〉 條, 민족문화추진회, 1989 참조. 이후 홍와(弘窩) 노사예(盧士豫, 1538~1594)와 춘수당(春睡堂) 정수민(鄭秀民, 1577~1658)을 추가로 배향하여 선현 배향과 지방 교육의 일익을 담당하여 오던 중에, 1869년(고종 6)에 이르러 흥선대원군이 명한 서릿발 같은 서원철폐령(書院撤廢令)으로 인해 훼철되었다.

80 신령이나 죽은 사람의 영혼에게 음식을 바치며 복을 기원하거나, 죽은 이를 추모하는 의식을 말한다.

81 한국고전번역원의 '한국고전종합DB'에 따르면, 개성에 소재한 두문동서원은 두문동 72현 중에 한 분인 휴암(休庵) 임선미(林先味, ?~?)의 후손 임하영(林河永)이 주동이 되어 1934년에 창건되었음이 확인된다. 따라서 원문의 '세갑술(歲甲戌)'은 1934년도임이 분명해 보인다.

도곡서원
경상남도 함양군 지곡면 개평리에 소재한 도곡서원은 1701년(숙종 27) 지방 유림의 공의로 조승숙(趙承肅)과 정복주(鄭復周)·노숙동(盧叔仝)·노우명(盧友明)의 학문과 덕행을 추모하기 위해 창건되었다. 그 뒤에 노사예(盧士豫)와 정수민(鄭秀民)을 추배(追配)하여 선현 배향과 지방 교육의 일익을 담당하여 오던 중 흥선대원군의 서원철폐령으로 1869년(고종 6)에 훼철되고야 말았다. 현재의 도곡서원은 2001년에 이르러 후손들에 의해 다시 복원된 건물이다. 『함안조씨언행록』에는 교수정과 도곡서원을 향한 후손들의 각별한 관심의 정도가 도처에서 확인된다.

(5) 조종의(趙從義, 1380~?) [현감공휘종의(縣監公諱從義)]

|약전| 명(明)나라 혜제(惠帝) 때인 1399년(己卯, 정종 1)에 문과에 올라 홍산(鴻山)[부여] 현감(縣監)을 역임하였다.

공(公)은 가정(家庭) 전래의 가르침을 계승하여 효우(孝友)를 두루 겸비하였고, 문장과 경의(經義)[82]로 온 세상이 높이 받드는 대상이 되었다.[가장(家藏)에 나온다.]

(6) 율정(栗亭) 조종례(趙從禮, 1376~?) [제학공휘종례(提學公諱從禮)]

|약전| 호가 율정(栗亭)으로 명나라 혜제 4년인 1402년(壬午, 태종 2)에 문과에 올라, 관직이 봉렬대부(奉烈大夫)[83] 봉상 소윤(奉常少尹) 직보문각(直寶文閣) 직제학(直提學)에 이르렀다.

공은 남원부(南原府) 서쪽 월계산(月溪山) 자락 아래의 죽곡동(竹谷洞)으로 이거(移居)하였다.[84] 그런데 거주하던 동네의 동쪽에는 기이한 모습으로 생긴 바위들이 계곡 주변에 여러 길이나 험악하게 우뚝 솟아 있는데, 그 정면에 큰 글자로 '봉황대(鳳凰臺)'라 쓰이어 있었다.[85] 글자체가 하도 기이

82 옛 성현들이 유교의 사상과 교리를 적어 놓은 책. 혹은 경전에 대한 해석.

83 조선 시대 때 정4품 하(下)의 종친 및 문관의 품계.

84 지금의 행정 주소는 전북 남원시 대산면 대곡리 대실마을이다.

85 봉황대에 세워진 봉황정에 대해서는 「한국매일 뉴스(2013.10.01)」의 리빙 숲 〉 문화 이야기 〉 남도기행 〉 남도정자: '남도(南道) 정자기행(687)–남원 봉황정(鳳凰亭)' 코너에 자세하게 소개되어 있다.

하고 오래되었던 탓에, 어느 시기에 새겨진 것인지를 알 수가 없었다.[86] 다만 동네에서 대대로 전해져 오기를,

"장차 마을에 경사(慶事)가 생기면, 문득 바위가 소리 내어 울게 될 것이므로, 이르기를, '명암(鳴巖)[울음바위]'이라고들 한다."

고들 하였다. 그런데 제학공이 과거에 급제(及第)하기 이전 시기에 여러 달 동안에 걸쳐 울음바위가 울어대기 시작하였다. 또 공의 자손들이 생원[生]·진사[進]나 문과에 오를 때면, 바위 또한 우는 소리를 내곤 하였는데, 그 울음소리가 흡사 커다란 홍종(洪鍾)이 울리는 듯이 하였다고 운운하였다.[가장(家藏)에 나온다.]

제학공은 이를 갈던 어린 시절부터 보통 아이들과는 달라서 겉으로 드러난 모습이 특출하였다. 또 공부하여 배움을 닦는 일을 조기에 이루어, 뭇 서적들을 널리 섭렵하여 율려(律呂)와 상수(象數)의 학(學)에 이르기까지 그 오묘함을 끝까지 궁구하지 않음이 없었다. 가사(家事)를 처리함에 항상 효우(孝友)로써 하였으며, 관직에 머무를 적에는 청렴[廉]·결백[潔]하게 하여 고상한 풍채(風采)와 좋은 평판이 온 세상을 울려 퍼졌다.[가장에 나온다.]

86 후일 조림(趙琳)과의 인연으로 이곳을 내방한 하서(河西) 김인후(金麟厚, 1510~1560)는 그가 남긴 차운시(次韻詩)의 세주(細註)를 통해서, 봉황대가 "당(唐)나라 사람이 새긴 것"이라는 세간의 구비전승을 채록해 두었다. 金麟厚,『河西集』卷6(한국문집총간 33),「七言絶句」,〈次趙府使琳鳴巖韻 (俗傳巖鳴, 則洞中有慶, 一名鳳凰臺, 唐人所刻云.)〉, 민족문화추진위원회, 1986, 120쪽.

(7) 남계(南溪) 조효동(趙孝仝, 1420~1499) [남계선생휘효동(南溪先生諱孝仝)]

|약전| 자는 효여(孝汝). 명(明)나라 성조(成祖)[영락(永樂)] 18년인 1402년(更子, 태종 2)에 태어나서, 명나라 영종(英宗)[정통(正統)] 3년인 1438년(戊午, 세종 20)에 생원·진사시 양시(兩試)에 합격하여 음사(蔭仕)로 밀양(密陽) 부사(府使)에 임명되었다.[87] 명나라 정통제(正統帝) 12년인 1447년(丁卯, 세종 29)에 문과에 올라 정언(正言)·장령(掌令)·병조정랑(兵曹正郞) 등을 역임하였다. 지평(持平)으로 옮기었다가 내섬시(內贍寺)로 다시 이동하였고, 세 번째로 사간원(司諫院) 헌납(獻納)과 성균관(成均館) 사예(司藝)로 전이(轉移)되었다가 가선대부(嘉善大夫) 사간원(司諫院) 대사간(大司諫)에 초배(超拜)[88]되었다. 명나라 효종(孝宗)[홍치(弘治)] 12년인 1499년(연산군 5) 5월 20일에 졸(卒)하였으니, 향년 80세다.

선생(先生)은 평소 행실이 독실하고 효우(孝友)로웠으며, 일 처리를 청렴·검소하게 하여 명예와 이익의 마당에는 구구(區區)하게 연연해하지 않았다. 항상 모부인(母夫人)의 곁에 있으면서 상냥한 얼굴과 즐겁고 상쾌한 낯빛으로 대하였으며, 위로하고 비유적인 말들이 번갈아 이르게 하였다. 집안에서는 온화한 정도가 마치 훈훈한 봄바람과도 같아서, 큰 소리로 꾸짖는 소리가 일찍이 개나 말 따위의 귀에도 닿지 않게 하였다. 평소 집안 형편이 지독히 가난하여 거친 매조미쌀도 계속 대지 못할 지경이었으나, 모친을 봉양하고 제사를 모시는 일만큼은 수수(瀡滫)[89]를 제대로 갖추어 고두밥이며 주식(酒食)이 넉넉하게끔 힘썼다.[문집[90]에 나온다.]

87 원문의 '음보(蔭補)'는 조상의 덕으로 벼슬을 얻는 일을 이르던 말로, 음직(蔭職)·남행(南行)과 같은 뜻이다.

88 정해진 일정한 등급을 뛰어넘어서 관직을 임명함.

89 쌀뜨물에 음식을 담가 부드럽게 하는 음식 조리의 한 방법을 일컫는 표현이다.

90 그런데 『南溪集』이라는 서명(書名)을 취하였을 것으로 추정되는 조효동의 문집은 존재가 확인되지 않는다.

선생이 밀양(密陽)의 태수(太守)로 나아갔을 때에는 정사(政事)를 맑게 하여 마치 맑은 물과 같았으며, 백성에게 임(臨)하고 아전들을 다스림에 한결같이 충서(忠恕)로써 하여, 분노하지 않아도 위엄이 자연스럽게 한 경내에 미치어 영(令)이 빠르게 행해졌다.

선생이 내섬시정(內贍寺正)[91]으로 있으면서 일두(一蠹) 정(鄭) 선생[정여창(鄭汝昌, 1450~1604)[92]]의 학행(學行)을 상소문으로 천거하였다. 이에 성종(成宗)은 그 훌륭함을 칭찬하는 전교(傳敎)를 내리고, 곧장 발탁해서 등용할 것을 명하시었다.[93][문집에 나온다.]

선생은 명나라 대종(代宗)[경태(景泰)] 6년인 1455년(乙亥, 단종 3) 연간에 명예의 굴레를 과감히 사절(謝絶)하고 흥취를 산수(山水)에 의탁한 채 한가하고 마음 편안하게 지내면서 스스로 득의하여 낚싯대를 드리우고 세상사를

91 내섬시는 조선 시대 때 여러 궁전(宮殿)에 대한 공상(供上), 2품 이상의 관료에게 주는 술과 안주, 일본인[倭人]·여진인(女眞人)에게 주는 음식물과 직포(織布) 등의 일을 맡은 관청이었다. 제조(提調)에 이은 정(正)은 정3품으로 이 관청의 최고 책임자에 해당하는 관직이다.

92 본관은 하동(河東)으로 일찍이 부친을 여의고 혼자서 독서에 힘쓰다가 지기인 김굉필(金宏弼)과 함께 김종직(金宗直)의 문하에서 수학하였다. 1483년에 사마시에 합격하여 진사가 되고, 8월에는 성균관 상사(上舍)의 동렬(同列)에서 그를 이학(理學)으로 추천하였다. 1490년의 별시문과에 병과로 급제하고, 예문관(藝文館) 검열(檢閱)을 거쳐 시강원(侍講院) 설서(說書)가 되었다. 이때 정도(正道)로써 동궁(東宮)을 극진히 보도(輔導)하였으나, 연산군이 좋아하지 않았다. 1495년(연산군 1)에 안음(安陰) 현감(縣監)에 임명되어 백성들의 질고(疾痼)가 부렴(賦斂)에 있음을 알고 편의수십조(便宜數十條)를 지어 시행한 지 1년 만에 정치가 맑아지고 백성들로부터 칭송을 들었다. 그러던 중에 1498년에 유발된 무오사화(戊午士禍)로 인하여 함경도(咸鏡道) 종성(鍾城)으로 유배된 끝에, 1504년에 죽은 후에 갑자사화(甲子士禍) 때에는 부관(剖棺) 참시(斬屍)되었다. 그러나 중종대에 우의정에 증직되었고, 1610년(광해군 2) 문묘에 승무(陞廡)되었다. 차후 전국 각지의 서원에 배향되었고, 시호는 문헌(文獻)이다.

93 이 사실(史實)은 『成宗實錄』 卷242, 成宗 21년 7월 26일(丙子)에 수록되어 있다. 당시 성종은 조효동이 소천(疏薦)한 말을 접하고, "정여창의 행실이 이와 같으니 나는 지금 눈물이 흐르는 것도 깨닫지 못하겠다. 그 속히 발탁하여 등용해서 국가에서 착함을 표창하는 뜻을 보이게 하라.(傳曰: "汝昌制行如此, 予今不覺出涕, 其速擢用, 以示國家旌善之意.)"는 전교(傳敎)를 즉각 내렸다.

잊고 지냈다. 그러던 중에 성종조[成廟朝]에 이르러 수여(水餘)마을[94]의 고기 낚던 물가에서 특별히 대사간(大司諫)에 명해지는 은지(恩旨)를 입게 되었다. 이에 후세 사람들은 그 정자를 두고 이르기를, '사간정(司諫亭)'이라거나, 혹은 군자정(君子亭)이라고도 불렀으며, 또 고기 낚던 그 바위를 이르기를, '사간암(司諫巖)'으로 칭하였다.[『함양읍지(咸陽邑誌)』에 나온다.]

선생은 사간원에 근무하는 동안에 악(惡)을 증오하여 탄핵(彈覈)하는 탄장(彈章)[95]을 과감하게 올리어, 굳이 권세 있고 지위가 높은 권귀(權貴)들을 피하려 하지 않았다.[문집에 나온다.]

선생은 만년(晩年)에 이르러 시국이 혼란함을 당한 끝에, 숱한 소인배들이 권세를 부려 여러 어진 이들이 무고(誣告)한 피해를 입게 되자,[96] 공(公)은 이를 남몰래 근심하며 깊이 탄식하곤 하였다. 마침내 선생은 세상에 더는 뜻을 두지 않고 물러나 집안에 머무르면서 스스로 호(號)를 남계어수(南溪魚叟)-남녘 계곡에서 고기 잡는 늙은이-로 짓고, 시(詩)와 술로써 스스로를 그르치면서, 그렇게 천년(天年)[97]을 고향에서 마칠 듯이 하였다.[문집(文集)[98]에 나온다.]

광릉(廣陵)[광주] 이만운(李萬運, 1736~1820)[99]이 지은 묘비명(墓碑銘)에 이르기

94 조효동의 고향 마을 이름으로 지금의 경남 함양군 지곡면 마산리 수여 부락을 지칭한다.

95 죄상을 낱낱이 밝혀서 탄핵하는 상소로, 달리 탄문(彈文)·탄묵(彈墨)으로 표현하기도 한다.

96 1498년(연산군 4)에 유발된 무오사화(戊午士禍)를 겨냥한 서술에 해당한다. 이 무오사화로 인하여 김일손(金馹孫)·정여창(鄭汝昌) 등과 같은 신진(新進) 사류(士類)들이 희대의 권간(權奸)인 유자광(柳子光)을 중심으로 한 훈구파(勳舊派)에 의해 무참히도 화를 입게 되었다.

97 천년(天年)이란 타고난 수명을 제대로 다 사는 나이를 뜻한다.

98 이 사실은 李萬運, 『默軒集』 卷9(한국문집총간 251), 「墓碣銘」, 〈司諫院司諫南溪趙公墓碣銘〉, 민족문화추진위원회, 2001, 380쪽에도 이하처럼 간략히 기록되어 있다. "及燕山嗣位, 羣小用事, 諸賢被誣, 公退而家居, 自號南溪漁叟, 以壽終."

99 호는 묵헌(默軒)이며 1777년(정조 1) 증광문과에 을과로 급제하였으나, 그 어떤 집안의 특별한 일로 벼슬길이 막혀 칠곡(漆谷)에 물러나 지냈다. 1796년에 이르러 안의(安義) 현감(縣監)에 제수되었고, 이후 관직이 지평(持平)에 이르렀으나, 끝내 요직에 나가지는 못하였다.

우리 마을의 유래

마을이 언제부터 형성 되었는지는 알수없으나 문헌에 의하면 고려말부터 보성선(宣)씨와 함안조(趙)씨가 벼슬을 하고 살았다고 하니 약600여년 이전부터 마을이 형성 되어온 것으로 추정되며 수여라는 마을 이름은 마을 훈장이 고개넘어 한건한 논을 경작 하였는데 물 부족으로 어려움을 겪고 있어 용정골 물을 고개 너머로 넘겨 주었는데 그후 물이 남아서 넘겨준 양 무내미(水餘)라 칭하게 되었다고 전해지고 있으며 1960년대에는 70여세대에 400여명의 인구가 살고있었으나 현재는 40여세대에 100여명의 주민이 살고 있다.

수여마을 표지석
약 600여 년 전부터 보성선씨와 함안조씨 두 문중이 대대로 세거(世居)해 온 내력과 함께, 물[水]과 연관된 마을 명칭에 대한 흥미로운 설명도 곁들여져 있다.

를,[100]

"덕곡(德谷)의 후손, 진실로 오직 남계(南溪)요, 남계의 풍도[風]는, 덕곡의 그것을 이름이니, 덕을 숭상하는 정성과 기미(幾微)를 깨닫는 식견, 천석(泉石)[자연]을 사랑하였던 마음 변함이 없었으니, 이곳을 지나가는 자들은 반드시 본받으리라!"

라고 하였다.

(8) 조준석(趙峻碩, 1444~?) [군수공휘준석(郡守公諱峻碩)]

공은 영민하고 준수한 외모에 장대(壯大)한 체구를 갖추었고, 엄숙·묵묵한 성품을 지녀서, 집안을 제어하고 백성을 다스림에 으르지 않아도 저절로 교화되었다. 그 합천(陜川) 군수(郡守)로 있을 때에는 오로지 청렴[廉]·결백[潔]하기를 힘써, 주민(州民)들이 공을 사모하여 노래 마디 중에 후소(後召)를 일컬음이 있었다.[101][가장에 나온다.]

(9) 조철석(趙鐵碩, 1446~1525) [찰방공휘철석(察訪公諱鐵碩)]

|약전| 자는 개수(介叟). 명나라 영종(英宗)[정통(正統)] 11년인 1446년(丙寅, 세종 21)에 태어나서, 명나라 헌종(憲宗)[성화(成化)] 10년인 1474년(甲午, 성종 5)에 진

100 이 내용은 李萬運, 『默軒集』 卷9, 「墓碣銘」, 〈司諫院司諫南溪趙公墓碣銘〉, 민족문화추진위원회, 2001, 380쪽에 수록되어 있는 상태다. "公諱孝仝, 字孝汝, 咸安趙氏, 曾祖諱承肅, 號德谷先生 ... 葬于咸陽郡北水南村子坐之原, 配淑人善山金氏, 祔于墓右, 公十世孫泂來請銘, 銘曰, 德谷之孫, 寔惟南溪, 南溪之風, 德谷是稽, 尙德之誠, 審幾之識, 樂石不渝, 過者必式."

101 운위된 후소(後召)란 다시 합천 군수로 부임하기를 희망한다는 뜻이다.

사시에 합격하여 찰방(察訪) 벼슬을 지냈다. 명나라 세종(世宗)[가정(嘉靖)] 4년인 1525년(乙酉, 중종 20) 7월 9일에 졸(卒)하였으니, 향년 80세다.

공은 타고난 자질이 비범하였으며, 또 성품이 엄숙하고 올곧았다. 그 태학(太學)[성균관]에 유학(遊學)하였을 적에는, 동배(同輩) 무리들이 공경하여 마음속으로 감동하여 탄복하지 않는 이가 없었다. 관직에 머무를 동안에는 충직(忠直)과 청렴[廉]·결백[潔]한 태도로써 임하였고, 효우(孝友)와 독실한 행실로써 집안을 바로 다스렸다.

마침내 관직을 벗고[102] 고향으로 되돌아와 전리(田里)[103]에서 베개를 높이고 편안히 누워 지내면서, 얽매임 없이 태연하고 느긋한 모습으로 소요(逍遙) 자적(自適)하여 항상 탈속(脫俗)의 기상이 있는 듯하였다. 노년에 이르러서는 경상좌도[江左]의 인동(仁同)[104]에 부치어 살았는데, 집 바깥에는 덕망 있고 노성(老成)[105]한 장자(長者)[곧 조철석]가 남긴 자취들이 많았다.[가장에 나온다.]

(10) 조염(趙琰, 1454~?) [참봉공휘염(參奉公諱琰)][106]

공의 효성과 우애심은 지성(至誠)에서 비롯되었고, 늘 편안하고 고요한 모습이었다. 어려서부터 노년에 이르도록 마음을 차분히 가라앉혀서 경

102 원문의 해불(解紱)은 수령이 차는 도장의 끈을 풀었다는 뜻으로, 관직에서 벗어났음을 의미하는 단어다.

103 전리(田里)란 태어나서 자란 마을을 가리킨다.

104 경상북도 구미 지역의 옛 지명. 신라 시대인 757년(경덕왕 16)에 기존의 명칭인 수동(壽同)을 다시 인동으로 개명하였다.

105 "노성한 사람을 업신여기지 말라!(無侮老成人)"는 『書經』의 언술에 유래한 표현이다. "노성(老成)한 장자(長者)"란 덕성과 경륜이 잘 어우러진 훌륭한 인격자인 노성인(老成人)과 유사한 의미를 지닌 어휘에 해당한다.

106 조경(趙璥)[1-3]의 증손이다. 대괄호 안의 '1-3'은 「제1편」의 3조항을 의미한다. 이하 동일.

학(經學)[107]에 깊이 몰입하여, 성리학(性理學)에 대한 재간과 도량이 세인들이 미치기 어려울 정도가 되었다.[가장에 나온다.]

(11) 풍암(楓菴) 조계조(趙繼祖, 1470~?) [풍암공휘계조(楓菴公諱繼祖)][108]

공은 독실한 행실과 신중한 몸가짐으로 크게 동배(同輩)들이 받들고 감복하는 대상이 되었다. 그러나 시국이 어둡고 어지러웠던 까닭에, 과거(科擧)에 응하지는 않았다.[가장에 나온다.]

(12) 조지경(趙之瓊, 1490~?) [찰방공휘지경(察訪公諱之瓊)][109]

공은 배움에 힘쓰고 평소 행실이 독실하였다. 또 어버이를 섬김에 효성으로써 하고, 예(禮)로써 어른을 공경하여 향리(鄕里)가 공경하고 사모하였다. 공은 조기에 문과(文科)에 급제하였으나,[110] 하늘이 더는 수명을 허락하지 않았던 탓에, 미처 능히 큰 뜻을 펼쳐보질 못하였으니, 모든 사람들이 이를 애석하게 여겼다.[가장에 나온다.]

107 유교 경서(經書)의 뜻을 해석하거나 천술(闡述)하는 학문을 뜻하는데, 경서 혹은 경전(經傳)에 관한 학문 작업의 전부를 포함하는 학문 분야의 명칭이다.

108 조희하(趙希嘏)[2-18]의 조부며, 조림(趙琳)[2-13]의 조카가 되는 가족 관계이다.

109 제학공파의 후손으로 임진왜란의 전화(戰禍)를 피해서 경북 청도읍에 위치한 용각산(龍角山) 자락의 안인리(安仁里)에 처음으로 입향(入鄕)한 인물로도 알려져 있다. 안인 상동[윗곰실]과 안인 하동[아랫곰실]으로 나뉘진 이곳은 함안조씨 집성촌을 형성한 채 약 100여 호가 거주하고 있다고 한다.

110 咸陽郡誌編纂委員會,『咸陽郡誌』, 「文科」조, 1956에는 "조지경이 증광문과에 급제하여 찰방 벼슬을 하였다(趙之瓊 增文(顯子?)登第, 官察訪)"라고 소개해 두었음이 확인된다.

(13) 신재(愼齋) 조림(趙琳, ?~?) [신재공휘림(愼齋公諱琳)][111]

|약전| 자는 백경(伯瓊).[112] 명나라 헌종(憲宗)[성화(成化)] 22년인 1486년(丙午, 성종 17)에 생원시에 합격하였다. 명나라 무종(武宗)[정덕(正德)] 8년인 1513년(癸酉, 중종 8)에 문과에 올라,[113] 양덕(陽德) 현령(縣令)과 흥해(興海) 군수(郡守) 및 무주(茂州)·청송(靑松) 부사(府使)를 거쳐서, 성균관(成均館) 대사성(大司成)에 이르렀다.

공은 타고난 자질이 빼어나게 총명하고 수상(秀爽)[명석]하였다. 시례(詩禮)와 문장(文章)의 가업을 충실히 잘 계승하였으며,[114] 덕행(德行)으로 모범을 세상에 드리웠다. 사군(四郡)[115]을 두루 관장하는 동안에 오로지 청렴[廉]·결백[潔]에 힘써, 세인들이 청백리(淸白吏)라 칭하였다. 일찍이 청송 부사 직임을 사임하고 되돌아갈 때 행리(行李)[116]가 단출하였고, 복명(復命)하면서 정숙하게 감사의 예를 올렸다. 이에 왕은 그 공적을 가상히 여겨 대사성(大司成)에 특배(特拜)하였다. 후일 청송부(靑松府)의 사민(士民)들은 생사당(生祠堂)을 건립하여 공을 길이 추모하였다.[가장에 나온다.]

111 부친은 조계조(趙繼造)며 조부는 조종례(趙從禮)[2-6]로 조승숙[1-4]의 증손이다.

112 한국역대인물 종합정보시스템의 '디렉토리 분류'에는 조림의 자(字)를 '백원(伯瑗)'으로 잘못 표기해 두었기에, 차제에 바로 잡아 둔다.

113 한참 뒤늦은 50세 즈음에 등과(登科)한 조림의 경우, "나이가 50에 차고 재주와 행실이 있으나 자급(資級)이 하나도 없는 자는 6품으로 올려 서임(敍任)하라.(受敎內, 年滿五十有才行無一資者, 陞敍六品)"는 왕의 전교에 따라 "신급제(新及第) 조림(趙琳)은 나이가 50에 찼다 하여, 특별히 전적(典籍)에 제수된(新及第趙琳, 以年滿五十, 特授典籍)" 기록이『中宗實錄』卷19, 中宗 8년 10월 4일(戊戌)에 보인다. 그러나 성균관 대사성에 임명된 등의 기록은 조선왕조실록에서 확인되지 않는다.

114 원문의 기구(箕裘)는 이른바 '기구지업(箕裘之業)'의 준말로『禮記』의「學記」편에 연원하는 어휘다. 키와 갖옷을 만드는 직업이라는 뜻으로, 집안 대대로 내려오는 가업을 충실하게 잘 계승하는 일을 비유할 때 즐겨 차용된다.

115 운위된 사군(四郡)이란 [약전]에서 소개한 바대로 '양덕·흥해·무주·청송' 지역을 가리킨다.

116 여행할 때 쓰이는 물건과 차림을 말한다. 李象靖,『大山集 Ⅱ』卷49(한국문지총간 227),「行狀」,〈東溪 權公行狀〉, 민족문화추진위원회, 2001에는 "임기를 마치고 돌아갈 때에는, 말 한 필과 물병 하나만 지닐 정도로 짐이 단출하여, 뒤따르거나 몸에 지닌 물건이 하나도 없었다.(及其罷歸, 匹馬單壺, 行李蕭然, 不以一物自隨)"라는 대목이 있는데, 이와 같은 맥락이다.

공은 하서(河西) 김인후(金麟厚, 1510~1560) 선생과 서로 왕복하며 시(詩)를 주고받으며 읊조렸고, 도의(道義)의 사귐을 맺었다.

공은 일찍이 〈명암운(鳴巖韻)〉 한 수(首)를 지었다. 이 시에서 읊조리기를,[117]

"바위 위에 띠풀 정자로 동천(洞天)이 영험해졌고
올라와 사방에 임하니 거진 비가 왔다가 갤 법도 하누나.
옛 정원의 빼어난 풍경에 늙어 죽음도 견뎌낼 듯한데
물결마냥 홍진(紅塵)에 휩쓸렸으니 이내 삶이 가소롭도다."

라고 하였다.[유집(遺集)에 나온다.][118]

117 "巖上茅亭洞壑靈, 登臨宜雨又宜晴, 故園形勝堪終老, 浪走紅塵笑此生."

118 조림이 남긴 문집을 뜻하는 '유집'의 존재는 확인되지 않는다. 대신에 봉황정(鳳凰亭)에는 조림이 창작한 '명암'과 관련된 시 한 수가 추가로 전하고 있어, 그가 견지하였던 합리적 사고의 일단을 감지케 해 준다. "재경(災慶)은 인위거늘 어찌 바위돌이 영험할까? 화복은 순환하고 비가 오면 다시 갠다. 우연히 얻은 것은 쉽게 잃는 법이거늘, 뜬구름 잡는 데 일생을 허비하지 마라.(災慶由人石豈靈, 循環倚伏雨還晴, 偶然而得寧妨失, 莫把浮榮費一生.)" 시제(詩題) 미상(未詳)의 이 시는 http://www.hankukmail.com/newshome에 실린 「南道 정자기행(687)-남원 봉황정(鳳凰亭)」에서 발췌한 내용이다.

봉황정
신축된 봉황정 상단의 천장 부위에는 다양한 판상(板上) 작품들이 게시되어 있음이 엿보인다. 옛적부터 봉황대 주변에는 회화나무와 소나무가 드문드문 자랐다고 한다.

보충 자료 ①

『용성지(龍城誌)』의 〈봉황정(鳳凰亭)〉[119]

봉황정은 대곡방(大谷坊)[120]에 있으니, 일명 봉암(鳳巖)이라 한다. 기이한 바위가 험악하게 우뚝 솟아 시냇가에 스스로 높은 대(臺)를 이루었다. 그 위쪽으로는 백여 명의 사람들이 앉을 수 있고, 바위의 앞면에는 '봉황대(鳳凰臺)'라는 세 글자가 쓰여 있으나, 어느 시대에 새긴 것인지를 알지 못한다. 세속에서 일컫기를, "동네 안에서 특별한 경사(慶事)가 있기라도 하면, 바위가 반드시 울기 때문에, 이르기를 '명암(鳴巖)[울음바위]이라 한다.'고들 한다." 일찍이 생원(生員) 진준(陳儁)이 그 위에 정자를 얽었다. 김인후가 지은 시(詩)에,[121]

"천지가 장구하니 만물 또한 영험하고

고색창연하니 그 얼마나 밝고 어둠을 겪었을까

119 龍城誌編纂委(가칭), 『龍城誌』 卷2(하버드 옌칭도서관 소장본), 「樓亭」, 33b~34a, "鳳凰亭在大谷坊, 一名鳳巖, 奇嵓斗起, 溪邊自作高臺, 上可坐百餘人, 岩面有鳳凰臺三字, 不知何代所刻, 俗稱洞中, 特有慶事, 則巖必鳴, 故謂之鳴巖, 生員陳儁嘗構亭其上. ○金麟厚詩, 地久天長物亦靈, 蒼然幾歲度陰晴, 須知寂感終無極, 通塞何嘗間有生. ○修撰趙希文詩, 人傑從來在地靈, 聯翩冠蓋照新晴, 書香相繼應天意, 努力工夫望後生, 且有記見下.

120 지금의 대곡리에 해당하는 동네 명칭으로, 1787년(정조 11) 무렵에 작성된 南原郡(朝鮮) 編, 『南原邑誌』, 「坊里」, 〈大谷坊〉항목, 2a에서는 이하처럼 설명해 두었다. "대곡방: 궁문으로부터 25리 즈음으로, 157호가 호적에 편성되어 있다. 남자가 3백 26명[口]이고, 여자는 2백 79명이다.(大谷坊, 自宮門二十五里, 編戶一百五十七戶, 男三百二十六口, 女二百七十九口.)"

121 『용성지』의 〈봉황정〉항목에서 소개한 윗시는 金麟厚, 『河西集』 卷6(한국문집총간 33), 「七言絶句」, 〈次趙府使琳鳴巖韻(俗傳巖鳴, 則洞中有慶, 一名鳳凰臺, 唐人所刻云.)〉, 120쪽에서 취한 것이다. 이 시는 김인후가 지금의 남원시 대산면 대곡리 대실마을을 내방한 후에, 조림의 〈명암운〉에 차운한 것이다.

모름지기 적(寂)·감(感)[122]이란 종당에 끝이 없음을 알지니

통하고 막힘[123]을 어찌 일찍이 생전에 분별하겠는가?"

라고 하였다. 또 수찬(修撰) 조희문(趙希文)[124]의 시에서 이르기를,

"예로부터 인걸은 신령한 땅 기운에 달려 있다고 했으니,

연이은 높은 벼슬이 청천을 비춰 새롭게 하누나.

학자의 기풍을 서로 계승함은 응당 하늘의 뜻일지니,

후손[後生]에게 바라노니 공부에 부지런히 힘쓰기를!

이라고 하였다.

보충 자료 ②

조희문(趙希文)의 〈봉황대기(鳳凰臺記) 일명명암(一名鳴巖)〉[125]

|해설| 월계 조희문(1527~1578)이 찬(撰)한 이 기문(記文)은 봉황대 아래 위치에 건립된 현존하는 봉황정(鳳凰亭) 내부에 게시된 세 종류의 〈봉황대기〉보다도 연도가 훨씬 앞설 뿐만 아니라, 이 자연적 상관물 전래의

122 운위된 '적감(寂感)'이란 『周易』, 「繫辭傳(上)」에 전거를 둔 어휘로, "생각함도 없으며(无思也), 하는 것도 없는(无爲也)" 역(易)의 원리적 특성을 표현한 대목, 즉, "고요해서 움직이지 않다가(寂然不動), 느껴서 천하의 연고[故]를 통한다.(感而遂通天下之故)"고 설파한 두 구절에서 취한 것이다.

123 언급된 '통색(通塞)'이란 인간사 순경(順境)과 역경(逆境)을 에둘러 표현한 시어다.

124 「제2편」의 (17)을 참조할 것. 조희문은 이조 좌랑과 장흥 부사 등의 관직을 역임했는데, 위의 시는 그가 홍문관 수찬으로 있을 때 지은 작품으로 추정된다.

125 명암이 세칭 봉황대라 불리는 대(臺) 위에 위치하고 있기 때문에, 봉황대와 명암을 병렬해 보인 것이다.

구비전승을 최초로 기문으로 남겼다는 점에서 대단히 중요한 문헌 자료적 가치를 지닌다. 조희문의 〈봉황대기〉는 남원의 읍지류인 『용성지(龍城誌)』의 〈봉황정〉 항목에서 "또 기문[記]이 있어 아래에 보인다.(且有記見下)"고 안내한 바로 그 기문에 해당한다. 단, 여타의 기문과는 달리 〈봉황대기〉가 작성된 연월(年月)을 명기하지 않은 아쉬움이 남는다. 아래의 내용을 감안해 볼 때 〈봉황대기〉는 조희문이 문과(文科)에 급제(及第)한 1553년(명종 8) 이후에 작성되었을 것으로 추산된다.

명암이 터한 위치와 주변의 정경 묘사에서 시작해서 세칭 '울음바위 전설[古說]'의 유래와 그 전개 과정을 차례대로 제시한 후에, 이른바 '죽곡실록(竹谷實錄)'으로 마무리된 〈봉황대기〉는 찬자(撰者)인 조희문이 이 천혜의 봉황대 공간과 함께, 미풍양속으로 훈화(薰化)된 고향인 죽곡동(竹谷洞)을 향한 무한한 애정을 잘 확인시켜 주고 있다.

|국역| 명암은 남원부(南原府) 서쪽의 월계산(月溪山) 자락의 죽곡동(竹谷) 입구, 유강(柳江)의 냇가에 있다. 고조부(高祖父)이신 율정(栗亭) 조공(趙公) 휘(諱)[이름] 종례(從禮)[126]께서 거처하시던 동쪽으로는 기이하게 생긴 바위들이 여러 장(丈)이나 시냇가에 험악하게 우뚝 솟아 있다. 그 위는 널따랗고 평평해서 넉넉히 백여 명의 사람들이 앉을 만하고, 해 묽은 회화나무며 성근 소나무들이 바위틈에 뒤섞이어 자라고 있다. 이 바위 앞쪽 표면에는 큰 글자로 이르기를, '봉황대(鳳凰臺)'라 쓰인 것이 있는데, 글자체가 기이하고 오래된 탓에, 어느 시대에 새긴 것인지를 알 수가 없

126 범(凡) 덕곡공파(德谷公派) 내의 일파를 형성한 제학공파(提學公派)의 파조(派祖)인 율정 조종례에 관해서는 「제2편」의 (6) 항목을 참조할 것.

다. 아마도 곧 네 화랑[四郞]의 무리[127]들이 이곳을 지나가면서 새긴 듯 하다. 세속에서 일컫기를,

"동내(洞內)에 장차 기쁜 경사라도 있을라치면, 곧 바위가 울곤 하였기에, 이르기를 '명암(鳴巖)'[울바우·울음바위]라 한다."

고들 한다. 그윽한 동천(洞天)[128]과 천석(泉石)을 차지한 가운데, 구름 가득한 산과 생땅 들판[原野][129]의 수승(殊勝)한 경관을 소유하였으니, 이 곳에 올라가서 바라보는 아름다운 정경이란 단연 한 고을에서 으뜸이다. 그러므로 동네 사람들이 마시며 노니는 주연(酒宴)을 반드시 여기에 모여 행하곤 하였다.

그 바위가 감응(感應)하는 신령스러움이란 여타의 산들과는 판이하기에, 그 경치 때문이 아니라 영험한 울음소리로 인해서 세상에 널리 알려지게 되었다. 맨 처음에는 이공(李公) 동미(東美)[130]와 그 사위인 율정공(栗亭公)[조희문] 및 선대부(先大夫)이신 신재(愼齋) 선생[조림][131], 그리고 종형

127 신라시대(新羅時代) 때 화랑도(花郞徒)가 준수했던 생활양식의 하나로 "산수에 노닐며 즐겨서 먼 데라도 이르지 않은 곳이 없다.(遊娛山水, 無遠不至.)"라는 조항도 포함되어 있다.(『삼국사기』 권4) 이 규정에 따라 화랑의 무리들은 관동(關東)의 주요 명소를 포함하여 한반도 도처에 그들이 순행(巡行)했던 자취들을 남겨 두었다. 이와 마찬가지로 경관이 빼어난 봉황대 일대에도 지난날에 짝을 이룬 몇몇 화랑의 무리가 순행하면서 남긴 기록이 '봉황대' 세 글자라는 문학적 상상력을 발휘한 글쓰기 방식을 취한 것이다.

128 원문의 '동학(洞壑)'이란 산천으로 둘러싸인 경치 좋은 깊고 큰 골짜기로 동천(洞天)과 같은 개념이다.

129 원야(原野)는 아직 개척되지 않은 벌판을 뜻한다.

130 본관은 합천(陜川)으로 고려 말엽에 판서(判書)를 역임하였으며, 조종례의 장인으로 알려져 있으나, 보다 더 자세한 신원에 대해서는 미상(未詳)이다.

131 1460년을 전후로 하여 출생했을 것으로 추산되는 신재(愼齋) 조림(趙琳)에 대해서는 「제2편」의 (13) 항목을 참조할 것.

(從兄)인 희하(希蝦)[132]가 과거에 급제했을 때 모두 바위가 울었다. 또 이웃의 어른이신 진준(陳儁)[133]과 사촌 형 희안(希顔)[134] 및 조카 윤(倫)이 사마시(司馬試)에 합격했을 때도 또한 바위가 울었다.

지난 1552년[壬子] 가을·겨울철에도 연이어 한 달 동안이나 울었는데, 그 소리가 마치 커다란 종소리와 같았다. 멀리서 들으면 분명히 소리가 이 바위에서 나는데, 바위 가까이 가보면, 소리가 스스로 흘러나오는 곳을 알 수가 없다. 그런데 이듬해 봄에 재주도 없는 희문(希文)이 또한 한꺼번에 등과[科]에 나란히 하였으니,[135] 이 또한 참으로 기이한 일이다.

동네 안에서 진(陳)·조(趙) 두 성씨는 일고여덟 집에 지나지 않는데도, 연계(蓮桂)의 방목[榜][136]에는 대대로 인재가 모자라는 법이 없어서, 세상에서 일컫기를, "남원의 부성(富盛)이다."고들 한다.[137] 그리고 생각해보건대 이 동네 바닥의 여윈 백성과 가난한 사람들이라도 세속에 욕심을 두지 않고, 오직 힘써 농사를 짓고 책 읽는 것을 업(業)으로 삼아 왔기 때문에, 일찍이 나는 시(詩)를 지어 읊조리기를,

132 예조정랑과 전라도사 등의 관직을 을 역임한 조희하에 대해서는 「제2편」의 (18) 항목을 참조할 것.

133 여양진씨(驪陽陳氏)[나주진씨] 참의공파(參議公派) 12세손으로 호는 취옹당(醉翁堂). 생원·진사 양시(兩試)에 합격한 진준의 행적과 관련하여 『용성지』의 〈봉황정〉 항목에서는 이하처럼 기록해 두었다. "생원 진준이 일찍이 그 (봉황대의) 대(臺) 위에 정자[亭]를 얽었다.(生員陳儁嘗構亭其上)."

134 조희안(趙希顔, 1520~?)에 대해서는 「제2편」의 (19) 항목을 참조할 것.

135 이 구절로 미뤄보건대 조희문이 〈봉황대기〉를 지은 시점은 그가 문과에 급제한 1553년(명종 8) 이후의 일일 것으로 추산된다.

136 연계(蓮桂)란 과거의 소과(小科)와 대과(大科)를 아울러 이르는 말로, '연계지방(蓮桂之榜)'이란 사마시(司馬試)에 합격한 이들의 명단인 방목(榜目)을 일컫는 어휘다. 실제 『연계안(蓮桂案)』이라는 책자가 전해지고 있다.

137 재물이 풍성(豐盛)한 것과 마찬가지로, 집안의 인재도 풍부하다는 뜻이다.

"죽곡마을[竹塢]의 명암은 옛적부터 운운하던 바이요,
월계산 아래에는 유강이 스미누나
논밭과 동산·수석(水石)에 내 땅이 없을지라도,
안개비며 소나무·대숲만으로도 저절로 하나의 마을일세
헐고 기리거나 옳고 그르니 하는 소리 미치질 못하고,
나고 죽거나 근심스럽고 경사스러운 일에 예(禮)로 서로 나누네
『시경[詩]』·『서경[書]』 속의 옛 풍속 다른 일이 아니요,
연로한 동네 어르신들 자식·손자 가르치는 법 서로 전하구나!"

라고 하였으니, 곧 죽곡의 실록(實錄)이다.

|원문| 鳴岩在南原府西月溪山下竹谷洞口, 柳江溪上, 高祖栗亭趙公, 諱從禮所居之東, 奇巖數丈斗起于溪邊, 其上寬平, 可坐百餘人, 老槐疏松, 雜生于巖隙, 前面有大字曰, 鳳凰臺, 字體奇古, 不知何代所刻, 疑卽四郎之徒, 過此而刻之也, 俗稱洞中將有慶事, 則鳴故, 謂之鳴巖, 擅洞壑泉石之幽, 而有雲山原野之勝, 登覽之美, 甲于一鄕, 故洞人飮燕, 必會于此, 以其感應之靈, 異於他山, 不以其景, 而以鳴聞於世, 初李公東美, 與其壻栗亭公, 與先大夫愼齋先生, 及從兄希㬚登第時, 皆鳴焉. 隣丈陳儁, 及從兄希顔侄子倫, 登司馬時, 亦鳴. 壬子秋冬, 連鳴一月, 聲如洪鍾, 遠而聽之, 則聲在於巖, 迫之則, 不知聲之所自出也, 明年春, 希文不才, 亦參一科, 是亦異事也. 洞中陳趙兩姓, 不過七八家, 而蓮桂之榜, 代不乏人, 世稱南原富盛, 而惟此洞地, 瘠民貧人, 無外慕, 惟以力耕讀書爲業, 故余嘗有詩曰, 竹塢鳴巖古所云, 月溪山下柳江濆, 田園水石無多地, 煙雨松篁自一村, 毁譽是非聲不到, 存亡弔慶禮相敷,

詩書舊俗非他事, 父老相傳敎子孫, 乃竹谷實錄也.

보충 자료 ③

조환국(趙煥國)의 〈봉황대기(鳳凰臺記)〉

|해설| 현재 남원시 대산면 대곡리 죽곡마을에 소재한 봉황정 내부에 게시된 다양한 판상(板上) 작품들 중에서 〈봉황대기〉는 모두 세 종류에 이른다. 조환국의 기문 외에 다른 두 종류의 〈봉황대기〉는 황유주(黃留周)·이정우(李整雨)가 각기 1976년과 1977년에 작성한 글들이다. 따라서 봉황정에 전시된 기문 중에서 조선 후기인 1845년(헌종 11)에 조환국이 지은 〈봉황대기〉가 가장 오래된 기록에 해당하기에, 특별히 이 작품을 선별해서 소개하기로 한다.

조환국의 〈봉황대기〉는 선조(先祖)인 조희문의 〈봉황대기〉의 내용 일부를 그대로 계승하는 가운데, 새롭게 조림의 〈명암운(鳴巖韻)〉을 소개하는 형식을 취하고 있다. 특히 〈명암운〉 중에서 유독 '구정설(構亭說)'−즉, 정자를 최초로 건립한 인물을 둘러싼 의론−과 관련된 시구(詩句)만을 발췌한 이유는 현존하는 봉황정의 기원이 조림에서 직접 연원한 것임을 밝히기 위한 내밀한 의도와 더불어, 또한 "봉황이 되돌아간" 듯한 19세기 중반 무렵의 죽곡동이 처한 현실을 반조(返照)하기 위한 작가의 구상을 아울러 반영해 준다.

|국역| 우리 함안조씨[趙]가 남원(南原)에 입향하여 죽곡동[竹谷]에

머물러 살 곳을 정했으니, 죽곡은 곧 대방(帶方)[138]에서 지세며 풍경이 뛰어난 지역이다. 서쪽으로 월계산(月溪山)이 자리하고 있고, 이 산의 자락 아래에 촌(村)이 있으니, 이르기를 '죽곡(竹谷)'[대실] 마을[139]이라 한다. 이 마을의 앞쪽 입구에는 높고 평평한 대(臺)가 있으니, 이르기를 '봉황대(鳳凰坮)'라 한다. 봉황대 위쪽에는 약 10여 장(丈) 높이로 우뚝 솟아나 층(層)을 이루어 쌓인 바위가 있으니, 동리 안에서 과거(科擧)에 합격하는 경사가 있으면, 바위가 번번이 울곤 했던 까닭에, 일명 명암(鳴巖)이라고도 한다.

이 명암에 얽힌 전설[說]은 대개 오래된 듯하다. 그 바위가 울기로는, 지난 고려 말엽[麗李]에 외가의 선조[先]이신 이씨(李氏) 판서공(判書公)[이동미]이 과거에 급제하셨을 때 처음으로 시작되었다. 본조(本朝)[조선]에 이르러서는 우리 율정(栗亭) 선조[조종례]와 월계공(月溪公)[조희문][140] 및 그 종형제(從兄弟) 분들, 이렇게 무릇 다섯 공(公)들[141]이 등제(登第)했을 때 울었다. 또 일곱 분의 공들이 사마시(司馬試)에 합격했을 적에도 바위가 울었다고 한다. 또 같은 마을의 진씨(陳氏)[진준][142] 집안에서 대(代)를 이어

138 고려시대 때 남원의 이름인 대방군(帶方郡)을 가리킨다. 지금의 남원시는 대방과 고룡(古龍)·남원(南原)으로 이어지는 지명의 변천 과정을 겪었다.

139 『남원풍수사전』에 따르면 대곡리의 하대마을인 죽곡은 나는 봉황이 알을 품고 있는 비봉포란(飛鳳抱卵)의 형국을 취하고 있다고 한다. 즉, 마을 뒷산인 제월봉(霽月峰)이 나는 봉황이고, 동네 입구의 봉황대가 이 봉황의 알[卵]에 해당한다는 것이다. 봉황은 대나무의 열매를 먹고 사는 신령한 새이기에, 지형의 조화에 따라 마을 이름도 대나무가 많은 동네라는 뜻으로 '대실(大實)·죽동(竹洞)·죽곡(竹谷)' 따위로 불렀다고 한다.

140 월계 조희문(1527~1578)에 대해서는 「제2편」의 (17) 항목을 참조할 것.

141 운위된 '오공(五公)'이란 조종례[2-6]와 조림(趙琳)[2-13]·조희문(趙希文)·조희하(趙希蝦)[2-18] 및 조희안(趙希顔)을 가리킨다. 단, 조희안[2-19]의 경우 "1531년에 진사시에 합격한" 사실이 있다.

142 원문의 '동리진씨(同里陳氏)'란 본관이 나주(羅州)인 진준(陳儁)의 집안을 지칭하는 표현이다.

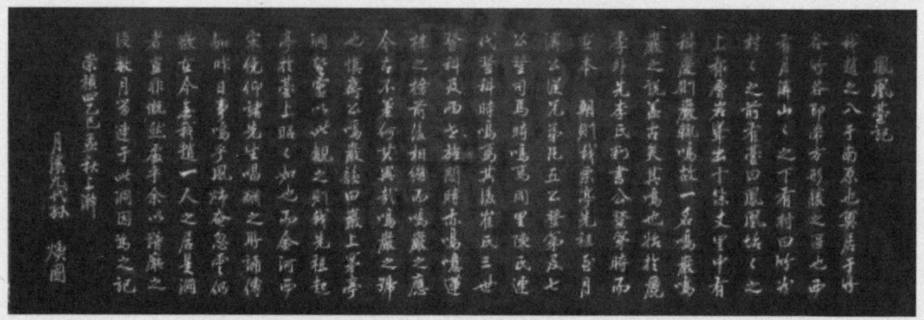

조환국(趙煥國)의 〈봉황대기(鳳凰臺記)〉
전북 남원시 대산면 대곡리 죽곡마을에 위치한 봉황정 내부에 게시된 세 종류의 기문(記文)들 중에서, 조환국의 〈봉황대기〉(1845)는 연도가 가장 앞서는 작품이다.

등과(登科)했을 때도 바위가 울었다. 그 뒤로 최씨(崔氏) 3세(世)가 과거에 급제했을 때와 양씨(兩氏)[조씨·최씨] 집안에서 정려문(旌閭門)을 세웠을 적에도 또한 바위가 울었다고 한다.[143]

아! 연계(蓮桂)의 방목[榜][144]에 앞뒤로 서로 이어가면서 명암이 응했거늘, 지금은 예전과 같지 않으니, 어찌 그 이상키도 하도다! 명암이라는 이름[號]에 대해서는 신재공(愼齋公)[조림]의 〈명암운(鳴巖韻)〉에서 이르기를,[145]

"바위 위에 띠로 이은 정자로 동학(洞壑)[동천]이 영험해졌고."

143 과거 대곡리의 상·하대 마을은 장수황씨(長水黃氏)·함안조씨(咸安趙氏)·화순최씨(和順崔氏)·나주진씨(羅州陳氏)[여양진씨]의 후손들이 차례대로 이주해서 집성촌을 이뤘다고 한다. 이들 네 성씨 중에서 함안조씨와 화순최씨 문중에서 3대 정려문을 세운 사실을 가리킨다.

144 각주 136) 참조.

145 신재 조림과 〈명암운〉에 관한 내용은 「제2편」의 (13) 항목을 참조할 것.

운운하시었다. 이 시구로 자세히 살펴보자면, 우리 선조께서 대(臺) 위에 정자[곧 봉황정]를 일으키신 것이 너무나 명백한 것 같다.[146] 그리고 이 정자는 김(金) 하서(河西)[김인후]와 송(宋) 면앙(俛仰)[송순] 등 여러 선생이 시문을 주거니 받거니 하셨던 곳으로, 이를 암송하며 전하곤 했던 일들이 마치 어저께의 일인 것처럼 느껴진다.

오호라! 예전의 봉황이 되돌아가 갑자기 형체도 없는 구름이 되었으니, 인하여 흩어져서 오늘날에 이르러서는 흔적조차 없다. 우리 조씨의 한 사람으로 이 동네에 사는 자라면, 실로 개탄스러운 마음이 들지 않겠는가? 나는 보청(譜廳)[147]의 후손으로 수개월 동안이나 이 동네에 연달아 머무르곤 했었기에, 이로 인하여 기문[記]을 짓는다.

1845년 7월 상순에

월계(月溪)의 9대손 '환국(煥國)'[148]

146 "생원 진준이 일찍이 그 대(臺) 위에 정자[亭]를 얽었다.(生員陳儁嘗構亭其上)"는 『용성지』의 해당 기록을 반박하는 의미가 내포되어 있다.

147 『함안조씨세보』와 같은 세보나 족보를 편집하기 위하여 임시로 설치한 사무소를 말한다.

148 이름 중의 뒤의 글자가 희미하여, 정확하게 판독하기가 어려운 상태다.

(14) 서운(西雲) 조우(趙瑀, ?~?) [서운공휘우(西雲公諱瑀)][149]

공은 은거(隱居)한 채로 지내며 벼슬길에는 나아가지 않았다. 시례(詩禮)를 강론하고 궁구하였으며, 공손하고 검소한 생활을 독실하게 실행하였다. 또 자제들을 효성과 우애로써 가르쳤다.[가장에 나온다.]

(15) 방은처사(坊隱處士) 조광보(趙光輔, 1467~1539) [방은공휘광보(坊隱公諱光輔)]

|약전| 자가 국이(國耳) 또는 중익(仲翼)이며, 호는 방은처사(坊隱處士). 명나라 헌종(憲宗)[成化] 3년인 1467년(丁亥, 세조13)에 태어나서, 명나라 헌종 18년인 1482년(癸卯, 성종 13)에 진사시에 합격하였다. 명나라 세종(世宗)[가정(嘉靖)] 18년인 1539년(己亥, 중종 34)에 졸(卒)하였으니, 향년 73세다.

공은 박학(博學)하고 행실을 독실하게 하여 지식과 견문 모두가 고명(高明)해졌다. 또 문장(文章)과 강직한 기개며 절조가 탁월[卓犖]하였다. 그리하여 당시 세상의 정의로운 일을 볼라치면 곧장 용맹심을 내어, 비록 일천 명의 사람들이 있더라도 자신이 직접 가겠다는 뜻을 내비추곤 하였다. 공은 정묘사화(丁卯, 1507)[150]와 기묘사화(己卯士禍, 1519)에 연달아 계류된 나머지, 체포되어 대궐 마당에 나아가 국문(鞫問)을 받는 와중임에도, 큰 소리로 거침없이 경서[書]와 사서류[史]를 외우다가 입회한 유자광(柳子光,

149 예조정랑과 전라도사를 지낸 조희하(趙希瑕)[2-18]의 부친이자 조림(趙琳)[2-13]의 아우이다. 조염(趙琰)[증조부, 2-10]-조계조(趙繼祖)[조부]-조우-조희하로 이어지는 가계(家系)의 흐름을 보여 준다.

150 이른바 '정묘사화(丁卯士禍)'란 1507년(중종 2)에 유숭조(柳崇祖)·심정(沈貞)·남곤(南袞) 등의 무함에 의하여 박원종(朴元宗)·노공필(盧公弼) 등을 해치려 하였다는 죄목으로 조광보·의관(醫官) 김공저(金公著)·서얼(庶孽) 박경(朴耕) 등과 함께 잡혀 국문을 당한 옥사(獄事)를 가리킨다.

1439~1512)[151]을 발견하고는 큰소리로 호통을 치면서 말하기를,

"너는 소인배거늘, 어찌하여 이 자리에 머무르고 있는 것이냐? 지난 무오년(戊午年, 1498)에는 김종직(金宗直)과 같은 유(類)의 현량(賢良)한 이들을 무고(誣告)하여 함정에 빠뜨리더니, 지금은 또 무슨 수작을 부리려는 거냐? 청컨대 상방검[尙方劍][152]을 얻어서 네 놈의 머리통을 베어버리는 것이야말로 내가 진정 원하는 바이로다!"

라고 하였다.[『연려실기술(燃藜室記述)』[153]에 나온다.][154]

공은 일찍이 정붕(鄭鵬, 1467~1512)[155]·박영(朴英, 1471~1540)[156]과 더불어 학문을 닦고 연구하면서 서로 사이좋게 지냈다. 그러던 차에 정덕(正德) 1507년(丁

151 서얼 출신으로 기사(騎射)와 서사(書史)에 능하고 기개가 있었던 연산군(燕山君) 연간의 간신(奸臣). 옥사(獄事)를 일으켜 익대공신(翊戴功臣) 중에 1등으로 무령부원군(武靈府院君)에 봉해졌으며, 김종직·김일손·정여창 등을 모함하여 무오사화를 일으켰다.

152 상방검(尙方劍)이란 왕이 전권(全權)을 위임하는 의미에서 대신이나 장수에게 내려 주는 검을 말한다.

153 조선 후기 소론(少論) 계열의 실학자인 연려실((燃藜室) 이긍익(李肯翊, 1736~1806)이 찬술한 조선 시대의 사서(史書)다. 태조(太祖) 이후로 각 왕대(王代)의 중요한 사건을 기사본말체(紀事本末體) 방식으로 여러 서책에서 관계 기사를 초출(抄出)·기입(記入)하면서 출처를 밝히는 식의 객관적 서술 방식을 원용한 결실이다.

154 이 단락은 조선 명종·선조 때의 문신인 동각(東閣) 이정형(李廷馨, 1549~1607)이 찬술한 야사(野史) 책인『동각잡기(東閣雜記)』에 상세하게 기록되어 있다.

155 본관은 해주(海州)로 선산(善山) 출신의 문신이다. 호는 신당(新堂)이며 현감 정철견(鄭鐵堅)이 부친으로, 1492년 식년문과에 을과로 급제하여 승문원(承文院) 권지부정자(權知副正字)·정자(正字) 및 정언·지평·교리·청송 부사 등을 순차적으로 역임하였다. 김굉필(金宏弼)의 문인으로 천성이 강직·청백하여 의롭지 않은 일은 행하지 않았다. 이황(李滉)으로부터 학문을 인정받았고, 박영은 그의 문인이다.

156 본관은 밀양(密陽)이며 호는 송당(松堂). 조부는 안동대도호부사 박철손(朴哲孫)이고, 부친은 이조참판 박수종(朴壽宗)이며, 모친은 양녕대군(讓寧大君) 이제(李禔)의 딸이다. 선산(善山)에서 세거하였으며 강계 부사·동부승지·내의원 제조 등을 지냈다. 무과 출신으로 의술에도 능하였으며, 경전 연구에도 남다른 관심을 보인 인물이다.

卯, 중종 2)에 김공저(金公著, ?~1507)[157] 등과 함께 옥정(獄庭)에서 국문을 받고 낙형(烙刑)[158]에 처해졌으나, 공은 조금도 동요하거나 굴하는 기색이 없었다. 이에 정붕과 박영 두 사람 모두 공을 칭송하며 말하기를,

"절개가 비록 혹독한 재앙[峻禍]이 닥치더라도 반드시 면(免)할 것이다!"

라고 운운하였다.[『연려실기술』과 『아아록(我我錄)』[159]에 나온다.]

공은 연산조(燕山朝) 때 임사홍(任士洪, 1449~1506)[160]이 권세를 마음대로 부려 조정이 어둡고 어지러워지는 지경에 처해지자, 이로 인하여 거짓으로 미친 체하며 향리(鄕里)[161]로 귀향하여 은거하였다.[가장에 나온다.][162] 정암(靜菴)

157 의술(醫術)이 뛰어나 연산군의 총애를 받았던 의관(醫官)이다. 1504년에 이르러 내의주부(內醫主簿)로서 판관(判官)이 되었고, 이후 가선대부·첨지중추부사에 제수되었다. 그러나 1507년(중종 2)에 이르러 박경(朴耕)과 모의하여 박원종(朴元宗)·유자광(柳子光)·노공필(盧公弼)을 제거하기 위해 이를 정미수(鄭眉壽)·유숭조(柳崇祖)와 의논하였으나, 유숭조와 남곤(南袞)·심정(沈貞) 등의 고발로 도리어 사형에 처해졌다.

158 불에 발갛게 달군 쇠로 몸을 지지던 형벌로, 흔히 단근질이라고 한다.

159 조선 후기인 영조(英祖) 때 설하거사(雪下居士) 남기제(南紀濟, ?~?)가 4색 당쟁(黨爭)의 시말과 함께, 사화(士禍)·왜란(倭亂)·호란(胡亂) 등에 관한 전말을 기록한 책이다.

160 조선 연산군 때의 권신(權臣)이자 훈구파의 거물로 본관은 풍천(豐川)이다. 두 아들이 각각 예종과 성종의 사위가 되면서 막강한 권세를 누렸으며, 무오사화와 갑자사화를 일으켜 숱한 중신(重臣)들과 참신한 선비들을 죽였다. 차후 중종반정(中宗反正) 때에 잡혀 부자가 함께 처형되었다.

161 한국학중앙연구원에서 간행·운영하는 『한국향토문화전자대전(韓國鄕土文化電子大典)』에 따르면, 조광보의 묘소는 지금의 경기도 용인시 기흥구 보라동에 위치하고 있는 것으로 확인된다.

162 이 단락은 조선 중기의 학자 임보신(任輔臣)이 저술한 야사수록(野史隨錄)인 『丙辰丁巳錄』[혹은 『丙丁錄』]에 자세하게 기술되어 있다.

조광조(趙光祖, 1482~1519)[163] 선생이 공을 평해 이르기를, "안자(顏子)가 다시 태어났다"라고 하였으며, 또 늘 칭송하여 이르기를,

"우리 동배들 중에서 최상의 일등인(上一等人)이 나타났다."

라고도 하였다.[『정암집(靜菴集)』에 나온다.][164]

공은 깊숙한 거리의 유항(幽巷)으로 돌아가 은거한 채 분수에 따라 편안해하며 안빈낙도[樂貧]하여 명리(名利)를 되돌아보지 않았다. 대신에 오직 시례(詩禮)를 탐구하면서 학동들을 가르치고 일깨운 것으로 업(業)을 삼아, 이 세상을 마칠 때까지 바깥 세상에 나가질 않았다.[유집(遺集)에 나온다.]

163 본관은 한양(漢陽)으로 개국공신 조온(趙溫)의 5대손이며 한성 출생이다. 17세 때에 희천((熙川)에 유배 중이던 김굉필(金宏弼)에게 수학하였다. 이때부터 성리학 연구에 힘써 김종직(金宗直)의 학통을 이은 사림파(士林派)의 영수가 되었고, 학문은 『소학』·『근사록』 등을 토대로 하여 이를 경전 연구에 응용한 특징을 보여 준다. 1510년(중종 5) 사마시에 장원으로 합격하였고, 1515년 가을에 치르진 별시문과에 을과로 급제하여 전적·감찰·예조좌랑을 역임하게 되면서부터 중종(中宗)의 두터운 신임을 얻게 되었다. 조광조는 성학(聖學)으로 정치와 교화의 근본을 삼아야 한다는 지치주의(至治主義)에 입각한 왕도정치의 실현을 역설하였으나, 급진적인 개혁 성향으로 인해 훈구파의 강한 반발을 초래한 끝에 사사(賜死)되었다.

164 "『정암집』에 나온다"라는 〈방은공휘광보〉 조항의 설명과는 달리, 앞의 평가는 李耔, 『陰崖集』 卷2(한국문지총간 21), 「書」, 〈答趙秀才沆〉, 민족문화추진위원회, 1986, 111쪽에 "孝直常謂仲翼曰, 顏子復生."이라는 간접적인 서술 방식으로 소개되어 있다. '효직(孝直)'은 조광조의 자(字)며, '중익'은 조광보의 자다. 당시 조광보는 조광조가 "蓋孝直知仲翼之不欲仕"라고 표현한 바와 같이, 유생(儒生)[유학(幼學)]·처사(處士) 신분이었다. 한편 후자인 "出於吾儕上一等人."이라는 조광조의 평가는 『음애집』의 같은 곳에 수록된 이하의 구절을 재구성한 문장으로 보인다. 李耔, 『陰崖集』 卷2, 「書」, 〈答趙秀才沆〉, 111쪽, "아마도 효직은 중익이 벼슬하지 않으려 한 이유를 안 듯하니, 조광보가 벼슬하지 않음은, 진실로 우리 동배(同輩)들의 여러 등급보다도 더 높기 때문일 것이다.(蓋孝直知仲翼之不欲仕, 而仲翼之不仕, 實高我儕數等耳.)"

보충 자료 ④

『조선왕조실록(朝鮮王朝實錄)』의 해당 내용:

박경(朴耕)이 먼저 오고, 조광보가 다음 순서로 왔는데, 광보는 곧 미친 사람이었다. 그는 처음 대궐 뜰에 오자마자, 큰 소리로 글을 외우는 등, 다분히 미친 사람의 태도를 보였다. 맨 먼저 유자광을 쳐다보고서는 큰소리로 외쳐 말하기를,

"자광이 같은 소인이 어찌하여 이 자리에 있을 수 있느냐? 지난 무오년(1498)에는 현량(賢良)한 이들을 무함(誣陷)하여, 김종직(金宗直) 같은 분들이 모두 주륙(誅戮)당하였는데, 지금은 또 무슨 일을 하려는가? 청컨대 상방검(尙方劍)을 얻어, 이 간사한 신하의 머리를 베고, 밝은 임금을 모시고 어진 정승을 얻는다면, 좋은 치세를 볼 수 있을 것이다."[165]

라고 하였다.[166]

165 이 인용문은 경남 거창군 북상면 양지마을[月星洞]에 거주하는 함안조씨 현감공파의 후손들이 건립한 재실인 노천재(蘆川齋)의 기문(記文)인 〈蘆川齋記〉에는 "방은공(坊隱公)의 의용(義勇)" 운운한 표현으로 소개되기도 하였다. 〈노천재기〉는 권도용(權道溶)이 1960년에 지은 것이다. 김종수, 『재실의 사회사』, 민속원, 2019, 94쪽 참조.

166 『中宗實錄』 卷2, 中宗 2년 정묘(1507) 윤 1월 25일(己巳), "朴耕先至, 趙廣輔次至, 廣輔乃狂人也. 始至闕庭, 高聲誦書, 多有狂態. 始見柳子光, 高聲大唱曰, 子光小人, 何以得居此地耶? 戊午年誣陷賢良, 如金宗直之類, 盡被誅戮, 今又爲欲何事耶? 請得尙方劍, 斬此佞臣頭, 陪明主得賢相, 則善治可見矣."

(16) 조희정(趙希鼎, 1525~?) [승사랑공휘희정(承仕郎公諱希鼎)]

공은 본디 성품이 맑고 단아(端雅)하여 스스로 명실(名實)[167]을 감추었으므로, 당시 세인들이 일컫기를, '처사(處士) 조(趙) 모(某)' 선생이라고들 하였다. 일찍이 집에서 지내면서 〈명암운(鳴巖韻)〉을 지었다.[168][『월계집(月溪集)』[169]에 나온다.]

(17) 월계(月溪) **조희문**(趙希文, 1527~1578) [월계선생휘희문(月溪先生諱希文)][170]

|약전| 자는 경범(景范). 명나라 세종[嘉靖] 6년인 1527(丁亥, 중종 22)에 태어났다. 가정(嘉靖) 32년인 1553년(癸丑, 명종 8)에 우리 명종(明宗) 대왕이 주관한 친경[171] 별시[172](親耕別試)의 문과에 올라 승문원 정자(承文院正字)에 선보(選補)되었다. 이후 홍문관(弘文館) 수찬(修撰)·교리(校理)·응교(應敎)를 역임하고, 이조좌랑(吏曹佐郎)·의정부 사인(議政府舍人) 겸(兼) 경연 검토관(經筵檢討官)·편수관(編修官)·춘추관 기사관(春秋館記事官)·지제교(知製敎)로 전이(轉移)되었다. 가정(嘉靖) 40년인 1561년(辛酉, 명종 16)에 경상도사(慶尙都事)에 임명[拜]되었고, 장흥(長興) 부사(府使)

167 겉으로 드러난 이름과 속에 감추어진 실상을 지칭하는 개념이다.

168 조희정에 앞서 신재 조림[2-13]이 원운(元韻)에 해당하는 작품인 〈명암운(鳴巖韻)〉을 지었으므로, 조희정의 시작(詩作)은 차운시(次韻詩)가 아닐까 싶다.

169 석인본으로 된 조희문(趙希文)의 시문집인 『月溪集』은 5권 2책으로 구성되어 있다. 조희문의 행적이나 글은 전쟁 중에 모두 유실되었던 까닭에, 『河西集』에 실린 시문과 여타 인사들의 문집에서 관련된 글들을 뽑아서 후손 조성범(趙性範)과 조진규(趙鎭奎) 등이 2책으로 만든 것이다.

170 덕곡 조승숙의 5세손이자 조림(趙琳)[2-13]의 셋째 아들이다.

171 조선 시대 때 국왕이 농업을 장려하기 위하여 몸소 적전(籍田)을 가는 일이나 그 의식을 이르던 말이다.

172 조선 시대 때 나라에 경사가 있을 때나 병년(丙年)마다 보이던 문무(文武)의 과거이다.

를 지냈다. 또 충청도[忠道] 경시관(京試官)[173]과 평안도(平安道) 경차관(敬差官)[174] 등의 관무(官務)를 보았다. 명나라 신종(神宗)[만력(萬曆)] 6년인 1578년(戊寅, 선조 11)에 타계하였으니, 향년 52세다.

선생(先生)은 나면서부터 타고난 자질이 도(道)에 근접하여, 빼어나게 총명한 정도가 출중[出倫]하였다. 겨우 일곱 살의 나이에 문예(文藝)에 일찌감치 통달하였다. 하루는 하서(河西) 김인후(金麟厚, 1510~1560) 선생이 신재(愼齋) 부군(府君[조림]) 댁을 내방하게 되었다. 인하여 말하기를,

> "이 늙은이가 오언(五言)으로 된 연구(聯句) 한 구절을 지었으나, 아직 그 대구(對句)를 미처 얻지 못하였소!"

라고 하였다. 그리고는 "고갯길이 험하니 파리한 말이 걱정되노니(嶺險愁羸馬)"라고 읊조렸다. 이에 조희문은 선생이 읊은 소리에 맞추어 이르기를, "바람마저 차가우니 병든 이도 겁나구나!(風寒怯病人)"라고 응하였다. 이를 매우 기특하게 여긴 하서공은 공이 장성해지자 자신의 여식을 처(妻)로 삼게 하였다.[175][행장(行狀)에 나온다.][176]

173 조선 시대에 3년마다 지방에서 과거를 치를 때에, 서울에서 지방으로 파견하는 시험관을 이르던 말이다.

174 조선 시대 때 중앙 정부의 필요에 따라 특수 임무를 띠고 지방에 파견된 관직으로, 어사(御使)·차사원(差使員) 등과 함께 임시로 설치한 권설직(權設職)에 해당한다.

175 김인후는 슬하에 4명의 딸을 두었으나, 막내딸은 어린 나이로 세상을 떠났다. 세 명의 딸들은 함께 교유하던 지인들의 며느리가 되었는데, 그중에서 첫째 딸의 남편이자 맏사위가 바로 조희문이다. 둘째 사위는 소쇄옹(瀟灑翁) 양산보(梁山甫)의 아들인 양자징(梁子澂)이며, 셋째 사위는 미암(眉巖) 유희춘(柳希春)의 아들인 유경렴(柳景濂)이다.(『河西集·附錄』 卷1, 「行狀(朴世采)」, 267쪽, "女適趙希文, 次適梁子澂, 次適柳景濂, 次在室而夭."

176 조희문의 문집인 『月溪遺集』은 1950년에 이르러 후손 조신제(趙信濟)·조응제(趙應濟) 등이 5권 2책의 석인본으로 간행하였으나, 한국고전번역원의 '한국고전종합DB'에는 수록되지 않은 상태다.

선생이 일찍이 대곡(代谷)의 석수암(石水菴)에 들어 독서를 할 적에,[177] 마침 배우와 광대들이 놀이마당을 펼치고 있던 참이었다. 이에 주변의 유생(儒生)과 승려들이 구름처럼 모여들어 신이 나도록 구경하고 있었지만, 선생은 꿈쩍도 하지 않은 채 단정하게 책 읽기에 집중하면서 태연자약하였다. 이를 지켜본 사람들 대부분이 기이하게 생각하였다.

선생은 하서의 문하(門下)에서 학업을 전수받았다. 하서 선생은 공을 칭찬하면서 이르기를, "경범(景范)의 문장은 전형(典衡)[전범]이 될 만하다"라고 하였다. 그런데 당시 하서 선생을 헐뜯는 어떤 사람이 있어서, 장차 문인(門人)들이 그 자와 다투려고 하였다. 그러자 공은 겨룰만한 일이 아니라 하여 다툼을 그치게 하였다. 이에 하서는 공의 태도를 아름답게 여기면서 말하기를, "조랑(趙郎)이야말로 나를 제대로 아는 지아(知我)로다!"라고 하였다. 또 어떤 사람이 하서의 시주(詩酒)에 대해 문의하자, 선생은 시로써 답변하여 이르기를,

"시를 읊조림은 흥겨움에 말미암으며
술을 사랑함은 수심을 잊기 때문이지.

177 龍城誌編纂委(가칭), 『龍城誌』 卷4, 「古跡」, 〈石水菴〉, 74b에서는 석수암을 이하와 같이 소개해 둠으로써, 이 구절에 대한 이해를 돕고 있다. "석수암은 대곡방 월계산 남쪽 기슭에 있으니, 이곳엔 수(數) 장(丈)여 크기의 돌덩어리가 있다. 이 바위 밑에 굴이 있고, 굴속에는 석천수가 샘솟는데, 돌 굴에서 흘러나오는 물이 고갈되지도 않고 넘치지도 않으면서, 맑디맑은 정도가 여느 샘물과는 달랐다.(石水菴在大谷坊月溪山南麓, 有石數丈餘, 石底有窟, 窟中有石泉水, 自石穴出, 不竭不溢, 淸洌異常.)" 한편 조희문은 소싯적에 이곳 석수암에서 면앙정(俛仰亭) 송순(宋純, 1493~1582)과 함께 독서를 하며 공부했던 것으로 기록되어 있다. "諺傳, 月溪趙希文俛仰亭宋純, 少時當讀書于此."

황기(黃綺)[178]는 한나라를 크게 편안하게 하였건만
어찌하여 백이·숙제는 주나라를 원망하였을까?
드높은 명성은 북두칠성에 닿았으며
지난 일은 서주(西州)[179]를 감동케 할지니.
다행히 사문(斯文)[180]이 의뢰함 있으니
수사(洙泗)의 흐름[181]에 연원하였네."

라고 하였다.[182]

선생은 일찍이 임금을 모시고 경사(經史)를 강론하는 경연(經筵)에서 아뢰어 이르기를,

"천도(天道)는 차츰 쌓이어 추위와 더위가 이뤄지며, 성인(聖人)은 그 도(道)를 오래도록 변치 않게 하여서 천하(天下)의 교화(敎化)가 이뤄집니다. 또 당우(唐虞)[183]는 세 번을 상고[考]하여 어두운 자를 내치고 밝은 자를 올려주셨으

178 운위된 황기(黃綺)란 이른바 상산사호(商山四皓) 가운데 하황공(夏黃公)과 기리계(綺里季)를 약칭한 표현이다. 상산사호는 진(秦)나라 말엽에 시황제(始皇帝)의 학정을 피해 상산에 은둔하였던 네 노인인 하황공·기리계·동원공(東園公)·녹리선생(甪里先生)을 가리키는데, 나이가 80을 넘어 머리가 희었으므로 사호(四皓)라 칭하였다.

179 양주(涼州)를 가리키는데, 중원(中原)의 서쪽에 위치하고 있기에 서주라고 불렸다.

180 『論語』, 「子罕」편, 제5장의 "그러나 하늘이 '이 문화[斯文]'를 없애려 하지 않으셨으니 광 사람들이 나를 어떻게 하겠는가?(天之未喪斯文也, 匡人其如予何.)"에서 연원한 어휘다. 유학(儒學) 혹은 유교(儒敎)을 지칭하는 표현으로, 오도(吾道)와 같은 뜻이다.

181 중국 산동성의 곡부현에 있는 사수(泗水)와 그 지류인 수수(洙水)의 준말로 공자학(孔子學) 혹은 공맹학(孔孟學)·원시유학(原始儒學)을 가리킨다.

182 이 시는 『河西集·附錄』 卷2에 〈有人問河西詩酒[趙希文]〉이라는 제목으로 수록되어 있으며, 한 편의 시가 더 추가되어 있는 상태다.(290쪽): "死生知有命, 用舍豈曾愁, 後樂先憂范, 吟風咏月周, 功程仰徽國, 詩法致夔州, 造詣無人識, 徒驚三峽流."

183 중국 고대의 이상적인 군주인 도당씨(陶唐氏) 요(堯)와 유우씨(有虞氏) 순(舜) 임금을 아울러 이르는 말로, 흔히 당우(唐虞) 삼대(三代)라는 표현을 사용하곤 한다.

니,[184] 한(漢)나라 왕실에서 관장(官長)의 자손들을 거주하게 하였던 것은 바로 그 남은 유의(遺意)인 것입니다. 인군(人君)의 권도(權度)는 공(功)을 정밀하게 하여 실수가 없어야만, 그 취하고 버리며 변별(辨別)하는 사이에 어진 이와 어리석은 자가 어지럽게 뒤섞이는 탄식이 없게 되리니, 성학(聖學)의 우선적인 책무가 되는 이유인 것입니다."

라고 운운하였다. 왕이 희정당(熙政堂)에서 주강(晝講)을 주관하여, 공도 들어 입시(入侍)[185]할 즈음에 경(敬)을 보전하는 방법에 대한 자문이 미쳤다. 이에 선생이 왕을 대(對)하여 아뢰기를,

"본래 지경(持敬)이란 별도 건의 물사(物事)가 아닙니다. 천리(天理)와 인욕(人欲)의 사이를 자세히 살필 따름입니다. 이는 사상보(師尙父)[186]가 무왕(武王)에게 천자의 보위에 오른 처음에 반드시 이르기를, '경(敬)으로 게으른 마음을 이기게 하시라!'[187]며 간절하고 곡진하게 경계를 펼쳤던 이유인 것입니다. 엎드려 바라옵건대, 전하(殿下)께옵서는 힘쓰시고 힘쓰시옵소서!"

라고 하였다. 이에 왕이 이르시기를, "그대의 말이 참으로 훌륭하도다. 마땅히 깊이 생각하겠노라"라고 응답하셨다. 또 공은 시강원(侍講院)

184 『書經』, 「舜典」, 제27장의 "3년에 한 번씩 공적을 살펴서, 세 번 살핀 다음 어두운 자를 내치고 밝은 자를 올려주시니, 여러 공적이 다 밝아졌다.(三載, 考績, 三考, 黜陟幽明, 庶績咸熙)"라는 대목에 전거를 둔 표현이다. 이 사안을 다산(茶山) 정약용(丁若鏞, 1762~1836)은 『尙書古訓』을 통해서 정밀하게 고증(考證)한 바가 있다.

185 대궐[희정당]에 들어가 임금을 뵙는 일을 이르던 말이다.

186 태공망(太公望) 혹은 강태공(姜太公)의 별칭이다.

187 『大戴禮記』, 「武王踐阼」에 " 武王, 踐阼三日, 召師尙父 而問焉 ... 師尙父西面, 道書之言曰, 敬勝怠者, 吉, 怠勝敬者, 滅, 義勝欲者, 從, 欲勝義者, 凶."이라는 내용이 있다.

문학(文學)으로 있으면서 차사(箚辭)를 올려, 조속히 왕세자[儲貳]를 세워 예학(睿學)[188]을 보양(輔養)함으로써, 종국(宗國)[189]의 근본을 견고하게 하는 계획을 깊게 할 것을 철저하게 논하였다. 그 문사(文辭)가 심히 알맞고 적절하였다.[행장에 나온다.]

선생은 일찍이 『하서집(河西集)』을 편집(編輯)하였는데, 그 「서문[序]」에 이르기를,

"대도(大道)는 주재하지 않는 공(功)이 있고, 지극한 덕[至德]은 자취 없는 교화를 드러내 보인다. 이런 까닭에 지극히 부드러우므로 쉬지 않는 강함이 있고, 말하지 않아도 만세의 의론을 확정하게 된다. 백세 뒤의 성인(聖人)을 기다리더라도 의혹스럽지 않은 것은, 제가 선생을 뵙게 된 일입니다."[190]

라고 운운하였다.[191][문집에 실려 있다.]

188 왕세자가 배우고 익혀야 할 학문을 말한다.

189 종속국에 대하여 종주권(宗主權)을 가진 나라. 또는 종주(宗主)로 우러러 받드는 나라.

190 위의 인용문은 노자(老子)로 대변되는 도가(道家) 방면에 관한 조희문의 식견이 잘 드러나 있다. 기실 『道德經』의 상·하권 81장의 주요 주제가 바로 대도(大道)와 지덕(至德) 개념의 실체와 그 작용에 대한 설명으로 이뤄져 있다.

191 『河西先生全集』 卷首, 「河西先生全集舊序」라는 제하의 서문에 "大道, 有不宰之功, 至德, 著無迹之化, 是故, 至柔而有不息之強, 不言而定萬世之論 ... 此豈非有不宰之功。著無迹之化。竢百世而不惑者也."라는 문장이 보인다. 이 「서문」은 1568년(선조 1) 2월 16일에 조희문이 작성한 것이다. "隆慶戊辰春二月旣望, 門人巴山趙希文, 謹序."

(18) 조희하(趙希嘏, ?~?) [설서공휘희하(說書公諱希嘏)][192]

|약전| 자는 지수(祉叟). 명나라 세종[嘉靖]의 원년(元年)인 1522년(壬午, 중종 17)에 문과에 올라 성균관(成均館) 설서(說書)를 거쳐,[193] 병조정랑(兵曹正郞) 겸(兼) 춘추관 기주관(春秋館記注官)으로 옮겼다. 이후 광양(光陽) 현감(縣監)과 정읍(井邑) 군수(郡守)·해주(海州) 판관(判官) 및 예조정랑(禮曹正郞)·전라도사(全羅都事) 등의 관직을 역임하였다.

공은 문예(文藝)가 일찌감치 이루어져 조기에 문과(文科)에 올라,[194] 사한(詞翰)[195]으로 이름이 자자하였다. 중종(中宗)이 일찍이 매화와 대나무가 그려진 병풍을 공에게 내보이면서 시(詩)를 지을 것을 명(命)하니, 곧장 대(對)하여 읊조리기를,[196]

"상강(湘江) 언덕엔 서리 바람이 매섭고
서호(西湖)[197]의 눈과 달 차갑기도 하여라.
옛날 강남에서 보던 풍물을
오늘은 한 폭 그림 속에서 보구나!"

192 조우(趙瑀)[2-14]의 장자로, 조부는 조계조(趙繼祖)며 증조부는 조염(趙琰)[2-10]이다. 조림(趙琳)[2-13]은 숙부가 된다.

193 설서(說書)는 조선 시대 때 세자시강원(世子侍講院)에 소속되어 있던 정7품직이므로, '성균관 설서'는 잘못된 표기다.

194 중종(中宗) 17년인 1522[壬午]에 치르진 식년시(式年試)에 병과(丙科) 22위로 급제하였음이 확인된다. 이로써 생몰 연도가 확인되지 않는 세원(歲遠) 정도를 어느 정도 짐작할 수 있다.

195 시(詩)·사(詞)·문장 등의 총칭이다.

196 "湘岸霜風苦, 西湖雪月寒, 江南舊見物, 今日畵中看."

197 항저우(杭州) 서쪽에 위치한 면적 약 6.8km, 총 길이 약 15km에 달하는 거대한 인공 호수로, 이 지역 최대의 명승지다. 서호라는 명칭은 중국의 4대 절세(絶世) 미녀 중 한 명인 서시(西施)의 미모에 비견된다 하여 지어진 것이다.

라고 하였다. 이에 중종은 잘 지었다고 칭찬하고는 곧장 시강원의 설서(說書)에 임명하였다.[행장에 나온다.]

(19) 조희안(趙希顔, 1520~?) [진사공휘희안(進士公諱希顔)][198]

|약전| 자는 우수(愚叟). 명나라 세종[嘉靖] 10년인 1531년(辛卯, 중종 26)에 진사시에 합격하였으며, 학문[學]과 도덕[行]이 뛰어났다.

공은 학업에 힘썼고 행실을 독실하게 하였으며, 후학들을 가르치고 깨우치는 일을 자신의 임무로 삼았다. 호남(湖南)의 여러 선비들이 그 공의 풍렬(風烈) 추앙(推仰)하였다.[가장(家藏)에 나온다.]

(20) 조경달(趙景達, 1523~1582) [참봉공휘경달(參奉公諱景達)]

|약전| 자는 덕원(德源). 명나라 세종[嘉靖] 2년인 1523년(癸未, 중종 18)에 음직(陰職)[199]으로 참봉에 제수되었으나, 나아가지 않았다. 명나라 신종[萬曆] 10년인 1582년(壬午, 선조 15) 5월 11일에 졸(卒)하였으니, 향년 60세다.

공은 어려서부터 기개와 도량이 헌앙(軒昂)[200]하였고, 또 영리하고 뛰어나서 일찌감치 그릇이 이루어졌다. 그리하여 작고하신 공의 선친 진사공(進士公)[조희안]은 항상 원대(遠大)한 그릇이 되기를 기대하였다.[가장에 나온다.]

198 조우(趙瑀)[2-14]의 아들이다.

199 훌륭한 조상의 음덕(陰德)으로 인하여 과거를 치르지 않고 벼슬을 하는 것을 말한다. 달리 음사(蔭仕)·음서(蔭敍)·남행(南行)이라고도 칭한다.

200 기운이 차고 세력이 성하다는 말로, 헌거(軒擧)와 같은 뜻이다.

공은 일찍이 『기묘당적(己卯黨籍)』[201]을 편집(編輯)하면서 마음으로 군자(君子)의 도(道)가 쇠잔해지고 소인(小人)의 도가 성하여 늘어가는 이치를 궁구하였다. 벼슬길에 진출하는 것을 달가워하지 않아서 음직으로 참봉(參奉)에 제수(除授)되었으나, 나아가지는 않았다.

5. 「제3편(第三編)」

(21) 잠재(潛齋) 조흥수(趙興守, 1495~?) [잠재공휘흥수(潛齋公諱興守)]

|약전| 자가 백고(伯固)로, 속세를 떠나 숨어 지내면서 벼슬길에는 나아가지 않았다.

공은 소싯적부터 학문[學]·도덕[行] 두 방면에 걸쳐서 청아한 명망이 있었고, 효성과 우애는 진심으로부터 말미암은 것이었다. 세상에 물러나 거처하면서 심오한 이치를 탐색하였는데, 특히 성리학[性理]에 밝았다. 또 몸단속을 삼가고 결백하게 하여 입에는 망녕된 의론을 올리지 않았고, 귀로는 음탕한 소리를 듣지 않았다. 단아·장중하며 정성스럽고 미쁘게 처신하였으며, 늘 예양(禮讓)으로써 교훈을 삼았다. 매양 아름다운 산수(山水)를 찾아 시(詩)를 읊조리거나 외우면서 스스로 편안하게 즐기었

201 1519년(중종 14) 11월에 남곤(南袞)·심정(沈貞)·홍경주(洪景舟) 등과 같은 훈구파들에 의해 조광조(趙光祖)·김정(金淨)·김식(金湜) 등이 화를 입은 기묘사화(己卯士禍) 당시의 이른바 기묘명현(己卯名賢) 혹은 기묘사림(己卯士林) 구성원들의 계보에 대한 연구서일 것으로 추정된다. 그런데 동일한 서명(書名)을 취한 사재(思齋) 김정국(金正國, 1485~1541)이 편찬한 『기묘당적』에는 94명의 명단이 수록되어 있다. 다만, 조경달이 편집하였다는 『기묘당적』과 김안국의 그것과의 동이 여부에 대해서는 확인할 길이 없다.

고, 다른 사람들과 어울려 사귀는 것을 기뻐하지 않았다. 오직 남명(南冥) 조식(曺植, 1501~1572)[202] 선생만을 종유(從遊)[203]하여 학문을 강론하였다. 남명 선생도 일찍이 그 공의 지의(志意)[204]를 칭찬하면서 "고원(高遠)하다"고 운운하였다.[가승(家乘)]

명종조[明廟朝]에 이르러 주(州)·군(郡)에서 교대로 공의 학행(學行)을 천거하였으나, 공은 조급하게 굴거나 소심한 생각을 완전히 끊었다. 대신에 우아하고 고상한 마음가짐으로 편안하고 담박하게 지내며, 덕(德)을 숨기고 벼슬길에 나가지 않았다.[유사(遺事)]

(22) 가정(稼亭) 조대충(趙大忠, ?~1594) [가정공휘대충(稼亭公諱大忠)]

|약전| 자(字)가 화중(和中) 또는 혜숙(惠叔). 순릉(順陵)[205] 참봉(參奉)과 경기전(慶基殿)[206] 참봉을 역임하고, 명나라 신종[萬曆] 22년인 1594년(甲午, 선조 27) 10월 19일에 타계하였다.

공은 어려서부터 장성할 때까지 뜻을 오로지 효제(孝悌)에 두었다. 또

202 본관은 창녕(昌寧)으로 경상도 삼가현 출생이다. 4~7세 사이에 부친을 따라 상경하여 20대 중반까지 주로 서울에 거주하였다. 22세 때 생원·진사시의 초시와 문과의 초시에 합격하였으나, 회시(會試)에는 실패하였다. 이후 37세 되던 해에 모친의 권유로 과거에 다시 응시하였다가 낙방되자, 과거를 포기하고 비로소 처사(處士)로서의 삶을 영위하며 본격적인 학문 연구와 덕성 함양에 전념하기에 이른다. 차후 학자로서의 명망이 높아지자 1538년(중종 33)에 경상도 관찰사 이언적(李彦迪)과 대사간 이림(李霖)의 천거로 헌릉 참봉에 제수되었으나, 나아가지 않았다. 대신에 조식의 문하에는 쟁쟁한 제자 그룹들이 형성되었고, 경의(敬義) 철학으로 표방된 학문 세계는 심오한 깊이를 더해만 갔다. 저서로는 1604년(선조 37)에 처음 간행된 『남명집(南冥集)』과 『남명학기유편(南冥學記類編』 등이 전한다. 시호는 문정(文貞)이다.

203 학식이나 덕행이 높은 사람을 좇아 더불어 사귀고 노닒.

204 어떤 일을 이루려는 적극적인 마음을 말한다.

205 순릉은 조선의 제9대 왕인 성종의 비(妃)인 공혜왕후(恭惠王后, 1456~1474) 한씨(韓氏)의 능을 가리킨다.

206 조선 시대 때 전라북도 전주시 풍남동에 있었던 태조(太祖)의 영정(影幀)을 모신 진전(眞殿)을 말한다.

틈틈이 학업을 외부의 스승으로부터 익혀서, 마침내 훌륭한 학자가 되었다. 집안에서는 모친의 뜻에 어김이 없어서 사람들이 효자라 일컬었다. 그 상중(喪中)에 있을 적에는 인정(人情)과 예절을 곡진하게 다하였으며, 집안 살림살이가 매우 곤궁하였음에도 불구하고, 장례식을 극진하게 갖추어 치렀다. 또 다섯 아들들을 모두 의방(義方)[207]의 교훈으로 가르쳤다.[『효우록(孝友錄)』[208]에 나온다.]

(23) 조은복(趙殷福, 1539~1592) [어모공휘은복(禦侮公諱殷福)][209]

|약전| 명나라 세종[嘉靖] 18년인 1539년(己亥, 중종 34)에 출생하였으며, 전공(戰功)을 세워 특별히 어모장군(禦侮將軍)[210]에 제수[除]되었다. 명나라 신종[萬曆] 22년인 1592년(壬辰, 선조 25) 8월 17일에 순절(殉節)하였는데 향년 54세였다.

공은 소싯적부터 불의를 접하면 원통하여 의기가 복받쳐 오르는 기상과 커다란 웅지가 있었으며, 바라보면 위용(威容)이 묻어났고 궁술(弓術)과 말을 타고 달리는 마술에도 능숙하였다. 만력(萬曆) 임진년(壬辰年) 초여름 4월에 왜구(倭寇)가 대규모로 조선 침략[東搶]을 시도하였다. 이에 공은

207 의방이란 이른바 '의방지훈(義方之訓)'을 의미하는데, 아버지가 아들에게 주는 반듯한 가르침을 의미하는 어휘다.

208 조선 전기 때 의성(義城) 출신의 학자이자 효자인 신원복(申元福)이 동생 원록(元祿)의 효행과 우애를 기려, 자제를 훈육하고 모든 사람에게 교훈을 주기 위하여 1577년경에 지은 윤리 교육 용도의 서책이다.

209 조흥수(趙興守)[3-21]의 아들. 〈어모공휘은복〉 조항의 말미에 제시한 비문(碑文)인 〈어모장군조공은복사단비(禦侮將軍趙公殷福祀壇碑)〉를 참조할 것. 사림파의 영수 일두(一蠹) 정여창(鄭汝昌)의 14세손인 여암(厲菴) 정도현(鄭道鉉, 1895~1977)이 지은 〈어모장군조공은복사단비〉에는 조은복의 가계(家系)의 흐름과 함께, 〈어모공휘은복〉에 수록된 내용들이 보다 자세하게 소개되어 있다.

210 조선 시대 때 정삼품(正三品) 당하관(堂下官)의 무관 품계로, 바로 위의 직급이 정삼품 당상관인 절충장군(折衝將軍)이다.

분연(奮然)히 떨쳐 일어나서 왜적에게 분노하는 뜻을 품고 의병(義兵)을 일으키는 것을 처음으로 제창하였다. 그리하여 공은 아우 조수(趙秀)와 함께 정기룡(鄭起龍, 1562~1622) 장군[211]을 찾아 접견하였으며, 통판(通判)[212] 김시민(金時敏, 1554~1592)[213]의 휘하에서 종군(從軍)하기도 하였고, 의병대장 김면(金沔, 1541~1593)[214]의 금산(金山)[김천] 의진(義陣)에 달려가기도 하였다.

또 공은 조대중(曹大中, 1549~1589)[215]과 합병(合兵)하여 진격전을 펼쳤다. 이때 공은 분연히 떨쳐 선두를 담당해서 싸우면 반드시 전공을 세우곤 하였으나, 죽음을 각오하고 싸우는 수사전(殊死戰)[216]에서 순절(殉節)하였다.[야

211 본관은 진주(晉州)며 곤양(昆陽) 출신으로 조선 중기의 저명한 무신. 임진왜란과 정유재란 때 숱한 전공을 세워 경상우도병마절도사가 되었고, 이후 보국숭록대부(輔國崇祿大夫)로 삼도수군통제사 겸 경상우도수군절도사의 직을 맡아 수행하다가, 1622년 통영의 진중(陣中)에서 타계하였다.

212 김시민은 1591년에 진주(晉州) 판관(判官)이 되었고, 그 이듬해에 임진왜란이 발발되었으므로 고려 때의 관직명인 '통판'은 판관을 잘못 기록한 표현이다.

213 본관은 안동(安東). 김방경(金方慶)의 후손으로 조선 중기의 무신이다. 1592년 8월에 진주목사로 승진한 뒤에 호남으로 통하는 요충지인 진주성(晉州城) 전투에서 3천 8백 명의 병력으로 왜적 2만여 대군과 7일간에 걸친 치열한 공방전을 벌여 적을 물리쳤으나, 이 싸움에서 이마에 탄환을 맞아 장엄하게 전사하였다.

214 본관은 고령(高靈)으로 조선 중기의 유학자이자 의병장. 호는 송암(松庵)이며, 조식(曺植)과 이황(李滉)의 문인. 1592년 11월에는 의병대장의 교서(敎書)를 받았고, 숱한 전공을 세웠다. 1593년 1월에 경상우도병마절도사가 되어 충청도·전라도 의병과 함께 금산(金山)에 주둔하여 선산(善山)의 적을 격퇴시킬 준비를 갖추던 도중에, 갑자기 병에 걸리자 자신의 죽음을 알리지 말라는 유언을 남기고 죽었다.

215 본관은 창녕(昌寧)이며 호는 정곡(鼎谷). 화순(和順) 출신의 유학자로 퇴계 이황의 문인이다. 1582년 식년문과에 병과로 급제한 뒤에 1589년에 전라감영(全羅監營의) 도사(都事)를 지냈으나, 정여립(鄭汝立)의 난이 추수한 기축옥사(己丑獄事)에 연루되어 42세의 한참 나이로 생을 마감하였다.

216 죽음을 각오하고 싸움, 또는 그러한 싸움을 일컫는다. 예컨대 이순신(李舜臣) 장군이 펼친 명량해전(鳴梁海戰)이나, 혹은 1592년의 진주성 전투 등이 수사전(殊死戰)의 전형적인 사례에 해당된다.

1931년에 촬영한 진주성(晉州城) 촉석루(矗石樓)의 모습
경상남도 진주시 남강로 626번지에 위치한 진주성(晉州城)은 임진왜란 때 치러진 제1, 2차 진주성 전투로 인하여 수많은 희생자가 발생한 유서 깊은 역사적 공간이다.

사(野史)와 『부계기문(涪溪記聞)』[217]·『자해필담(紫海筆談)』[218] 및 『일월록(日月錄)』[219] 등에 나온다.]

217 조선 인조(仁祖) 때의 문신인 하담(荷潭) 김시양(金時讓, 1581~1643)의 잡록집. '부계'는 함경도 종성(鍾城)의 다른 명칭으로, 저자가 종성에 귀양을 갔을 때 견문한 사실을 기록한 책이다. 인물과 인물평에 주안을 둔 저서라는 평을 받고 있다.

218 1책으로 된 김시양의 잡록집. 당시의 정치나 정치인 및 현인·악인 등에 얽힌 기담(奇談) 및 이사(異事)에 속하는 내용들을 사건 자체에 중점을 두어 기술한 특징이 있다. 김시양의 『자해필담』은 『大東野乘』 卷71에도 수록되어 있다.

219 춘파(春坡) 이성령(李星齡, 1632~?)이 조선 초·중기의 역사를 편년체(編年體)로 정리한 역사서인 『춘파일월록(春坡日月錄)』을 지칭하는 듯하다.

〈어모장군조공은복사단비(禦侮將軍趙公殷福祀壇碑)[220]〉

오호라! 이곳은 고(故) 통훈대부(通訓大夫) 어모장군(禦侮將軍) 휘(諱) 은복(殷福)의 사단(祀壇)[221]이다. 공(公)의 관향은 함안이니, 규조(珪組)[관직][222]가 대대로 이어져 동방(東方)의 저명한 벌족(閥族)[223]이 되었다.

덕곡(德谷) 선생 휘(諱) 승숙(承肅)은 공의 6대조이며, 고조 휘 이(珥)는, 예빈시정(禮賓寺正)을 지냈다. 증조의 휘는 연전(連顚)이고, 벼슬길에 나가지 않았다. 조부 휘 숙손(淑孫)은 첨지중추부사[僉中樞]를 역임하였고, 부친 휘 흥수(興守)는 호(號)가 잠재(潛齋)로,[224] 이른 나이에 남명(南冥) 조(曺) 선생[조식]의 문하에 유학하여 학행(學行)과 단아한 명망이 세상에 널리 알려졌다. 모친 진양(晉陽) 하씨(河氏)는 참판(參判)에 증직된 위천(緯天)의 따님이다.

공은 어려서부터 강직한 기개와 절조며 담력과 방략(方略) 및 위용(威勇) 등이 출중[絶倫]하였다. 공은 성장하면서부터 독서하는 겨를마다 틈틈이 매양 활쏘기와 말타기를 익히면서, 강개(慷慨)한 심정으로 장차 이룰 큰 뜻을 품었다.

220 〈어모장군조공은복사단비〉는 昆陽鄕土史編纂委員會, 「제5편. 곤양군의 역사」, 『昆陽鄕土史』, 2004.[향토역사 데이타베이스 jdpaper.ciclife.co.kr/sub.html]에 수록된 자료를 전면 재해석한 결과다. 기존에 제시된 번역문이 지나치게 오역(誤譯)으로 일관하였기 때문이다. 이참에 필자는 문맥의 흐름에 따라 번역문의 문단을 나누었으며, 또한 그에 상응하는 차원에서 원문(原文)도 참고하기에 편리하도록 문단 나누기에 준하는 구역 설정 조처를 취하였음을 밝혀 둔다.

221 제사(祭祀)를 모시기 위하여 쌓은 단(壇)을 말한다. 또한 이 사단(祀壇) 앞에 세운 비를 사단비(祀壇碑)라 일컫는다.

222 규조(珪組)란 규옥(珪玉)과 인조(印組), 곧 관작(官爵)을 가리킨다. 규(珪)는 제후가 조회할 때 잡는 홀이고, 조(組)는 인장(印章)을 매는 끈을 가리킨다.

223 나라에 공을 세우거나 큰 벼슬을 지낸 사람이 많은 집안을 말한다.

224 잠재(潛齋) 조흥수(趙興守)에 관한 내용은 「제3편」의 21조항[3-21]을 참조할 것.

그러던 중인 선조[宣廟] 임진년(壬辰年)에 왜구(倭寇)들이 크게 군사를 일으켜 침략하자, 영남의 여러 군읍(郡邑)들이 마치 기와지붕이 허물어지듯이 무너지기 시작하였다. 이때 진양(晉陽)에 있던 공은 분연(奮然)히 떨쳐 일어나서 왜적(倭賊)과 대적할 뜻을 품고, 아우 수(秀)와 함께 곤양(昆陽)의 정기룡(鄭起龍) 장군(將軍)을 만나보고는 의병을 일으켰는데, 하루만에 공을 따라 모인 의병 숫자가 수백 명에 달하였다. 드디어 공은 이들과 더불어 적병을 토벌하였으니, 이에 힘입어 진양과 곤양 두 읍이 온전하게 되었다.

또 왜적이 진주성(晉州城)을 침범한다는 소문을 듣고는, 진주(晉州) 통판(通判) 김시민(金時敏) 장군 진영으로 내왕하여 만나보고, 십수교(十水橋)[열물다리][225]의 왜적들을 추격(追擊)하여 목을 베거나 사로잡은 수효가 매우 많았다. 이에 왜적들이 크게 놀란 나머지 야밤을 이용하여 고성(固城)·창원군(昌原郡) 등지로 달아났다. 공이 거둔 숱한 전공(戰功)이 조정(朝廷)에 보고되자, 특별히 어모장군(禦侮將軍)을 제수[除]하였다.

인하여 공은 김시민·정기룡 장군과 연대하여, 군(軍)을 합쳐서 병력을 한층 강화시켰다. 또 공(公)이 선봉장을 맡아 앞으로 진격하여 적을 맞이한 끝에, 금산(金山)[김천]에서 왜적 수십여 명의 목을 베니, 왜적들이 모두 뿔뿔이 흩어져 달아났다. 그런데 조금 후에 별안간 대포 소리가 굉음을 발하더니, 숨어 있던 복병(伏兵)들이 다투어 일어나기 시작하였다. 이에 공은 홀로 물러나지 않고 있는 힘을 다해서 싸웠으나, 아

225 세칭 '열물다리'로 불린 십수교는 옛 사천읍성(泗川邑城)에 인접한 곳에 위치하였던 모양으로, 지금은 사천 공항의 가장자리가 그 옛터라 한다. 『晉州通志』 卷1, 「志」, 〈十水橋〉條, 鵬精舍, 1964에서는 이 교량을 이하와 같이 소개해 두었다. "십수교는 정촌면 예하리 조수(潮水) 마을에 있는데, 십수교[十]에 이르면 이곳에 도착하기 때문에, 그렇게 이름을 지었다.(十水橋, 在井村面, 禮下里潮水, 至十則到此, 故名之.)"

군의 세력이 너무 약하였던 까닭에, 기어이 해(害)를 입고 말았으니, 바로 8월 7일이었다. 공이 태어난 1539년[己亥]으로부터 54세가 되던 해다. 이때 부인(婦人) 정씨(鄭氏)는 두 아들과 함께 난리를 피해 미곡산(薇谷山) 산속에 있다가, 변고를 접하고 곧 피를 토하고 자진(自盡)하였다.

또 장남 정연(廷硏)마저 왜적에 의해 살해되자, 차남 석(碩)은 의기(義氣)가 솟구쳐 적을 때려 죽여 부친과 형님의 원수를 되갚았으니, 참으로 그 장하고, 참으로 그 열렬하도다! 어모장군[臣]은 충(忠)에 목숨을 바쳤고, 아들은 효(孝)에 목숨을 바쳤으며, 부인은 열(烈)에 목숨을 바치어, 불과 며칠 동안에 한 가문이 수립한 삼강(三綱)이란, 예전의 공문서[牒][226]에서도 보기 드문 일이었다.

오호라! 공은 초야에서 베옷 한 벌로 지내는 선비였으나, 오히려 능히 병혁(兵革)[병란]의 와중에서 대의(大義)를 분별하였으니, 왜왕[敵王]이 분개하였던 바였다. 이에 그 뛰어난 공로와 우뚝한 무열(武烈)은 가위 저 하늘의 태양이며 별과 더불어 아울러 길이 빛나리라! 그러므로 의당 열성(列聖)의 조정[朝][227]에서 포창(褒彰)의 은전(恩典)이 있어야 마땅함에도 불구하고, 소임을 맡은 자가 끝끝내 알리지 않았으니, 참으로 개탄스럽다. 이미 또한 그 마땅한 때를 기다려서 그렇게 하기라도 하였

226 글씨를 쓴 나무 조각이라는 뜻을 지닌 첩(牒)이란 옛날 관용 문서의 한 가지 체(體)로, 관청에서 쓰던 서식이 비교적 간단한 공문인 공이문(公移文)과 임용장·증명서·소장(訴狀) 등이 포함된다.

227 열성조(列聖朝)란 여러 대(代)에 걸친 임금 혹은 제왕들의 조정(朝廷)이라는 의미로, 나라·국가라는 뜻을 동시에 함축하고도 있다.

던 것일까? 그나마 세마(洗馬)[228] 이도중(李度中)[229]의 장계(狀啓)가 있어서, 또 한 백세가 지나더라도 가히 진실을 증명할 수 있을 것이다.

큰 난리가 지나간 여파로 인하여 조씨 일문(一門)이 거의 멸략(滅略)[230] 당하였다고 이를 만하고, 어린 후손들은 영락(零落)하여 낯선 타향을 떠돌았던 까닭에, 공의 내외 묘소 또한 아울러 제향(祭香) 피우는 씨불[火] 마저 잃어버렸으나, 누구 하나 찾을 이를 기대지 못한 지도 어언 수백여 년이 지나서, 끝내 자손들의 해 묽은 유한(遺恨)을 달랠 수 없었으니, 그 무슨 말을 하겠는가?

금년 봄에 종중회의에서 무덤에 제사 지내는 의식과 똑같이 제사를 모시어,[231] 추원보본(追遠報本)하는 정성[232]을 펼칠 것을 일제히 발의하였다. 또 부득이하게 고례(古禮)[『예기』]의 "조묘[祧]를 떠나면 단(壇)을 만

228 조선 시대 때 세자익위사(世子翊衛司)에 두었던 정9품의 관직으로, 주로 동궁(東宮)을 모시고 경호하는 일을 하였다. 좌·우 세마 각 1명씩 두었다.

229 연성부원군(延城府院君)에 봉해진 서봉(西峯) 이시방(李時昉, 1594~1660)의 6대손으로 숱한 기록을 남긴 사실이 확인되나, 생몰 연대 등이 자세하지 않다.

230 멸략(滅略)이란 조씨 일문(一門)이 멸망하고 약탈당하였다는 뜻이다.

231 金昌協, 『農巖集 Ⅱ』 卷24(한국문집총간 162), 「記」, 〈始祖太師墓壇記〉, 민족문화추진위원회, 1986, 189쪽에 "제단이 완성된 뒤에 제사를 지내고, 종인(宗人)이 모두 모여 이 뒤로는 봄가을로 무덤에 제사 지내는 의식과 똑같이 향사하여 영구히 준행할 것을 다짐하였다. 그리고 제단 옆에 비석을 세우고 이 일을 새겨 넣어 후인들이 알 수 있게 하자고 의견을 모았다.(旣成而祭, 宗人咸會, 自是春秋享祀, 一如上冢儀, 期永久遵行, 而且謀立碑壇側, 鑱記其事, 以詔後之人)"라는 기록이 수록되어 있어서, '여상총의(如上塚儀)'에 대한 이해를 돕고 있다. 그뿐만 아니라 『농암집』에 기록된 〈시조태사묘단기(始祖太師墓壇記)〉의 해당 내용은 〈어모장군조공은복사단비〉에 드러난 조은복과 조석(趙碩)의 후손들이 처한 사정과 매우 유사한 편이어서, 조은복의 사단비에 내재된 콘텍스트(context)를 이해하는 데도 도움이 된다.

232 운위된 '추원(追遠)·보본(報本)' 중에서 전자인 '추원'은 『論語』, 「學而」편에서 "증자(曾子)가 말하기를, 부모의 장례를 신중하게 치르고 조상을 추모하면, 백성들이 모두 두터운 덕으로 돌아오게 될 것이다"(曾子曰, 愼終追遠, 民德歸厚矣)"라고 설파한 구절에 전거를 두고 있다. 한편 후자인 '보본'은 '보본반시(報本反始)'의 줄임말로, 『禮記』의 「祭統」에서 제사의 의의(意義)와 관련하여, "근본에 보답하고 처음으로 돌아가는 것"으로 규정한 대목에서 직접 연원한 어휘에 해당한다.

든다" 라고 한 예법에 의거하여,[233] 자손들이 대대로 살았던 선대의 장원[先庄][234]에 흙을 쌓아 올리고 단(壇)을 설치한 뒤에, 부인(夫人)[235]을 합사[附][236]하여 매년 한 차례씩 제사를 모시기로 하였으니, 대개 의롭게 일어나고 변화에 대처하는 도(道)로서는, 또한 그 정도[正]를 잃지 않은 듯하다. 또한 제단(祭壇) 앞쪽에는 비(碑)를 세움으로써, 영구히 쇠퇴하지 않을 것을 기약하였다. 오늘날 인륜의 기강[人紀]이 크게 무너진 나머지, 날고 달리는 금수[翔走][237]로 화하지 않은 자가 거의 드문 지경이거늘, 이날의 이 의로운 일이 어찌 세정(世程)[세도(世道)][238]의 비보(裨補)[239]가 되지 않겠는가?

조씨 문중의 장로인 용수(鏞洙)·민제(旻濟) 씨가 수 백리 길을 걸어와서 그 비문[陰]을 지어 줄 것을 요청하니, 나는 비록 글 짓는 재주는 없지만, 세도[世]를 강(講)함이 매우 옳고 독실하였기에, 감히 사양하지

233 원문의 '거조위단(去祧爲壇)'은 『禮記』, 「祭法」편에서 "조묘[祧]를 떠나면 단(壇)을 만들고, 단을 떠나면 선(墠)을 만든다.(去祧爲壇, 去壇爲墠)"라고 제시한 대목에 전거를 두고 있다. 이른바 '조묘(祧廟)'란 5대조(代祖)부터 그 위의 먼 조상인 원조(遠祖)의 신주를 합사(合祀)한 사당을 말한다. 따라서 "거조위단(去祧爲壇), 거단위선(去壇爲墠)"이란 사당[祧廟]에서 제사를 받을 수 없는 먼 조상의 경우는 단에서 제사를 지내고, 더 먼 조상의 경우에는 선(墠)에서 제사를 지냄을 말한 것이다.

234 운위된 '선장(先庄)' 중의 '장(庄)' 자는 '장(莊)'의 속자(俗字)로, 특수한 장원(莊園)이나 별장(別莊)·별저(別邸)·별서(別墅) 등을 뜻하기도 한다. 여기서는 "선대(先代)의 장원"이라는 의미로 사용된 듯하다.

235 부인(夫人)은 남의 아내를 높여 이르는 말로, 여기서는 조은복의 처(妻)인 정씨(鄭氏) 부인을 가리킨다.

236 원문의 부(附)는 둘 이상의 혼령(魂靈)·신위(信位)를 한곳에 모아 제사 지내는 합사(合祀)를 의미하는 표현이다.

237 원문인 상주(翔走)는 깃·날개로 나는 날짐승과 네 발로 달리는 들짐승을 지칭하는 단어로 금수(禽獸) 혹은 조수(鳥獸)와 같은 뜻을 지닌 단어다.

238 세정(世程)이란 세도(世道)나 세법(世法)과 같은 의미다.

239 비보(裨補)란 약하거나 모자란 것을 도와서 보태거나 채워 주는 것을 뜻한다. 고려 시대 때 풍수(風水)상으로 지세가 허결(虛缺)하거나, 산수가 제 흐름을 따르지 않고 거슬린 곳을 보완해 주는 사찰을 비보사찰(裨補寺刹)이라 칭한 것과 동일한 의미를 지닌 문맥이다.

못하고, 삼가 이상과 같이 글을 적는다.

단기(檀紀) 4299년[1966, 丙午] 3월 일,

하동인[河東] 정도현(鄭道鉉)[240]이 글을 짓다.

〈어모장군조공은복사단비(禦侮將軍趙公殷福祀壇碑) 원문〉

嗚呼, 此故通訓大夫禦侮將軍諱殷福之祀壇也. 公系出咸安, 世襲珪組, 爲東方著族. 德谷先生諱承肅, 其六代祖也, 高祖諱珥禮賓寺正, 曾祖諱連顯隱不仕, 祖諱淑孫僉中樞, 考諱興守, 號潛齋, 早遊南冥曺先生門, 學行雅望聞于世, 妣晋陽河氏, 贈參判緯天之女也.

公早有氣節膽略, 威勇絶倫, 讀書之暇, 每習弓馬, 慷慨有大志. 及當宣廟壬辰, 倭寇大擧, 列郡瓦解. 公時在晋陽, 奮然有敵愾之志, 與弟秀往見昆陽鄭起龍將軍, 擧義卽日, 從者數百人. 遂與之討賊, 晋昆兩邑, 賴以得全. 及聞賊犯晋城, 往見通判金時敏, 追擊十水橋, 斬獲甚多, 賊軍大驚, 夜遁固城昌原郡, 諸捷奏, 特除禦侮將軍.

因與時敏起龍, 合軍勒兵, 爲公先鋒, 前進遇賊, 金山斬數十級, 賊皆奔散, 旣而砲聲大發, 伏兵爭起, 公獨力戰不退, 勢窮遇害, 卽八月十七日, 距其生己亥爲五十四. 時夫人鄭氏, 與二子避亂于薇谷山中, 聞變卽嘔血自盡.

長男廷硏爲賊所殺, 次男碩, 奮義殺賊, 復父兄讎, 何其壯哉, 何其烈哉, 臣死於忠, 子死於孝, 妻死於烈, 數日之內, 一門三綱, 往牒所罕

240 정도현(鄭道鉉, 1895~1977): 본관은 하동으로 호는 여암(厲菴). 일두 정여창의 14대손으로 간재(艮齋) 전우(田愚, 1841~1922)의 문인이다. 스승인 전우의 영향으로 심즉기(心卽氣) 설을 계승한 가운데, 심성론(心性論)과 예론(禮論)을 두 축으로 하는 학문세계를 구축하였다. 정도현의 생애와 학문 세계에 관한 논의로는 이의강, 「여암(厲菴) 정도현(鄭道鉉)의 생애와 학문세계」, 『한문고전연구』 18권, 한국한문고전학회, 2009, 227~255쪽을 참조.

覲也.

嗚呼, 公以草野一布衣, 能猶辨大義於兵革之中, 敵王所愾, 其奇功危烈, 可謂與日星幷明, 宜有列聖朝褒彰之典, 而有司者, 竟不聞可慨也. 已亦有待時而然歟. 李洸馬度中狀, 亦可徵信於百世下也.

大亂之餘, 一門可謂盡滅略, 而穉孫流落殊鄕, 公之內外墓, 亦幷失香火, 莫憑尋求屢百年, 竟莫得爲子孫之遺恨, 謂如何哉.

今春宗議, 齊發祭之, 如上塚儀, 以伸追遠報本之誠, 不得已據古去祧爲壇之禮, 封土設壇, 於子孫世居之先庄, 附以夫人, 歲一祭, 盖義起處變之道, 而亦不失其正也. 且立碑壇前, 期永久勿替,[241] 顧今人紀大壞, 不爲翔走者幾希, 而此日此義, 曷不爲裨補世程也歟. 使宗老鏞洙旻濟, 歷數百里, 請記其陰, 余雖不文, 講世誼篤, 不敢辭, 謹書此如右.

檀紀 4299年 丙午 3月 日

河東 鄭道鉉 撰.

241 원문의 '참(朁)'자(字)는 '체(替)'자의 오기(誤記)인 듯하다.

(24) 행재(行齋) 조전(趙佃, ?~?) [행재공휘전(行齋公諱佃)]

공은 일찍부터 학문(學問)을 일삼았고, 지극한 효성으로 어버이를 섬기었으며, 사람을 가르쳐 인도하기를 덕(德)으로써 하였다. 내외 부모님의 상(喪)을 당해서는 한결같이 주문공(朱文公)[주희(朱熹, 1130~1200)[242]]의 『주자가례(朱子家禮)』에 의거하여 집상(執喪)을 하였다. 공은 크게 슬퍼하며 3년 동안의 여묘(廬墓) 살이를 행하여, 효도로써 누차 천거(薦擧)에 오르기도 하였다.[가장(家藏)과 구록(舊錄)[243]에 나온다.]

(25) 조광립(趙光立, ?~?) [첨정공휘광립(僉正公諱光立)]

|약전| 자는 간보(幹甫). 관직은 봉사(奉事)와 예빈시 첨정(禮賓寺僉正)을 지냈다. 명나라 신종[萬曆] 25년인 1597년[丁酉, 선조 30] 8월 28일에 모친을 받들기 위하여 효도[孝]에 순절(殉節)하였다.[244]

공의 형제들은 어린 시절부터 지극히 선량한 품성이 있었고, 충효(忠孝)를 겸하여 갖추었다. 또 집안이 빈한하였으나 몹시 배우기를 좋아하였고, 몸소 실지(實地)[245]를 직접 실천하곤 하였다. 그러다가 임진왜란(壬辰倭

242 주희[주자(朱子)]: 남송(南宋)의 대학자로 신유학(新儒學)인 주자학(朱子學)을 집대성하여 중국 사상계에 가장 큰 영향을 미쳤음은 물론이고, 한국과 일본 등의 지식인 사회에도 엄청난 영향을 끼친 대사상가.

243 옛날의 기록이라는 사전적 의미를 지닌 '구록(舊錄)'은 기존의 『언행록』이나, 혹은 계묘본 이전의 세보(世譜)며 족보 따위를 일컫는 어휘로 사용된 듯하다.

244 이 구절의 원문은 이른바 '봉모순효(奉母殉孝)'다.

245 실지(實地)란 실제의 처지나 경우를 뜻한다.

亂)을 당해서는 노사예(盧士豫, 1538~1594)[246]·노사상(盧士尙, 1559~1598)[247]·노주(盧胄, 1557~1617)[248] 및 정경운(鄭慶雲, 1556~1610)[249]·박손(朴遜, ?~1597)[250]·강린(姜繗, 1568~?)[251] 등과 더불어 분연히 충(忠)을 떨치어 의병을 일으켰다.[252] 1594년[甲午]에는 부친상을 당해서는 상제(喪制)대로 삼년상을 지켰다.[253]

1597년에 정유재란(丁酉再亂)이 발발하자, 다시 의곡(義穀)[254]을 모아 반드시 나라에 보답할 것을 도모한 뒤에야 그쳤다. 그러던 중에 모친의 병환이 갑자기 심해지기 시작하였고, 마침 왜적의 칼끝도 바로 눈앞에 임박

246 본관은 풍천(豊川)으로 부친은 진사 노희(盧禧)며, 호는 홍와(弘窩). 1568년에 30세로 남계서원의 원장(院長)에 부임하여『經任案』1책을 저술하였다. 1592년에 임진왜란이 발발하자 마을의 장정들을 모아 의병 1,000여 명을 일으키고 군량미 수백 석을 모집하였다. 문하생인 최변(崔汴)을 향병장(鄕兵將)으로 삼아 김면(金沔)과 합류하여 왜적과 싸워 많은 공적을 세웠고, 이듬해에는 초유사(招諭使) 김성일(金誠一)의 참모로 활약하였다. 1609년(광해군 1)에 이르러 효도와 임진왜란 때의 공훈으로 정려(旌閭)가 내려졌고, 1824년(순조 24)에 함양의 도곡서원에 제향되었다. 저서로는『弘窩遺稿』과『四書纂要』가 전한다.

247 본관은 풍천이며 부친은 노관(盧祼). 호가 우계(迂溪)로 1589년(선조 22)의 증광시(增廣試)에 생원이 되었고, 임진왜란 당시에 거의(擧義) 활동에 적극적으로 참여하였다.

248 본관은 풍천이며 함양 출신으로 호는 풍고(風皐). 풍천(豊川) 노씨(盧氏) 후손들의 시문집인『豊川世稿』에 노주의 글이 소개되어 있다.

249 본관은 진주(晉州)며 함양읍 백연리(栢淵里) 출신으로 호는 고대(孤臺). 정인홍(鄭仁弘)의 제자로 임진왜란 시에는 김성일과 김면의 소모사(召募使)로 활동하였다. 당시의 경험을 바탕으로 하여 저술한 일기인『孤臺日錄』은, 임진왜란이 일어난 1592년 4월 23일부터 1609년(광해군 1년)까지 18년 동안 4권으로 나누어 기록한 귀중한 자료로 평가받고 있다.

250 본관은 반남(潘南)이며 자는 경실(景實). 산청의 상중(上中)에 거주하였으며, 남계서원의 유사(有司)를 맡기도 하였다.

251 본관은 진주(晉州)며 함양 출신으로 호는 남음(灆陰). 정인홍(鄭仁弘)의 문인이자 정구(鄭逑)의 사위다. 1613년(광해군 5)에 찰방으로 증광문과에 병과로 급제하였고, 차후 정언·사서·지평·헌납·장령·교리·부수찬·함경도 어사 등을 역임하였다. 1623년의 인조반정 이후 정인홍의 일당으로 지목되어 추방되었다.

252 실제 정경운(鄭慶雲)이 쓴『고대일록』권1,「임진(壬辰, 1592) 겨울 11월」,〈11월 26일[壬午] 조항에는〈첨정공휘광립〉항목에 수록된 해당 내용과 유사한 기록이 등재되어 있다. "노사예(盧士豫)·조광립(趙光立)·박여량(朴汝樑)·박손(朴選)·노사상(盧士尙)·노사소(盧士召)·강린(姜繗)과 나[정경운]를 포함한 8명이 김 대장(金大將)[김면]을 찾아뵙고, 거창(居昌)에서 묵었다." 정경운 저(문인채·문희구 옮김),『고대일록』, 서해문집, 2016 참조.

253 원문의 수제(守制)란 옛날에 자식이 부모상을 당해 만 27개월 동안 근신(謹身)하면서, 모든 교제를 끊는 것을 의미한다.

254 군량(軍糧)을 위하여 민간에서 모아 바친 곡식이다.

하려 하고 있었다. 이에 공과 아우들인 광수(光遂)·광건(光建)·광성(光成)·광덕(光德) 등은 그 모친의 목숨이 온전하기를 간절히 빌었다. 그리고 5형제는 일시(一時)에 모두 전사하였고, 모친 또한 해(害)를 입게 되었다. 후일 국가에서는 5형제 모두를 아울러 효(孝)로써 정려(旌閭)에 명(命)하였다.[255]『함양읍지(咸陽邑誌)』에 보인다.]

〈효자사인함양조광립·광헌·광건·광성·광덕오형제지려(孝子士人咸陽趙光立·光獻·光建·光成·光德五兄弟之閭)〉 비석
이 비는 함양군 지곡면 덕암리에 위치한 교수정 건물 아래의 동쪽에 위치한 것으로 일시에 운명한 5형제를 기리기 위한 것이다.

(26) 조석(趙碩, 1562~1642) [첨추공휘석(僉樞公諱碩)][256]

|약전| 명나라 세종[嘉靖] 41년인 1562년(壬戌, 명종 17) 8월 24일에 태어나서, 수직(壽職)[257]으로 통정대부(通政大夫) 첨지중추부사(僉知中樞府事)에 제수되었다. 명나라 의종(毅宗)[崇禎][258] 15년인 1642년(壬午, 인조 20) 11월 12일에 졸(卒)하였다. 향년 81세다.

255 조광립 형제들이 선보인 '봉모순효'의 실상은『東國新續三綱行實』卷8,「孝子圖」에 〈幼學趙光立 光獻 光德 光成〉이라는 항목에도 수록되어 있는 상태다. 또한 함양군 지곡면 덕암리에 위치한 교수정 건물 아래의 동쪽 방향에는 '효자사인함양조광립·광헌·광건·광성·광덕오형제지려(孝子士人咸陽趙光立·光獻·光建·光成·光德五兄弟之閭)'가 음각(陰刻)된 정려 비석이 건립되어 있다. 정려 비각(碑閣) 상단에는 기문인 〈오형제정려기(五兄弟旌閭記)〉도 게시되어 있다.

256 조은복(趙殷福)[2-23]의 둘째 아들. 이하의 내용은 경남 사천시 곤양면의 향토사인 昆陽鄕土史編纂委員會,「제5편. 곤양군의 역사」,『昆陽鄕土史』, 2004에도 소개되어 있다.

257 조선 시대 때 매년 정월마다 80세 이상의 관원과 90세 이상의 백성에게 은전으로 주던 벼슬로, 달리 노직(老職)이라고도 한다.

258 숭정제(崇禎帝)는 중국 명나라의 마지막 제16대 황제로 재위 기간은 1628년에서 1644년까지이며, 묘호(廟號)는 의종(毅宗)이다.

공은 성품이 효우(孝友)에 근본하였으며 타고난 기품(氣稟)이 웅대하고 호걸스러웠다. 마침 시국이 임진왜란을 당한지라 사형(舍兄) 조정연(趙廷硏)과 함께 모친을 모시고 미곡산(薇谷山)의 산중[259]으로 접어들게 되었다. 조석 형제는 왜적의 칼끝을 피하느라 황급한 와중임에도 불구하고, 지양(志養)[260]을 두루 갖추어 모친을 극진하게 모셨다.

그러던 중에 '금산(金山)[김천]의 변고(變故)'[261] 소문을 접하게 되자, 모친 정씨(鄭氏) 부인은 놀란 나머지 서럽게 큰 소리로 울다가는 피를 토하더니, 1주일이 지나도록 음식을 먹지 않아 자진(自盡)하였다.[262] 이에 두 형제는 몹시도 애통해하며 가슴을 치고 발을 구르면서 분통을 터뜨린 끝에, 몇 번이고 기절하였다가 겨우 소생하여서는 바야흐로 모친의 원수를 갚기로 결심하였다.

그러던 어느 날 형제가 죽을 쑤어 먹고 있는데, 홀연히 왜적의 칼끝이 들이닥쳐서, 형님이 또 칼에 맞아 선 채로 사망하고야 말았다. 이에

259 소재지는 경남 사천시 곤양면 묵곡리 목단인 것으로 파악되었다.

260 부모의 뜻을 받드는 봉양과 의식(衣食)이며 물질을 받드는 구체지봉(口體之奉)을 아울러 일컫는 단어다.

261 금산(金山)은 경북(慶北) 김천(金泉)의 옛 지명이다. 운위된 '금산(金山)의 변고(變故)'란 금산 전투에서 정씨 부인의 남편인 조은복이 왜적의 총탄에 맞아 전사한 사실을 일컫는다. 여암(厲菴) 정도현(鄭道鉉)이 지은 비문(碑文)인 〈어모장군조공은복사단비(禦侮將軍趙公殷福祀壇碑)〉에는 조은복이 맞이한 최후의 순간을 이하와 같이 자세하게 기록해 두었다. "공(公)이 선봉장을 맡아 전진하여 적을 맞이하여 금산의 왜적 수십여 명의 목을 베니, 왜적들이 모두 뿔뿔이 흩어져 달아났다. 이윽고 대포 소리가 굉음을 발하더니, 숨어 있던 복병들이 다투어 일어나기 시작하였다. 이에 공은 홀로 물러나지 않고 있는 힘을 다해서 싸웠으나, 아군의 세력이 약하였던 까닭에, 기어이 해(害)를 입고 말았으니, 바로 8월 7일이었다. 공이 태어난 기해년으로부터 54세가 되던 해다. 이때 부인(婦人) 정씨(鄭氏)는 두 아들과 함께 난리를 피해 미곡산 산속에 있다가, 변고를 접하고서 곧 피를 토하며 자진(自盡)하였다.(公先鋒前進遇賊金山斬數十級, 賊皆奔散, 旣而砲聲大發, 伏兵爭起, 公獨力戰不退, 勢窮遇害, 卽八月十七日, 距其生己亥爲五十四, 時夫人鄭氏, 與二子避亂于薇谷山中, 聞變卽嘔血自盡.)"

262 식음(食飮)을 끊거나, 혹은 병들어도 약을 먹지 않거나 하는 의도적인 행위를 통해서 스스로 죽음에 이름을 말한다.

공(公)은 흡사 번개마냥 재빠르게 몸을 날려서 그 적을 손으로 쳐서 죽이니, 나머지 왜적들이 산산이 흩어졌다. 그러나 공은 한(恨)이 맺힐 만큼 원통스럽고 슬프고 분한 나머지, 마치 살고자 하는 생각이 없는 듯이 보였다. 그 뒤로 일이 그럭저럭 목숨을 부지하게는 되었지만, 그저 눈으로 보고 코로 숨만 쉴 뿐으로, 늘상 죄인으로 자처(自處)하곤 하였다. 마침내 공은 세상에 나아가 출세(出世)할 생각을 완전히 접고서, 임천(林泉)에 자취를 감추고는 남은 생애를 마쳤다.[묘표(墓表)].

일찍이 공은 대대로 전해져 내려온 충의(忠義)로운 가정의 교훈에 푹 무젖었고, 효성과 우애의 천륜(天倫)에도 독실하고 극진하였다. 또 전래의 아름다운 전통[趾美]을 즐거워하였으며, 어진 이의 바탕도 갖추고 있었다. 그러던 차에 병란(兵亂)의 즈음에 되돌이킬 수 없는 복수(復讎)가 상란(喪亂)에 미치게 되었던 것이다. 그러나 이미 난은 다스려졌고 공은 또 수고(壽考)[263]하고 화락[保乂][264]하였으니, 어진 본[賢範]과 아름다운 행실 등으로 반드시 기록할 만한 것들이 많았을 것이다. 마침 세상이 창란(搶亂)[265]을 만나는 바람에 부모와 자식이 서로 결별하게 되었지만, 모친의 충심과 자식의 효심만큼은 이 가문에 몹시도 세찬 기운으로 전해질 것이다.

공은 깊고도 깊은 슬픔으로 스스로를 다스렸고[自靖], 인하여 세상과의 관계를 끊고 깊은 산골짜기에서 빛을 감추어 밖으로 나타내지 않았

263 오래 삶을 뜻하며, 수고무강(壽考無疆)이라는 축원어로도 쓰인다.

264 '보예(保乂)'란 조선 세종 때 회례악(會禮樂)으로 창작된 「보태평(保太平)」중에서 다섯 번째 곡으로, 제4변을 가리킨다. 여기서는 화락(和樂)의 의미가 내포되어 있다.

265 창란(搶亂)은 남의 나라를 넘보아 빼앗기 위한 목적하에 고의로 유발한 전쟁이라는 뜻이다.

다. 수명은 대질(大耋)[266]을 향유하여 살아서는 순리에 맞았고 타계하여서는 편안하였다. 그 이름이 행적에는 머무르고 있으나 유실되었으니, 비록 남아 있는 것이라고는 두세 가지 정도에 불과하나, 족히 대의(大義)를 위해 목숨을 바쳐 지키는 절개를 분명하게 드러내 보이고 있도다.[이조판서 서준보(徐俊輔, 1770~1856)[267]가 지은 묘비명[墓銘]에 나온다.]

266 대질(大耋)이란 해가 서산을 완전히 넘어가듯이 얼마 남기지 않은 노년기를 말한다. 『周易』, 「離卦」의 구삼효(九三爻)에 이르기를, "해가 기울어져 걸림이니, 장구를 두드리고 노래하지 아니하면 큰 늙은이가 슬퍼함이라.(日昃之離, 不鼓缶而歌, 則大耋之嗟)"라는 구절이 보인다. 80세 또는 70세의 노인을 가리킨다.

267 본관은 대구(大丘)며 호는 죽파(竹坡)로 관찰사 서명구(徐命九)의 증손으로 부친은 이조판서를 지낸 서유방(徐有防)이다. 1790년(정조 14) 진사시에 장원하였고, 1794년 정시 문과에 을과로 급제한 이후로 성균관(成均館) 전적(典籍)과 홍문관(弘文館) 수찬(修撰)·무안(務安) 현감(縣監) 등을 차례로 역임하였다. 이후 진하부사(進賀副使)와 동지정사(冬至正使)로 청나라에 두 번 사행을 다녀왔고, 충청도관찰사에 이어 예조·병조·이조·공조·형조의 판서를 지냈다.

보충 자료 ⑥

사천(泗川) 환덕리(還德里) 조씨고가(趙氏古家)

경남 사천시 곤양면 환덕리 464번지에는 1989년도에 경상남도 문화재자료 제116호로 지정된 조씨고가와 함께 함안조씨 집성촌이 형성되어 있음을 확인하게 되었다. 그런데 환덕마을은 어모장군 조은복의 둘째 아들인 조석(趙碩, 1562~1642)[268]이 임진왜란 이후에 이곳에 정착하여 마을을 형성한 유래를 간직하고 있다. 임진왜란 당시에 조석은 형님과 함께 모친인 정씨(鄭氏) 부인을 모시고, 목단(牧丹)에 위치한 미곡산(薇谷山)으로 피난을 갔다가 급작스러운 변고를 연이어 당한 애달픈 사연을 간직하고 있다.

그리하여 전란이 평정된 뒤에 조석은 절절한 통한과 슬픔으로 인하여, "세상과의 관계를 끊고 깊은 산골짜기에서 빛을 감추었다."고 『함안조씨언행록』에 기록되어 있다.[269] 결과적으로 『함안조씨언행록』의 이 기록은 조석이 기존 거주 지역에서 사천해(泗川海)를 마주한 해안가의 깊은 마을로 거처를 옮긴 사실을 에둘러 표현한 대목임을 이해하게 된다. 또한 정확한 소재지를 파악하지는 못했으나, '보충 자료 ⑤'를 통해서 소개한 〈어모장군조공은복사단비〉도 곤양면 환덕리 일대의 어딘 가에 있을 것으로 추정된다.

한편 환덕리 조씨고가의 고택은 1895년(고종 32)에 후손 조용헌(趙鏞憲,

268 조석에 대해서는 '「제3편」의 (26) 조석' 항목을 참조할 것.

269 咸安趙氏世譜委, 『咸安趙氏言行錄』, 「第三篇」, 〈僉樞公諱碩〉, 15쪽, "痛深自靖, 仍與世絕, 光韜深壑."

1869~1951)[270]이 지었고, 전형적인 ㅁ자형(字形) 구도를 취한 남부형 민가로 설명되고 있다. 조석이 타계한 지 약 200여 만에 건립된 건물로, 상당히 높은 위치에 터한 언덕 위에 조성된 까닭에 축대도 꽤나 높은 편이다. 또한 환덕리 484번지에는 마을의 수호신을 모신 동신단(洞神壇)도 눈길을 끌게 한다. 동신단의 기원은 약 400년 전으로 거슬러 올라가는데, 매년 정월 초하루에 마을의 안녕과 풍성한 살림살이를 기원하는 제(祭)를 모신다고 한다.

270 최긍민(崔兢敏, 1883~1970)이 편집한 면우(俛宇) 곽종석(郭鍾錫, 1846~1919)의 문인록인 『면문승교록(俛門承敎錄)』(경상국립대 고문헌도서관 소장본)에는 조용헌의 신상 정보에 대해서 이하와 같이 소개해 두었다.(42쪽): "자는 가헌(可憲)이고 함안인으로 곤양의 환덕에 거주하고 있으며, 고종(高宗) 기사년[己巳] 출생이다.(字可憲咸安人, 居昆陽還德, 高宗己巳生.)" 운위된 '고종기사생'이란 1869년(고종 6)을 뜻한다. 조용헌은 덕곡 조승숙의 11대 후손에 해당한다. 제5편의 (65)항목을 참조할것.

사천(泗川) 환덕리(還德里) 조씨고가(趙氏古家)의 전경 ©경상남도 사천시 문화체육과
경상남도 문화재자료 제116호로, 옛 모습을 잘 간직하고 있다.

(27) 조유관(趙惟寬, 1558~?) [증참판공휘유관(贈參判公諱惟寬)]

공은 평소에 도덕과 명망이 있었다. 또 『중용(中庸)』·『대학(大學)』과 『성리대전(性理大全)』 등과 같은 서책에 있는 힘을 다 쏟아부어, 지식과 견문이 고명(高明)하여 조기에 사마(司馬)[271]에 올랐다. 일찍이 〈명암운(鳴巖韻)〉[272]에 차운(次韻)하여 읊조리기를,[273]

"봉황새 빌려 지은 바위 이름 잘도 영험하고
동방의 푸른 감덕(監德)[274]으로 비 그쳐 좋은 날씨
하물며 기이한 징명(徵鳴)[275]으로 문득 보답하였음에랴?
손님과 과거[科甲][276]로 남은 인생 고대하리라!"

라고 하였다.[『세덕편(世德編)』에 나온다.]

271 조선 시대 때 과거 시험의 하나로 생원과 진사를 뽑는 소과(小科)를 지칭하며, 생진과(生進科)·감시(監試)라고도 한다. 생원을 뽑는 초시(初試)와 진사를 뽑는 복시(複試)로 나뉜다. 자가 사율(士栗)인 조유관의 거주지는 지금의 전북(全北) 순창(淳昌)이었으며, 1585(선조 18)년[乙酉]의 식년시(式年試)에 진사가 되었다. 부친 조보(趙保)는 충순위(忠順衛)를 지냈다.

272 언급된 〈명암운〉이란 성종·명종 연간에 활동하였던 신재(愼齋) 조림(趙琳)이 지은 원운(原韻)을 가리킨다. 제2편-13 조항과 〈승사랑공휘희정〉[2-16] 항목을 참조할 것.

273 "巖名假以鳥中靈, 監德東方瑞日晴, 況有奇徵鳴輒報, 賓與科甲待餘生."

274 고대의 예언서의 일종인 『天官書』 卷27의 이하의 구절에 전거를 둔 표현이다. "正月, 與斗牽牛, 晨出東方, 名曰監德, 色蒼蒼有光."

275 징명(徵鳴)이란 과거 합격과 같은 경사가 임박하였을 때 바위가 울곤 하였다던 설화를 상기시킨 시어(詩語)다. 참고로 학문과 덕행이 높아 임금이 부르나, 나아가 벼슬을 하지 않은 은사(隱士)를 징사(徵士)라 칭한다.

276 과갑(科甲)이란 과거(科擧)의 다른 이름으로, 중국과 조선에서 시행하였던 관리 채용 시험을 이르던 말이다.

(28) 조유선(趙惟善, ?~?) [감정공휘유선(監正公諱惟善)][277]

공은 타고난 천성이 올곧고 순수하였으며, 독실한 우애심은 노년에 이르도록 조금도 쇠퇴하지 않았다. 『소학(小學)』으로 과정(課程)[278]을 설정하여 한집안 사람들을 가르치고 깨우쳤다. 또 임천(林泉)의 고요하고 아름다운 경치를 유달리 사랑한 나머지, 거주하던 유호(柳湖)[279]의 위쪽 중에서 산수(山水)가 수승(殊勝)한 곳을 골라잡아 별도로 정자(亭子) 한 채를 짓게 되었다. 이곳에서 공은 한 시대의 명류(名流)들과 더불어 서로 오가면서 시(詩)를 읊조리거나, 혹은 세상사 이런저런 근심거리들을 삭이면서 보내기도 하였다.[가장에 나온다.]

(29) 조윤적(趙允迪, 1526~1589) [참봉공휘윤적(參奉公諱允迪)]

|약전| 명나라 세종[嘉靖] 5년인 1526년(丙戌, 중종 21)에 태어나서, 1548년(戊申, 명종3)에 현릉(顯陵)[280] 참봉(參奉)을 지냈고, 명나라 신종[萬曆] 17년인 1589년[己丑, 선조 22]에 졸하였다. 향년 65세다.

공은 타고난 자질이 빼어나게 총명하였고, 성품이며 행실 모두가 선량하고 공평하였으며, 남보다 월등하게 뛰어난 재주가 있었다. 공의 나

277 감정(監正)은 조선 시대 때 군량미 등과 같은 군수품의 저장·관리·출납을 맡아 본 군자감(軍資監)에 두었던 정삼품(正三品) 관직이다.

278 과정(課程)은 일정 기간 중에 교육하거나 학습해야 할 과목의 내용과 분량을 의미한다.

279 경북 청도군 화양읍 유등리에 위치한 세칭 '연꽃 연못'으로 유명한 유호연지(柳湖蓮池)와 유사한 호수명이나, 일치 여부를 장담할 수는 없다. 청도팔경(淸道八景) 가운데 하나인 유호연지는 달리 유등연지(柳等蓮池)·유등지(柳等池)로도 불린다.

280 현릉(顯陵)은 조선의 제5대 국왕인 문종(文宗, 1414~1452)과 현덕왕후 권씨(顯德王后 權氏, 1418~1441)의 능을 가리킨다.

이 일곱 살 때에 용사지란(龍蛇之亂)[281]을 당하여 부군(府君)인 통덕랑공[通德郎]을 따라 난리를 피해 용각산(龍角山)[282] 산속으로 들었다. 공은 성장하면서 책 읽기를 더욱 좋아하였고, 산 아래 동네의 장자손(長子孫)으로 집안사람들을 시례(詩禮)와 충효(忠孝)의 가르침으로 교육하였다.[가장에 나온다.]

(30) 농암 조용(趙容, ?~?) [농암공휘용(聾菴公諱容)]

공은 태어나면서 부여받은 성품이 순박(淳朴)하였고, 전래의 집안의 가르침을 충실히 계승하여 이어받았다. 그리하여 공은 깊이 이룬 경지가 도탑고도 알찼으며, 덕기(德器)가 성취되었다. 공은 자신이 거처하던 당(堂)에 편액(扁額)을 내걸기를 '농암(聾菴)'이라 이름하였다. 이에 공은 자황(雌黃)을 구분하지 않았고,[283] 총애며 욕됨마저 모두 잊고서 어버이를 효로써 섬기면서, 농암당에 은거(隱居)한 채 오롯이 뜻을 기르는 일에 힘썼다.[유집(遺集)에 나온다.]

(31) 조응수(趙應琇, ?~?) [주부공휘응수(主簿公諱應琇)][284]

공은 동자(童子) 적부터 문예(文藝)가 이미 완성되어, 붓이 움직이는 대로

281 원문의 '용사지란(龍蛇之亂)'이란 임진왜란을 가리키는 표현이다. 용의 해인 임진년(壬辰年)과 익년인 1593년이 뱀의 해에 해당하는 계사년(癸巳年)이었던 까닭에 '용사(龍蛇)'라는 어휘를 차용한 것이다.

282 경북 청도군 매전면 두곡리와 경산시 남천면 하도리의 경계에 있는 산으로 해발 고도는 693m에 이른다.

283 유황과 비소의 혼합물로 된 노란색의 채료(彩料). 시문(詩文)을 첨삭(添削)하여 다듬는 일이나, 혹은 변론의 시비를 가리는 일을 이르는 말. 고대 중국에서 글의 잘못된 글자를 이 자황 물감으로 지운 데에서 유래하였다.

284 정경운의 『고대일록』 권3, 「기해(己亥, 1599 선조 32)」, 〈봄 2월〉의 2월 27일[丁丑] 기록에 "길에서 주부(主簿) 조응수(趙應琇)를 우연히 만나 장안(長安) 소식을 들었다"라는 내용이 포함되어 있어 참고가 된다.

청도의 유호연지(柳湖蓮池) ©경상북도

경북 청도군 화양읍 유등리에 위치한 유호연지는 여름이면 연한 분홍색의 연꽃이 연못 전체를 덮을 정도로 피어나 장관을 이룬다.

고성이 본관인 모헌(慕軒) 이육(李育, ?~?)이 무오사화의 여세로 이곳에서 은거 생활을 하면서 못을 넓히고 연을 심어 오늘의 유호연지를 이루었다고 알려져 있다. 또 연못 가운데 건립된 군자정은 이육이 시를 읊고 글을 짓던 옛터이라고 전해진다.

용각산(龍角山, 692.9m)의 정상석
율정 조종례를 파조로 삼는 제학공파의 후손인 조지경(趙之瓊, 1490~?)[2-12]이 청도로 접어든 입향조로 알려져 있다. 조지경은 임진왜란이 발발하자 전화(戰禍)를 피할 목적으로 용각산 자락의 안인리로 이주를 단행했다고 한다. 한편 『청도인물록(淸道人物錄)』에는 조지경을 이하처럼 소개해 두었다. "함안인으로 덕곡 조승숙의 4세손[玄孫]이며, 관청 안의 금위로 찰방을 지냈고 문장[文]과 덕행[行]이 있었다.(咸安人, 德谷承肅玄孫, 官內禁衛歷察訪, 有文行.)"

문장을 이루었다. 이에 군백(郡伯)[군수]인 혜지공(惠紙公)은 시로써는 공에게 사양[謝]하였다. 하동(河東) 정(鄭) 노경(魯卿)[285]도 공의 시에 화답하고는 사양하였다. 군수(郡守) 혜지공이 주부공의 시를 옥계(玉溪) 노(盧) 문효공(文孝公) 진(禛, 1518~1578)[286]에게 보여 주었다. 그러자 문효공은 그 운(韻)에 차운하여 읊조리기를,[287]

"옛적부터 우리 고향엔 문헌(文獻)이 성하여
갓난아이도 종종 능히 글자를 안다오.
너의 절묘한 물음이 홀로 발군하니
볼품없는 나의 학문은 장차 어찌해야 할지.
근래에 들으니 스승 도움 없이도 책 속에 잠긴다는데
분분히 사절함은 어린 나이의 뜻이겠지.
때때로 아름다운 시구가 사람들을 놀라게 하여
뭍사람들의 입으로 전전하니 아름다운 일이지.
최근에는 군(郡) 대부(大夫)에게 시를 지어 바치니

285 일두 정여창의 조카로 용안(龍安) 현감(縣監)을 지낸 정희삼(鄭希參)의 자(字)이다. 그의 사후에 옥계 노진이 〈祭鄭龍安文〉을 지었다.

286 옥계 노진: 본관은 풍천(豊川)으로 함양 출신의 문신. 1537년에 생원시에 합격하고, 1546년(명종 1) 증광 문과에 을과로 급제, 승문원의 천거로 박사가 된 이래로, 대사간·이조참의와 경상도 관찰사·대사헌 등을 거쳐 이조·형조·공조·예조판서 등의 벼슬에 연배(連拜)되었으나, 모두 병으로 나가지 않았다. 노진은 평소 기대승(奇大升)·노수신(盧守愼)·김인후(金麟厚) 등의 학자들과 도의(道義)로 교유하였다. 효로써 정려(旌閭)가 세워졌고, 남원의 창주서원(滄州書院)과 함양의 당주서원(溏州書院)에 제향되었다. 저서로는 『玉溪文集』이 있고, 시호는 문효(文孝).

287 "吾鄕自古盛文獻, 生兒往往能識字, 念汝妙質獨超群, 孤苦問業將奚以, 近聞耽書不資師, 謝却紛紛幼稚志, 時時佳句解驚人, 流傳衆口爲美事, 頃者獻詞郡大夫, 嘉賞爲致文房賜, 今觀謝詩尤環奇, 老儒踧踖安敢比, 他時若能極馳驟, 一唱尙可掃百紙, 河東丈人忽見之, 作爲和歌極稱美, 還將規語指階級, 辭意直述程朱子, 勉爾服膺恢大業, 莫學世儒工程試."

가상히 여겨 문방구를 하사하셨다지.

지금 사은(謝恩)한 시를 보노라니 더욱 신기하니

조심조심 늙은 선비가 어찌 감히 견주리.

언젠가 능히 지극한 경지에 속히 다다라서

한 번 읊조림에 여전히 하얀 종이를 쓸어 버리듯 하리.

하동 장인(丈人) 문득 지은 시를 보고

화답 시 짓고는 훌륭하다 크게 칭찬하시었네.

장차 전범[規] 시[語]로 섬돌 층계 가리키며 돌아올지니

글 뜻은 정자[程]·주자[朱]를 곧장 진술하였어라.

너는 힘써 커다란 대업을 가슴 속에 새기어

세속 유자[世儒]를 공정(工程)하는 시험일랑 배우지 말거라!"

라고 하였다.[288][『천령지(天嶺誌)』에 나온다.]

(32) 조세순(趙世純, 1562~1640) [찰방공휘세순(察訪公諱世純)]

|약전| 자는 수일(守一).[289] 명나라 세종[嘉靖] 41년인 1562년(癸亥, 명종 17)

288 이 칠언고시는 〈족조(族祖) 하동 정씨 노경이 조자(趙子)[조응수]가 군의 방백(方伯) 혜지공에 사은(謝恩)하여 지은 시에 화운(和韻)한 시를 보여 주므로, 그 시에 차운하다.(河東鄭族祖魯卿氏和趙子謝郡伯惠紙詩以示, 因次其韻)〉라는 긴 시제(詩題)로 『玉溪集』 卷1(한국문집총간 37), 「詩○七言古詩」, 민족문화추진위원회, 1986, 203쪽에 20구 분량으로 수록되어 있는 상태다. "吾鄕自古盛文獻, 生兒往往能識字, 念汝妙質獨超群, 孤苦問業將奚以, 近聞耽書不資師, 謝却紛紛幼稚志, 時時佳句解驚人, 流傳衆口爲美事, 頃者獻詞郡大夫, 嘉賞爲致文房賜, 今觀謝詩尤環奇, 老儒跛踖安敢比, 他時若能極馳驟, 一唱尙可掃百紙, 河東丈人忽見之, 作爲和歌極稱美, 還將規語指階級, 辭意直述程朱子, 勉爾服膺恢大業, 莫學世儒工程試."

289 정경운의 『고대일록』 권3, 「신축(辛丑, 1601) 봄 3월」, 〈3월 26일 갑자(甲子)〉에는 "나는 향교로 가서 조수일(趙守一)·하자열(河子悅) 등과 잠시 대화를 나누었다"라는 구절이 보인다.

에 태어나서, 금정 찰방(金井察訪)을 지냈다. 명나라 의종[崇禎] 13년인 1640년(庚辰, 인조 18)에 타계하였으니, 향년 78세다.

공은 직장(直長) 노윤(盧胤)[290]과 더불어 친구 사이로 의좋게 지냈다. 그러다가 경년(庚年, 1630)[291]에 노윤이 죽자 곡(哭)하며 지은 〈만사(挽詞)〉에 이르기를,[292]

"집안에 백 가지 행실의 근원[孝]이 전하여
기쁜 기운 공(公)의 문전에 모이었다네.
갈래마다 잇닿은 정(情)은 짙고도 두터웠고
가신 날까지 함께한 의(義) 또한 여전하구나.
허옇게 센 내 머리[탈간(脫簡, 佚)] 함께 보존하리니
그대 손 부여잡으니 다시 무슨 말을 할까?
늙고 쇠해 생긴 병은 어찌 이리도 오래가는지
구원(九原)[저승]에서 다시 만날 날 있으리."

라고 하였다.[가장에 나온다.]

(33) 조돈시(趙敦詩, 1549~1579) [군수공휘돈시(郡守公諱敦詩)]

|약전| 자는 정회(廷誨). 명나라 세종[嘉靖] 28년인 1559년[己酉, 명종 4]

290 본관은 풍천(豊川)이고 자는 경소(景紹). 직장(直長)을 지냈으며 함양 유림(柳林)에 살았다. 鄭慶雲, 『孤臺日錄』의 「附錄: 人名錄」 참조.

291 언급된 경년(庚年)이란 경오년(庚午年)에 해당하는 1630년일 것으로 추산된다.

292 "家傳百行源, 喜氣萃公門, 派接情偏厚, 庚同義亦存, 白頭[佚]共保, 握手更何言, 衰病那能久, 重逢有九原."

에 태어나서, 선종조[宣廟朝]에 과거에 급제하여 흥해(興海) 군수(郡守)를 역임하였다. 명나라 신종[萬曆] 7년인 1579년(己卯, 선조 12)에 졸(卒)하였다.

공은 타고난 성품이 돈후[淳]·성실[慤]하여 겉모양을 꾸미는 일을 일삼지 않았으며, 전적으로 실행(實行)에 오롯이 힘썼다. 일찍이 그 흥해 군수로 있을 때에, 백성을 다스리기를 청백(淸白)하게 하여 주민(州民)들이 감화되어 공을 노래하여 이르기를,

> "공(公)께서는 (흥해 군수로) 오심이 왜 이리 늦으셨던가요? 공은 절대 갑자기 돌아가지 마십시오!"

라고 운운하였다고 전한다.[가장(家狀)과 구록(舊錄)에 나온다.]

(34) 조유인(趙由仁, ?~?) [진사공휘유인(進士公諱由仁)][293]

공은 효우(孝友)로운 전통의 가문에서 태어나서, 일찍부터 시서(詩書)의 가르침을 들을 수 있었다. 그리하여 그 사장학(詞章學)[294]에 그 명성이 크게 빛을 발하였으니, 같은 동년배 또래들이 쉽게 미칠 수 있는 바가 아닌

293 조광립(趙光立)[3-25]의 아들. 후사(後嗣)가 없다가 뒤늦게 둔 아들이 서자(庶子)인 조원로(趙元老)다. 한편 조임도(趙任道)의 『澗松集』 卷4(한국문집총간 82), 「序」, 〈趙氏族譜重修序〉, 민족문화추진위원회, 1986, 89쪽에는 이하와 같은 내용이 수록되어 있다. "호서와 호남에는 함안을 본관으로 하는 조성(趙姓)이 많다. 천령군에도 사인 조세순(趙世純)·조유인(趙由仁) 등이 있는데 모두 우리 함안조씨라고 일컬어진다. 일찍이 나에게 말하기를, '고려조에 병부 상서 휘 영준(英俊)이란 분이 계셨는데, 처음으로 함안에서 천령으로 이주하였습니다. 그 자손들이 대대로 천령에 살았는데, 상서공 이하는 본보(本譜)에 실리지 않았습니다'라고 하였다.(兩湖多趙姓世籍咸安者, 天嶺郡亦有士人趙世純, 趙由仁輩, 皆稱同姓, 嘗謂任道曰, 在前朝有兵部尙書諱英俊者, 始自咸移天嶺, 其子孫世居, 而尙書以下, 不載本譜.)"

294 한(漢)·당시(唐詩)와 당송(唐宋) 고문(古文)을 모범으로 삼아 수사적 기교에 중점을 둔 장식적인 문학론에 충실하였고, 이를 중시한 학문 유파인 사장학은 도학(道學)과 주자학(朱子學)과는 대칭 개념이었다.

것이 있었다.[『천령지(天嶺誌)』에 나온다.]

(35) 서계(西溪) 조세유(趙世維, 1647~1723) [서계휘세유(西溪諱世維)]

|약전| 자는 형지(亨之). 남명(南明) 영명왕(永明王)[永曆][295] 1년인 1647년(丁亥, 인조 25) 4월 19일에 태어나서, 경종(景宗) 3년[296]인 1723년[癸卯] 12월 2일에 졸(卒)하였다. 향년 77세이다.

공은 나면서부터 빼어나게 총명하였다. 공이 세상에 이제 막 태어나서 이불 포대기인 강보(襁褓)에 쌓일 즈음에 미쳐 기이한 일들이 많이 발생하기도 하였다. 이후 나이 겨우 여섯 살 적에는, 한 자 크기의 나무 조각 네 개를 집 뜰 한가운데에 나열하여 세우고, 또 기와 그릇들을 그 앞쪽에 쭉 진열하고서는 재배(再拜)한 뒤에 단정히 무릎을 꿇고 궤좌(跪坐)하고 있었다. 이 모습을 괴상하게 여긴 선공(先公)[297]이 그 이유를 묻자, 대(對)하여 아뢰기를,

> "척목(尺木) 네 개를 세운 것은 선대 조상께서 한두 대(代)가 아니기 때문이며, 두 번 절을 올린 것은 제례(祭禮)이기 때문이요, 궤좌(跪坐)를 행한 것은 공경(恭敬)을 표한 것입니다."

295 명나라가 멸망한 뒤에 왕실 계통의 일족과 명조(明朝)의 유신(遺臣)들에 의해 수립된 남명(南明) 정권의 연호(年號)로, 제4대 왕인 영명왕(永明王 : 桂王)이 사용하였던 연호다.

296 이 해는 청(淸)나라 세종(世宗) 옹정제(雍正帝) 원년에 해당하나, 당시에는 청나라의 연호를 사용하지 않았던 까닭에, 조선 국왕이 즉위한 햇수만을 표기한 것이다.

297 선공(先公)은 선군(先君)·부군(府君)과 같은 뜻으로 작고한 부친이나 조부를 높여 부르는 말이다.

라고 하였다. 그러자 선공은 크게 기이하게 여겼다.[『용성지(龍城誌)』[298]의 「효행(孝行)」편(編)에 실려 있다.]

공의 나이가 약관(弱冠)을 넘어서자 운계(雲溪) 황신구(黃信龜)[299] 선생의 문하에 유학(遊學)하였다. 공은 운계 선생으로부터 『심경(心經)』과 『근사록(近思錄)』 및 성리서(性理書) 등과 같은 책들을 수학(受學)하였고, 성현(聖賢)들이 남기신 서책들에 담긴 이치를 낱낱이 따져 가며 궁구하지 않음이 없었다. 또 필법(筆法)은 그 정묘(精妙)한 경지를 체득하였고, 『사례홀기(四禮笏記)』[300]를 저술하여 세상에 유포하였다.[유집(遺集)에 나온다.]

(36) 조식(趙湜, 1590~1648) [휘식(諱湜)]

|약전| 자는 청보(淸甫). 명나라 신종[만력(萬曆)] 18년인 1590년(庚寅, 선조 23)년에 태어나서, 명나라 의종[숭정(崇禎)] 21년인 무자년(戊子年, 1648)에 졸(卒)하였다.

공은 타고난 자질이 총민(聰敏)하였고, 참마음으로 부모를 섬기는 효성도 겸하여 갖추었다. 그러다가 더는 부모를 봉양할 수 없게 되는 상황에 처하자, 매일 한밤중에 눈물을 흘리면서 홀로 울었다. 일찍이 백천

298 조선 후기인 1699년에 이도(李燾)와 최여천(崔與天)이 편찬한 전라도 『남원읍지(南原邑誌)』의 증보판. 용성(龍城)은 남원의 옛 별호다.

299 본관은 장수(長水)로 조선 중기 전북 남원 출신의 유학자이다. 무민공(武敏公) 황진(黃進)의 증손이며, 당촌(塘村) 황위(黃暐)의 아들이다. 벼슬에 뜻이 없어 은거하여 후진을 교육하였는데 많은 선비가 모였고, 고관대작들도 그의 높은 절의를 존경하여 교제하기를 원하였다고 한다. 숙종 때 대신들의 추천으로 의금부 도사(義禁府都事)와 조지서 별제(造紙署別提)에 임명되었으나 나가지 않았다. 저서로는 『雲溪集』이 전한다.

300 관혼상제 등과 같은 네 가지 의례의 여러 절차들을 기술한 저술. 홀기(笏記)는 대중의 집회·제례 의식에서 그 진행 순서를 적어서 낭독하게 하는 기록을 뜻한다. 조선 말기에 성재(省齋) 유중교(柳重敎, 1832~1893)도 선비가 행해야 할 의례와 가정에서 지켜야 할 관례·혼례의 절차를 정리하여 실생활에 참고하도록 한 『사례홀기』를 저술한 바가 있다.

(白川) 이(李) 선생[이천봉][301]의 문하에서 수학(受學)하여, 시례(詩禮)의 이치에 널리 통하여, 크게 동배(同輩) 무리들이 높이 받들고 복종하는 대상이 되었다.[가장(家狀)에 나온다.]

(37) 한천(寒泉) 조훈(趙勳, 1557~1592) [한천공휘훈(寒泉公諱勳)]

|약전| 자는 군칙(君則). 명나라 세종[嘉靖] 36년인 1557년(丁巳, 명종 12)에 태어났다. 명나라 신종[萬曆] 13년인 1585년(乙酉, 선조 18)에 무과(武科)에 올라 훈련주부(訓練主簿) 벼슬을 하였다. 1592년[壬辰] 4월 19일에 순절(殉節)하였다.

공은 소싯적부터 지략과 용맹이 남들보다 월등하였고, 강직한 기개며 절조가 특별히 우뚝하였다. 또 성품은 충효(忠孝)에 오롯하였다. 일찍이 병사(兵使) 김공(金公) 태허(太虛)[302] 집안에서 무예(武藝)를 익히어, 매일같이 활쏘기와 말타기를 일삼은 끝에, 얼마 지나지 않아서 무과(武科)에 급제하였다. 그러나 아침저녁으로 부모를 보살펴 드릴 만한 사람이 없었던 까

301 백천 이천봉(李天封): 본관은 경산(京山)이며 호는 백천. 부친은 이침(李忱, 1543~1580)으로 덕계(德溪) 오건(吳健, 1521~1574)에게 수학하였고, 이수(李樹)의 따님과 결혼하여 한강(寒岡) 정구(鄭逑)와는 동서지간이 된다. 조실부모한 이천봉은 백형 이천배(李天培)와 함께 정구의 문하에서 수업하였고, 1601년에 진사가 되었다. 정구 사후에 스승을 위한 현양 사업에 주력하였고, 1623년 인조반정 이후에 여러 번 천거되었으나 나아가지 않았다. 정묘호란(丁卯胡亂)이 일어나자 성주에서 의병을 일으켰고, 그 공으로 금부도사(禁府都事)에 제수되었으나, 역시 응하지 않았다. 성주의 덕암사(德巖祠)에 향사되었다.

302 박연정(博淵亭) 김태허(金太虛, 1555~1620): 본관은 광주(廣州)며 자는 여보(汝寶)로 부친은 좌찬성 김희증(金希曾)이다. 인품이 충직 순박하였고, 1580년(선조 13)에 무과에 급제하여 옥포 만호(玉浦萬戶)가 되었다. 임진왜란 때 밀양성(密陽城)이 함락된 이후에 밀양 부사로 임명되어 분전하였고, 차후 울산 군수로 전임되어 울산성(蔚山城) 전투에서 도원수(都元帥) 권율(權慄)을 도와 큰 전공을 세워 당상관 품계에 올랐다. 1599년에 성주 목사를 거쳐, 경상우도병마절도사가 되었고, 1605년에 이르러 선무원종공신(宣武原從功臣) 1등에 책록되었다. 이어 경상좌도병마절도사·오위도총부도총관 등을 지낸 뒤에 지중추부사에 올랐다. 시호는 양무(襄武)다.

닭에,[303] 관직을 사양하고 집으로 되돌아갔다. 이때 지은 시(詩)에서 읊조리기를,[304]

"나아갔다 물러남에 감히 나라 근심하는 뜻을 잊노니
아침·저녁나절에 어버이 기쁘게 해드리는 정성 일삼으리!"

라고 하였다. 이에 당시 사람들 모두가 공의 그 충심과 효심을 공경하면서 감탄해 마지않았다. 그러던 중에 임진왜란을 당하자 공은 큰 마음을 먹고 떨쳐 일어나 분노하여 왜적과 대적할 의지를 품게 되었다. 이에 공은 의병(義兵)을 일으키려 군사들을 모집하고, 마침내 왜적들을 토벌하여 전공(戰功)을 세웠다.

임진년 초여름인 4월에 다시 왜적(倭賊)에 의해 습격을 받게 되자, 공은 죽음을 각오하고 전력(戰力)을 다해 싸웠으나, 끝내 순절(殉節)하고야 말았다. 이 일이 나라에 알려지게 되면서, 조정(朝廷)에서는 공신(功臣) 녹권(錄券)[305]을 하사하였다.[김(金) 참판(參判) 재인(載人, 1735~?)[306]이 지은 행장(行狀)에 나온다.]

303 원문의 정성(定省)이란 『예기』에 연원하는 '혼정신성(昏定晨省)'의 약어다. 즉, 밤에는 부모의 잠자리를 보아 드리고, 이른 아침에는 부모의 밤새 안부를 묻는다는 뜻으로, 부모를 잘 섬기고 효성을 다함을 이르는 말이다.

304 "進退敢忘憂國志, 晨昏多負悅親誠."

305 고려와 조선 시대 때 공신임을 증명하는 문서. 조선 초기에는 개국(開國)·정사(靖社)·좌명(佐命) 등 3공신 중에서, 왕실의 안정에 공훈이 있는 정공신(正功臣)에 한해 교서(敎書)와 녹권을 함께 주었으며, 원종공신(原從功臣)에게는 녹권만 주었다. 그러나 1453년의 정난공신(靖難功臣) 이후로는 정공신에게는 교서만 주고, 녹권은 원종공신에게만 주었다.

306 자가 사립(斯立)으로 김횡(金澋)의 증손이다. 1763년(영조 39)에 시행된 증광시(增廣試)에 병과(丙科) 13위로 급제한 이후로 통덕랑(通德郎) 등의 관직을 역임하였다.

(38) 최오재(最娛齋) 조세정(趙世禎, ?~?) [최오재공휘세정(最娛齋公諱世禎)]

공은 효우(孝友)의 전통을 지닌 가문에서 태어나 어려서부터 지조(志操)가 엿보였고, 정성과 독실한 마음으로 어버이를 섬기었다. 또 공은 시례(詩禮)를 강론[講]·토론[討]하는 가운데, 영화며 이익 따위를 바라는 마음이 조금도 없었다. 공은 성리학(性理學)의 의리(義理)를 연구하면서, 자제들에게는 정을 두텁게 하고 화목하는 도리로써 가르치어, 온 세상 사람들이 미루어 사모하게 되었다.[유집(遺集)에 나온다.]

(39) 수운(睡雲) 조일신(趙日新, ?~?) [수운공휘일신(睡雲公諱日新)]

|약전| 자는 명우(明宇)요, 호는 수운(睡雲)이다.

공은 약관(弱冠)의 나이인 스물 살 즈음에 문장(文章)을 이루었으나, 과거에는 응하지 않았다. 대신에 학도(學徒)들을 거느리고 관선정(觀船亭)[307] 위에서 예(禮)를 강론하였다.[가장(家藏)에 나온다.]

(40) 동은(東隱) 조성린(趙成麟, 1551~1633) [동은공휘성린(東隱公諱成麟)]

|약전| 명나라 세종[嘉靖] 30년인 1551년(辛亥, 명종 6) 10월 18일에 태어나서, 명나라 의종[崇禎] 6년인 1633년(癸酉, 인조 11) 9월 19일에 타계하였다. 향년 83세다.[308]

공은 소싯적부터 총명하고 지략이 뛰어났을 뿐만 아니라, 박학(博學)하

307 전북 임실군에서 간행한 『任實雲水誌(下)』, 「18. 樓·亭·臺·齋閣」편, 2012에는 "덕치면(德峙面) 고치리(高峙里) 안산(案山)에 있었는데, 선비 조유원(趙有瑗)의 누정이다"라는 설명이 있다.

308 1632년에 경상도 청송군(淸道郡)의 유향소(留鄕所)에서 작성된 향안(鄕案)에 등록된 향원(鄕員) 67명 중에서, 이미 삭적(削籍)된 인물을 제외하고 나이가 80세 이상인 사람은 조성린 1명이었던 것으로 기록되어 있다.

고 문장에도 능숙하였다. 그러나 공은 이름이 널리 알려져 현달(顯達)하기를 구하지 않고, 독서(讀書)하기를 무척 좋아하였다. 자제들은 시례(詩禮)의 가르침으로써 가르쳤고, 뽕나무며 삼나무를 영위하는 산업에도 힘썼다. 공은 문장과 도덕(道德)이 융숭하여 사림(士林)의 영수(領袖)가 되었다.[유집(遺集)에 나온다.]

공은 일찍이 한강(寒岡) 정(鄭) 선생[정구(鄭逑, 1543~1620)[309]]을 스승으로 섬겼다.[310] 또 곽(郭)괴헌(槐軒)[곽재겸(郭再謙, 1547~1615)][311]과 서(徐)낙재(樂齋)[서사원(徐思遠, 1550~1615)][312] 및 여(呂)감호(鑑湖)[여대로(呂大老, 1552~1619)][313] 등과는 도의(道義)의 사

309 본관은 청주(淸州)며 부친은 김굉필(金宏弼)의 외증손으로 충좌위(忠佐衛) 부사맹(副司孟) 정사중(鄭思中)이며, 모친은 성주이씨(星州李氏)로 이환(李煥)의 딸이다. 본래 공신(功臣) 가문으로 대체로 한양에서 살았으나, 부친이 성주이씨와 혼인하면서 성주에 정착하였다. 신동으로 10세 때『대학』·『논어』의 대의를 이해하였고, 13세 적에 성주 향교의 교수인 오건(吳健)에게 역학을 배웠다. 1563년에 이황을, 1566년에 조식을 찾아서 스승으로 삼았으며, 그 무렵에 성운(成運)을 찾기도 하였다. 1563년에 향시(鄕試)에 합격하였으나, 이후 과거를 포기하고 학문 연구에 전념하였다. 그러다가 1580년에 이르러 비로소 창녕(昌寧) 현감(縣監)으로 관직 생활을 시작한 이후로 강원도관찰사·형조참판·대사헌 등을 역임하였다. 정구의 학문 세계는 성리학과 예학뿐만 아니라 제자백가·역사·산수(算數)·병진(兵陳)·의약(醫藥)·복서(卜筮)·풍수지리 등 여러 방면에 걸쳐 박학한 특징이 있다.

310 한강 정구의 문인록(門人錄)인「檜淵及門諸賢錄」에는 아홉 번째 순서로 조성린의 이름이 등록되어 있다. 또한 1599년에 작성된 경북 청도군(淸道郡)의 향안(鄕案)에는 '幼學 趙成麟'이라는 기록이 발견되는바, 이로써 조성린의 경우 청도군에 세거한 함안조씨 일족으로 추정된다.

311 조선 중기의 의병장. 임진왜란 때 김성일(金誠一)에게 방략(方略)을 제시하였고, 또 의병을 모집하여 여러 차례 큰 공을 세웠다. 저서로『訓子六大圖』를 남겼다.

312 본관은 달성(達城)으로 이천(利川) 출신이며 정구의 문인이다. 주자학과 이황의 문집을 깊이 연구하고, 중년 이후는 후진을 가르쳤다. 선조 때 학행으로 감역·찰방을 지내고, 1595년(선조 28) 청안(淸安) 현감(縣監)에 부임하여 학문의 진흥과 후진 양성에 힘썼다. 이후 옥과·연기 현감 및 형조·호조정랑·역학교정 등에 임명되었으나, 모두 응하지 않았다. 대구의 이강서원(伊江書院)과 청안(菁安)의 구계서원(龜溪書院)에 제향되었고, 저서로는『樂齋集』이 있다.

313 본관은 성산(星山)[성주]이다. 1583년(선조 16)에 문과에 급제한 뒤로 의성 현감·합천 군수를 지냈으며, 청백리에 녹선(錄選)된 인물이다.

귐을 맺었다. 선생의 『봉산욕행록(蓬山浴行錄)』[314]에 이르기를,

"청도(淸道) 자천(紫川)[315]의 유생(儒生) 조(趙) 모(某)"

라고 운운하였다.[316][『봉산목행록(蓬山沐行錄)』에 나온다.]

공은 용각산(龍角山) 자락인 안인(安仁) 마을[317]에 정사(精舍)를 축조하고, 스스로 자호(自號)를 동은(東隱)이라 하였다. 그리고 재주와 재질(材質)이 뛰어난 정도에 따라 시험하면서 정사 건물에서 강학(講學) 활동을 펼쳤다. 또 임천(林泉)[대자연] 사이에서 소요(逍遙)하였으니 석인(碩人)의 과축(薖軸)이요,[318] 영원히 지점(指點)[319]할 것을 맹세하였다. 유집(遺集)[유고집]을 남겼고, 당시에 사람들이 다들 '조(趙) 모(某) 은군자(隱君子)'라고 칭하곤 하였다.[가장(家藏)에 나온다.]

314 『봉산욕행록』은 1617년에 한강 정구가 신병 치료를 위한 목적으로 지금의 부산시 동래(東萊)에 온천욕을 다녀오는 과정을 제자인 석담(石潭) 이윤우(李潤雨, 1569~1634)가 기록한 책이다. 李潤雨, 『石潭集』 卷4(한국문집총간 16), 「雜著」, 〈蓬山浴行錄〉, 민족문화추진위원회, 2006에 수록되어 있다.

315 지금의 경북 청도군 이서면 서원리 마을 앞으로 흐르는 개천으로, 청도천(淸道川)의 옛 이름이다.

316 李潤雨, 『石潭集』 卷4(한국문집총간 16), 「雜著」, 〈蓬山浴行錄〉, 민족문화추진위원회, 2006, 377쪽에는 이하의 기록이 수록되어 있다. "청도 자천의 원생(院生) 조성린 등이 사람을 보내 문안하였다.(淸道紫川, 院生趙成麟等遣人問安.)" '원생'이란 회연서원(檜淵書院)에 소속된 유생이라는 뜻이다.

317 경북 청도군 청도읍 안인리 안인마을이다. 용각산은 청도읍의 북쪽에 위치한 산이다.

318 '과(薖)·축(軸)'은 석인(碩人)이 은거하여 지냄을 말한다. 『詩經』, 「衛風」, 〈考槃〉에 "고반이 언덕에 있으니 석인의 마음 넉넉하도다.(考槃在阿 碩人之薖)"라는 구절과 함께, "고반이 높고 평평한 곳에 있으니 석인이 서성거리도다.(考槃在陸 碩人之軸)"라는 한 대목에 각기 전거를 둔 표현이다. '고반(考槃)'은 은거할 집을 지었다는 뜻이다.

319 지점(指點)은 지시하다, 가리켜 알려 주다, 가르치다 등의 뜻을 내포한 단어다. 원문의 '영시지점(永矢指點)' 이란 죽을 때까지 강학 활동을 결코 중단하지 않을 것임을 맹세해 보인 표현에 해당한다.

(41) 대취헌(大醉軒) 조정(趙楨, 1624~1683) [취헌공휘정(醉軒公諱楨)]

|약전| 자가 이간(而幹)이며 호는 대취헌(大醉軒)이다. 명나라 희종(熹宗)[天啓] 4년인 1624년(甲子, 인조 4)에 태어나서, 학행(學行)으로 여러 번에 걸쳐 등천(登薦)[천거]되었다. 숙종(肅宗) 9년인 1683년[癸亥] 4월 24일에 졸하였다. 향년 60세이다.

공은 이른 나이 적부터 학문(學問)을 궁구하여 영화나 이익을 바라지 않음으로써, 옛날의 올곧은 풍속[遺俗]을 보존하였다. 또 홀로 우뚝 나가겠다는 뜻[320]을 간직하였던 까닭에, 스스로를 '취하다[醉]'라는 한 글자에 맡기었다. 공은 일찍이 시(詩) 한 수를 지어 읊조리기를,[321]

"일평생 잔뜩 술에 취한 채 남은 여생 보내리니
태평 시대에 장차 누가 날 불러일으켜 술 깨게 할손가?
세상사란 (『장자(莊子)』의) 방편[筌蹄][322]에 불과하니 모든 걸 스스로 취할지니[自取][323]

320 원문의 '독왕지지(獨往之志)' 중에서 '독왕'은 이하의 두 가지 뜻을 지닌 어휘다. ① 남에게 의존하지 않고 스스로 나아감, ② 혼자서 길을 감. 고예독광(孤詣獨往)이라는 사자성어를 형성하기도 한다.

321 "一生沈醉送殘齡, 淸世誰將喚我醒, 萬事筌蹄皆自取, 任天安分臥牕欞."

322 전(筌)·제(蹄)란 『莊子』, 「外物」편에 연원한 단어로, 그 안에 깃든 의미가 매우 깊다. "전(筌)은 물고기를 잡기 위한 것이나, 고기를 잡고 나면 전을 잊는다. 제(蹄 : 덫, 올가미)는 토끼를 잡기 위한 것이나, 토끼를 잡고 나면 제를 잊는다.(筌者所以在魚, 得魚而忘筌, 蹄者所以在兎, 得兎而忘蹄, 言者所以在意, 得意而忘言, 吾安得夫忘言之人 而與之言哉.)" 따라서 망전(忘筌)·망제(忘蹄)·망언(忘言) 등은 방편적 수단과 시비(是非)·선악(善惡)·장단(長短)·미추(美醜) 따위와 같은 상대적인 분별심을 초극한 차원에서 인도되는 절대적인 진리의 경지를 언표하는 단어들임을 이해하게 된다.

323 자취(自取)란 잘하든 못하든 간에 자기 스스로 혜량해서 취한다는 의미다. 굴원(屈原)의 유명한 「漁父詞」 중에는 "온 세상이 다 흐려도 오직 나만은 맑고, 뭇 사람들이 다 취해있어도 오직 나만은 깨어 있네.(擧世皆濁我獨淸, 衆人皆醉我獨醒)"라고 운운하는 글귀가 있는데, 흔히 이 메시지를 '창랑자취(滄浪自取)'로 평한다.

하늘에 맡겨 분수에 편안하니 홀로 빈방에 누웠어라."

라고 하였다.[가장(家藏)에 나온다.]

(42) 청계(清溪) **조옥생**(趙玉生, 1728~1759) [청계공휘옥생(清溪公諱玉生)]

|약전| 자는 국미(國美). 1728년[戊申] 8월 16일에 태어나서, 1759년[己卯] 3월 13일에 졸(卒)하였다. 향년 92세. 노직(老職)[수직]으로 통훈대부(通訓大夫)[324] 군자감정(軍資監正)에 증직(贈職)되었다. 『문헌록(文獻錄)』[325]에 보인다.

공은 뜻을 갈고 갈아 매섭게 용맹정진[征邁]한 끝에, 문장[文]과 도덕[行]이 이른 시기부터 자자하였다. 또 선행을 쌓고 의(義)로운 일을 실행하였으며, 후학(後學)들을 장려하여 바른 길로 나아가게 하는 일을 살아 있는 동안의 가계(家計)[생계]로 삼았다. 또 다른 한편으로는 임천(林泉)에서 베개를 높이 베고 누워 지내면서, 영원히 덕이 크고 높은 석인(碩人)의 마음이 '넉넉하면서도[薖] 서성거리는[軸]' 지경을 맹세하였으니,[326] 사람과 장소가 서로 알맞게 잘 어울렸다. 그리하여 당시 세상의 사우(士友)들이 공을 우러러 사모하지 않는 이가 없었다.[유집(遺集)에 나온다.]

324 조선 시대 때 정삼품 당하관(堂下官)의 문관 품계를 말한다.

325 『동국문헌록((東國文獻錄)』과 『영남문헌록((嶺南文獻錄)』 두 서책 중에서, 조선 말기에 정형식(鄭螢植)이 영남 지방의 씨족과 인물행의(人物行義)와 효열(孝烈) 및 원사(院祠)·정려(旌閭)·유허비(遺墟碑)·묘갈명(墓碣銘)·정(亭)·대(臺)·당(堂)·재(齋)와 문집의 잡저(雜著) 등등을 수록하여 1938년에 편집한 책인 후자일 가능성이 높아 보인다.

326 은둔자[碩人]이 지향하는 세계인 '과축(薖軸)'의 의미에 대해서는 각주 318)을 참조.

6. 「제4편(第四編)」

(43) 효렴당(孝廉堂) 조임기(趙任基, 1719~1798) [효렴공휘임기(孝廉公諱任基)]

|약전| 자가 군중(君仲)이며 호는 효렴당. 숙종 45년인 1719년[己亥] 12월 26일에 태어났다. 효우(孝友)로운 행실이 돋보여 영조(英祖) 22년인 1798년[戊午]에 통정대부(通政大夫) 첨지중추부사(僉知中樞府事)에 증직[贈]되었다. 순조(純祖) 원년인 1801년[辛酉] 11월 4일에 졸(卒)하였으니, 향년 82세다.

공은 태어난 지 겨우 열 살이 되던 해에 믿고 의지하던 부모님을 모두 여의게 되었다. 이에 공은 성장하면서 사람의 자식으로서 부모를 받들고 모시는 도리를 극진하게 미처 다하지 못한 데 따른 한(恨)으로 인하여, 매달 초하루와 보름날이 되면 비록 극심한 추위며 더위나 비가 내리더라도, 반드시 몸소 묘소(墓所)를 찾아가서는 주변을 청소한 뒤에, 몹시 슬퍼하고 가슴 아파하면서 큰 소리로 울부짖기를, 흡사 부모님이 그곳에 계신 듯이 하였다. 공은 지팡이를 끌고 다니는 노년에 이르러서도, 매번 기진(忌辰)[기일]을 맞이해서는 방바닥을 두드리고 하늘을 부르짖곤 하여, 단(袒)을 하고 풀었던 머리를 묶고[327] 상례(喪禮)를 치렀을 때와 조금도 다름이 없었으니, 효자(孝子)가 목숨이 다할 때까지 부모님을 그리워하는 뜻을 엿볼 수 있었다.

327 원문의 '단괄발(袒括髮)'이란 상례(喪禮) 중에서 소렴(小斂)의 한 절차로 상주가 윗옷의 왼쪽 소매를 벗는 단(袒)을 하고, 또 관을 벗고 풀었던 머리를 묶어 매는 것을 말한다. 이렇게 하는 의미와 관련하여 『禮記』, 「第四 檀弓(下)」에는 "웃통을 벗고 머리를 묶는 것은 모습이 변하는 것이다.(袒括髮, 變也)"라고 설명하였다. 또한 '단괄발'과 연계된 일련의 절차와 그 의미에 대해서도 아울러 설명해 두었다. "... 서운해 하는 것은 슬픔이 변하는 것이다. 꾸밈을 제거함은 아름다움을 제거하는 것이니, 웃통을 벗고 머리를 묶는 것은, 꾸밈을 제거하는 것 중에 심한 것이다. 웃통을 벗고 염습(斂襲)을 함이 있으니, 이는 슬퍼함의 절도이다.(... 慍, 哀之變也. 去飾, 去美也. 袒括髮, 去飾之甚也. 有所袒, 有所襲, 哀之節也.)"

일찍이 공은 깊이 침잠하여 경학(經學)을 궁구하였고, 명예와 이익 따위에는 구애됨이 없었다. 또 공은 '효도[孝]·청렴[廉]' 두 글자로써 자손들에게 경계를 드리우면서 지은 시(詩)를 통해서 이르기를,[328]

"백 가지 행실의 맨 앞에는 오직 효가 있을 뿐이며
일신의 영험한 약은 필경 청렴에서 말미암는다네.
능히 이 두 가지로 근기(根基)를 다스려야 하리니
치국(治國)과 제가(齊家)도 이 속에 다 갖춰져 있나니!"

라고 하였다. 공은 효성과 학문[學]이며 도덕[行]으로 누차에 걸쳐서 도(道)의 천거(薦擧)에 올랐다.[행장(行狀)에 나온다.]

(44) 봉성재(鳳聲齋) 조형(趙泂, 1743~1819) [봉성재공휘형(鳳聲齋公諱泂)]

|약전| 자는 화보(和甫). 영조(英祖) 19년인 1743년[癸未] 12월 21일에 태어나서, 순조(純祖) 19년인 1819년[己卯] 8월 20일에 졸(卒)하였다.

공은 이른 시기 적부터 산림(山林)에 복거(卜居)한 채 경학(經學)에 뜻을 두었으나, 과거에는 한 번도 응하질 않았다. 때문에 영남[嶺下][329]의 선비 무리들 모두가 그 고상한 의취(義趣)에 감복하였다.[가장(家藏)에 나온다.]

328 "百行先鋒惟在孝, 一身靈藥必由廉, 能令二者根基定, 治國齊家這裏兼."
329 영하(嶺下)란 조령(鳥嶺, 새재)과 죽령(竹嶺) 아래 지대라는 뜻으로 영남을 색다르게 일컫는 표현이다.

(45) 은운재(隱雲齋) 조영(趙燦, 1745~1810) [은운재공휘영(隱雲齋公諱燦)]

|약전| 자는 내명(乃明). 영조(英朝)[330] 21년인 1745년[乙丑]에 태어나서, 정조(正祖) 15년인 1791년[辛亥]에 봉정대부(奉正大夫)[331] 군자감정(軍資監正)에 증직되었다. 효행(孝行)이 뛰어나서 『용성지(龍城誌)』[332]에 보인다. 순조(純祖) 10년인 1810년[庚午] 8월 26일에 졸(卒)하였다.

공은 타고난 성품이 순수(純粹)하고 신중하였으며, 참마음을 다하여 부모를 섬기는 성효(誠孝)는 하늘이 낸 것이었다. 또 사람과 사물의 진위를 판별하는 식감(識鑑) 역량은 남들보다도 월등히 뛰어났다. 태어나서 자란 향리(鄕里)에서 공을 효자로 일컬었다.[가장(家藏)에 나온다.]

(46) 쌍호재(雙湖齋) 조역(趙湙, 1763~1832) [쌍호재공휘역(雙湖齋公諱湙)]

|약전| 자는 호원(浩元). 영조 39년인 1763년[癸未] ㅁ월 14일에 태어나서, 순조 32년인 1832년[壬辰] 7월 8일에 졸(卒)하였다. 향년 70세다.

공은 타고난 자질이 빼어나게 특출하였다. 또 공은 시례(詩禮)의 가르침을 받들어 계승하였고, 어버이 섬기기를 효로써 하였다. 인생 만년(晩年)에 이르러서는 임천(林泉)[자연]에 뜻을 둔 끝에, 장수(長水)의 쌍호(雙湖)에 우거(寓居)하였다.[333] 공은 그곳에 몇 칸 띠로 이은 재실(齋室)을 일으키고는 거문고와 서책으로 스스로 즐거워하였다. 그러자 양(兩) 호수 가의 사우(士友)

330 원문의 '영조(英朝)'는 영묘(英廟) 혹은 영조(英祖)의 오자(誤字)다.

331 조선 시대 때 정4품 상계(上階) 문신의 품계(品階)를 나타낸다.

332 용성(龍城)은 고려와 조선 시대 때 전라북도 남원의 별호(別號)다. 백제(百濟) 때에 남원 지역의 명칭이 고룡군(古龍郡)이었다는 점과, 통일 신라 시대 신문왕(神文王) 때까지 그 축조 연대가 거슬러 올라가는 남원성(南原城)을 고려할 때, 이들 두 어휘가 한데 어우러지면서 용성(龍城)이라는 명칭을 형성하였을 것으로 추정된다.

333 지금의 전북 장수군 장수읍 두산리에 소재한 의암호(義巖湖)와 관련이 있을 것으로 짐작되나, 확실하지는 않다.

들이 책문(策文)을 들고 와서[334] 어려운 부분을 문의하곤 하여, 출입구를 메운 신발들이 날로 늘어만 갔다. 공이 재실의 문미(門楣)에 '쌍호(雙湖)'라는 편액을 내걸었던 이유는, 아마도 재실 건물이 두 호수의 중간에 있었고, 또 지명 또한 쌍호였기 때문일 것이다.[가장(家藏)에 나온다.]

(47) 조호(趙豪, ?~?) [금위공휘호(禁衛公諱豪)]

공은 본디 성품이 강직(剛直)하였고, 지략과 용맹이 남들보다 월등히 뛰어났다. 그리하여 공은 항상 비록 상대가 천만 명이라 하더라도, '나는 용감히 가겠노라!'라는 뜻을 지니고 있었다.[335] 또 공은 경서(經書)를 읽는 겨를마다 『손자(孫子)』나 『오자(吳子)』 등과 같은 병법(兵法)을 익혀서, 마치 장차 쓰임이 있을 때를 위한 듯이 준비하였다.

그러나 마침 때가 나라가 태평한 시절을 맞이하였는지라, 동서남북 사방에 외침(外侵)의 근심이 없었다. 그리하여 마침내 왕래하는 일을 물리치고 소년(少年)은 문짝을 걸어 닫고서는 뜻을 갈구하였다. 후일 이러한 사실들이 장계(狀啓)로 조정(朝廷)에 알려진 끝에, 마침내 내금위장(內禁衛將)[336]으로 불러서 임명[召拜]하였다.

334 원문의 '집책(執策)'이란 과거(科擧) 시험 공부를 위해 기존에 우수한 성적을 거두었던 글을 모아 학습을 목적으로 엮은 필사본 자료로, 일종의 수험서라고 할 수 있다. 여기서는 이런저런 서책들을 지칭하는 의미로 사용된 듯하다.

335 이 구절은 『孟子集註』, 「公孫丑章句(上)」, 제2장의 "스스로 반성하여 올바르면, 비록 수천만 명이 상대하더라도 나는 가겠노라!(自反而縮, 雖千萬人, 吾往矣)"는 언술에 전거를 둔 문장이다.

336 조선 시대 때 임금을 호위하는 일을 맡은 부대인 내금위(內禁衛)의 지휘관으로 종2품직이다.

(48) 화양(華陽) 조환(趙煥, 1722~1808) [화양공휘환(華陽公諱煥)]

|약전| 자는 휘숙(輝叔). 경종(景宗) 2년인 1722년[壬寅] 12월 15일에 태어나서, 순조 8년인 1808년[戊辰] 5월 7일에 졸(卒)하였다. 향년 87세이다.

공은 거동이며 얼굴 모습이 덕기(德器)였고, 천성(天性)에서 우러나온 효성과 우애심을 동시에 갖추었다. 또 사람들을 상대하여 말을 주고받을 때에는 언어(言語)가 순순(諄諄)[337]하여, 희노애락의 감정에 마음이 구차해지는 일이 없어서 앉은 자리에서 늘상 봄바람이 이는 듯한 기상(氣像)이 있었다.[가장(家藏)에 나온다.]

공이 자호(自號)를 화양(華陽)으로 정한 이유는, 아마도 화산(華山)의 '화(華)' 자(字)에서 취한 듯하고, 또 적강(赤江)도 거처하는 곳의 남쪽[陽]을 가로지르고 있었기 때문일 것이다.[338] 공은 매양 광풍제월(光風霽月)[339]의 기상으로 화산과 적수(赤水)[적강] 변에서 시(詩)를 읊조리거나 소요(逍遙)하면서, 초연히 멀리 비상하여 풍진 세상을 멀리하려는 뜻을 내비추었다. 하여 당시의 선비 무리들 중에서 공을 흠모하며 우러르지 않는 이가 없었다.[가장(家狀)에 나온다.]

337 순순(諄諄)은 ① 거듭 일러 친절히 가르치는 모양, ② 성실하고 삼가는 모양 등의 뜻을 간직한 단어다.

338 宋時烈, 『宋子大全 I』 卷2(한국문집총간 108), 「詩·七言絶句」, 〈吟呈松溪道兄明甫 同春○丁丑十一月〉, 민족문화추진위원회, 1986, 115쪽에는 "도천은 흘러 적강 동쪽으로 들어가니(道川流入赤江東), 덕유산 시냇물 천 리에 만났구나(德裕溪源千里逢)"라는 대목이 엿보인다. 이로써 미뤄 보건대 화산(華山)은 덕유산(德裕山)을, 그리고 적강(赤江)은 옛 안의현(安義縣) 지역의 어느 곳에 소재한 강이나 큰 하천일 것으로 추정된다.

339 맑은 날의 바람과 비 갠 날의 달. 마음이 넓고 쾌활하며 시원스러운 인품을 비유적으로 이르는 말이다. 북송(北宋)의 황정견(黃庭堅, 1045~1105)이 주돈이(周敦頤, 1017~1073)[濂溪]의 인품을 추앙하면서 쓴 표현으로 황정견의 『豫章集』, 「濂溪詩序」에 나온다. "용릉(舂陵) 주무숙(周茂叔)은 그 인품이 심히 고상하고, 마음이 대범[灑落]한 것이 마치 맑은 날의 바람과 비 갠 날의 달과 같다.(舂陵周茂叔, 其人品甚高, 胸懷灑落, 如光風霽月.)"

(49) 천은(泉隱) 조서규(趙瑞奎, 1641~1692) [천은공휘서규(泉隱公諱瑞奎)]

|약전| 자는 경천(敬天). 인조(仁祖) 19년인 1641년[辛巳] 3월 29일에 태어나서, 숙종(肅宗) 18년인 1692년[壬申] 8월 13일에 타계하였다. 향년[壽] 52세. 사후에 병조참의(兵曹參議)에 증직되었다.

공은 어려서부터 지극히 착한 행실과 효우(孝友)가 있어서, 부모님의 뜻을 받들고 따라 조금도 어김이 없었다. 사귄 지 오래된 옛 친구들과 어울려 노닐 때면 서로 시(詩)를 주거니 받거니 하면서도, 스스로 법도(法度)가 있어 사람들이 공을 치하하며 훌륭하게 여겼다.

(50) 조환식(趙煥植, 1810~1874) [휘환식(諱煥植)]

|약전| 자는 원장(元章). 순조 10년인 1810년[庚申] 8월 23일에 태어나서, 고종(高宗) 11년인 1874년[甲戌] 10월 27일에 졸(卒)하였다. 향년[年] 75세이다.

공은 타고난 자질이 뛰어나고 총명하면서도 강직(剛直)하였으며, 거동이며 행실이 비범하였다. 또 기상의 언덕[氣岸]은 웅장하였다. 그리하여 공은 아직 동자(童子)도 되기 전의 나이임에도 공[勳]을 지으면 곧 서로 같게 하였으니, 바로 노성인[老成]을 지향하는 사업이었다.[340] 진실한 마음을 다하여 부모를 섬기는 성효(誠孝)는 하늘이 낸 것이어서, 항상 사람들에게 일러 말하기를,

"효(孝)란 곧 백 가지 행실의 근원이니, 사람으로서 어버이를 섬기는 도리

340 "노성한 사람을 업신여기지 말라!(無侮老成人)"라는 『書經』의 언술에 유래한 표현으로, 노성인(老成人)이란 노성한 덕(德)이나 혹은 노성한 덕을 지닌 사람을 뜻한다. 중국어로 스승을 의미하는 노사(老師) 개념과 일맥상통하는 바가 있다.

에 최선을 다하지 않는다면, 어찌 사람이라고 말할 수 있겠습니까?"

라고 하였다. 또 공은 선대의 업적을 계승하여 후손들에게 넉넉히 전해 주는 도리에도 극진히 하지 않음이 없었다. 공은 일시의 명유(名儒)와 석사(碩士)들과 더불어 서로 오가면서 시(詩)를 수창(酬唱)하곤 하여, 세상 사람들이 받들어 존중하는 대상이 되었다.[가장(家狀)에 나온다.]

(51) 조숙(趙淑, 1831~1899) [휘숙(諱淑)]

|약전| 자는 경찬(敬贊). 순조 31년인 1831년[辛卯] 6월 1일에 태어나서, 고종 36년인 1899년[己亥] 10월 6일에 졸하였다. 향년 69세다.

공은 타고난 기운이 순수하고 강직하였고, 성품이며 행실도 꾸밈이 없이 잘 갖추어졌다. 또 스스로의 몸가짐이며 상대를 접하는 방식은 점잖고 화락(和樂)하여 자득(自得)함이 있었다. 또 공은 가문 전래의 가르침에 푹 무젖어서 효성과 우애심을 독실히 실행하였다. 선대의 빛나는 업적을 계승하여 후손들에게 넉넉히 전해 주는 도리에도 극진히 하지 않음이 없어서, 선비 무리들이 공을 받들어 존중하였다.

(52) 죽암(竹岩) 조선(趙僎, ?~?) [참봉공휘선(參奉公諱僎)]

|약전| 호는 죽암(竹岩). 명나라 세종[嘉靖] 4년인 1525년(乙酉, 중종 20)에 진사시에 합격하였고, 정해년(丁亥年)[341]에 선릉(宣陵)[342] 참봉(參奉)에 증직되었

341 원문의 '정해(丁亥)'년은 1527년(중종 22)과 1587년(선조 20) 중에서, 후자일 가능성이 매우 높아 보인다.

342 선릉(宣陵)은 조선 왕조의 제9대 성종(1457~1494)과 계비 정현왕후(1462~1530) 윤씨의 능으로, 서울특별시 강남구 삼성동에 위치하고 있다.

다.

공은 타고난 성품이 진실하고 성실하였다. 또 이른 나이 적부터 집안 전래의 가르침을 계승하여 효성과 우애에 더욱 독실하였다. 바르고 점잖은 행실은 도탑고도 알찼으며 지조와 조리(操履)[343]는 단정하고 장중하였다. 학문[學]과 도덕[行]으로 청아한 명망이 세상에 널리 알려졌다.[유사(遺事)[344]]

(53) **조홍**(趙洪, 1762~1831) [증비승공휘홍(贈秘丞公諱洪)]

|약전| 자는 근보(謹甫). 영조 38년인 1762년[壬午] 1월 7일에 태어나서, 순조 31년인 1831년[辛卯] 4월 18일에 졸(卒)하였다. 향년 70세다. 통정대부(通政大夫) 비서원승(秘書院丞)[345]에 증직되었다.

공은 타고난 성품의 바탕이 순수하고 질박하였고, 기개[氣]며 도량[宇]은 영특하고 뛰어난 데가 있었다. 부친이 남긴 유훈(遺訓)을 받들어 계승하여 효성과 공경심을 근본으로 삼고 시서(詩書)를 방향으로 설정하고 자손들을 교양(敎養)한 끝에, 향리에서 잘한다는 칭찬을 받았다.

공은 인생 만년에 이르러 아림(娥林)[거창][346]의 북쪽 단사산(端士山) 자락 아래의 고비동(高飛洞)에 우거(寓居)하였다. 이곳에서 공은 삼가 세상과의 관계를 끊고 속세를 벗어난 곳으로 홀로 가겠노라는 생각을 굳혔다. 그러자 홍진(紅塵) 세상이 석인(碩人)이 과축(邁軸)하는 뜻[347]을 더는 의혹하지 못하

343 조리(操履)란 마음으로 지키는 지조와 몸으로 행하는 행실을 일컫는 표현이다.

344 유사(遺事)란 고인(故人)이 남긴 일 중에서 예로부터 전해 내려오는 일을 뜻한다.

345 비서원은 조선 말기에 왕명의 출납과 기록을 담당하던 관청. 경(卿) 1인과 승(丞) 3인 및 낭(郎) 2인을 두었는데, 비서원승은 정3품 당상관 품계에 해당한다.

346 경상남도 거창군의 옛 별호. 고비동은 가조면에 소속된 동리인 듯하다.

347 각주 318) 참조.

게 되었고, 이에 당시의 선비 무리들이 공을 받들어 감복하면서 모두 칭송하기를,

"은군자(隱君子)로다, 조(趙) 모(某)여!"

라고들 하였다.[가장(家狀)[348]에 나온다.]

(54) 조태식(趙泰植, ?~?) [휘태식(諱泰植)]

|약전| 자는 관오(寬五). 헌종(憲宗) 13년인 1847년[丁未]에 태어나서, 고종 23년인 1886년[丙戌] 7월 4일에 졸(卒)하였다. 향년[壽] 40세다.

공은 이른 시기에 부친을 여의었던 까닭에, 특별한 가정(家庭)의 가르침이 없었음에도 불구하고, 자모(慈母)를 각별하게 친애하여 뜻을 받들어 따라 조금도 어김이 없었다. 그리하여 나이 스무 살을 넘길 무렵에 이르러 좋은 평판과 이름이 무성히 널리 퍼졌고, 아름다운 행실로 한 고을의 표준(標準)이 되었다.

공은 세(歲) 1870년[庚午][349] 봄에 교수정(教授亭)을 중건(重建)하고, 판상(板

348 조선 시대 때 사족층(士族層)의 집안에서 어른이 타계하면 제일 먼저 이 가장을 짓게 된다. 자손이 직접 쓰는 가장은 고인(故人)에 관한 가장 기초적인 자료에 해당한다. 이 가장을 기초 자료로 해서 다음 순서로 행장(行狀)을 짓는다. 고인에 대한 총체적인 이력서이자 일대기가 바로 행장이며, 조정에서 시호(諡號)를 내릴 때도 이것을 중요한 참고 자료로 삼는다.

349 공조판서를 역임한 자애(紫崖) 한치조(韓致肇, 1808~1889)가 지은 〈교수정중건서(教授亭重建序)〉에는 중건 연도를 '경신년(庚申年, 1860)'으로 명기하고 있어, 〈휘태식(諱泰植)〉 조항과는 차이가 발견된다. 서예에 일가를 이룬 한치조는 현재 게시되어 있는 '교수정(教授亭)'이라는 현판 글씨를 쓴 당사자이기도 하다.

上)의 원운(原韻)[350]에 공경히 차운(次韻)하여 읊조리기를,[351]

"새 정자를 신축하여 예전 건물 고쳤으니[352]
몇 년이나 경영[經紀]하여 남길 겨를도 없었노라.
산림은 더욱 무성하고 사람들은 다투어 경하하노니
휘황찬란한 제액(題額)[353]에 판상시[板上書]도[354] 빛이 나는구나!"

라고 하였다. 또 이르기를,[355]

"그윽한 흥취 엉기니 대나무를 심을 만하고
뜨락 가득한 방초는 새봄의 선물
가신 현자의 깊은 뜻 묻는 이 없으니
슬피 눈물 흘리며 못난 자손 유고[遺書]를 안고 있다네."

350 정자(亭子)·재실(齋室)·누각(樓閣)·대(臺) 등등과 같은 건물이 완공된 직후에 그 벅찬 감회를 시(詩)로 처음 피력한 양식을 말하며, 원운(元韻)으로도 쓰인다.

351 경남 함양군 지곡면 개평리에 소재한 교수정에 게시된 조태식의 시제(詩題)는 〈교수정중건원운(教授亭重建原韻)〉이다. "新築新亭卽舊居, 幾年經紀未遑餘, 山林增重人爭賀, 題額煌煌板上書."

352 〈교수정중건원운(教授亭重建原韻)〉에는 "新築新亭卽舊居" 일구 중의 '즉(卽)'자가 '개(改)'자로 표기되어 있기에, 이 글자에 따라 국역하였다.

353 제액(題額)이란 액자에 글씨를 쓰거나 그림을 그리는 것을 말하는데, 여기서는 '교수정'이라는 글씨를 쓴 편액을 가리킨다. 능주 목사·공조판서 등을 지낸 한치조가 쓴 작품이다.

354 판상서(板上書)란 교수정 상단에 액자화하여 게시된 일련의 판상시(板上詩)를 가리킨다. 현재 교수정의 상단에는 〈교수정중건원운〉·〈팔경운(八景韻)〉·〈교수정영연(教授亭楹聯)〉 등과 같은 다수의 시작(詩作)들이 전시되어 있는 상태다.

355 이하의 시는 조태식이 지은 칠언율시 중에서 후반부에 해당하는 제5구에서 제8구까지의 내용이다. "幽興凝然竹可居[幽奧ㅁ然竹可居], 滿庭芳草自春餘, 前賢奧旨無人問, 泣愴孱孫抱遺書." 제1구의 꺾쇠 괄호([ ]) 속의 것은 함양의 교수정에 게시된 〈교수정중건원운〉의 제5구다. 교수정에 게시된 번역문은 이하와 같다. "깊숙하게 죽림 성하니 사람이 살만한데"

라고 하였다.[유고(遺稿)에 나온다.]

7. 「제5편(第五編)」

(55) 희암(希菴) 조두열(趙斗烈, 1777~1855) [희암공휘두열(希菴公諱斗烈)]

|약전| 자는 의지(義智). 정조(正祖) 원년인 1777년[丁酉] 9월 29일에 태어나서, 철종(哲宗) 6년인 1855년[丙辰] 7월 28일에 졸(卒)하였다. 향년 80세다.

공은 본디 성품이 순후(淳厚)하고 덕행(德行)을 두루 갖추었다. 또한 공은 이른 나이 때부터 학업에 뜻을 두어서 성담(性潭) 송(宋) 선생[송환기][356]의 문하에 옷을 걷어 올리는 구의(摳衣)의 예[357]를 갖추었다. 당시 송 선생 문하의 또래 벗들이 받들어 존중하지 않는 이들이 없었다. 공은 본래 집안이 매우 가난하였으나, 남을 진휼(賑恤)하고 도와주는 도리만큼은 오직 정성이 미치지 못할까 봐 두려워하여 향리에서 이를 칭찬하곤 하였다. 또한 공은 재주가 있고 없고를 차치하고서 후학(後學)들을 인도하여 나아가게 하여, 각기 그 성취를 맛보게 하였다.[『문헌록(文獻錄)』에 보인다.]

356 성담 송환기(宋煥箕, 1728~1807): 본관은 은진(恩津)으로, 호는 심재(心齋)·성담(性潭)이다. 우암 송시열의 5대손이자 송인상(宋寅相)의 아들이다. 1766년(영조 42) 진사가 되고 1772년 생원시에 합격한 이후로, 감역·사헌부 지평을 거쳐서 대사헌과 공조판서·이조판서·우찬성 등과 같은 요직을 두루 역임하였다. 송환기는 학덕을 겸비하여 조야(朝野)의 존경을 받았으며, 많은 문하생을 두었다. 『性潭集』을 남겼고, 시호는 문경(文敬)이다.

357 구의지례(摳衣之禮): 고려 시대에 국왕이 왕사(王師)나 국사(國師)로 책봉될 고승(高僧)을 상좌(上座)에 앉히고, 자신은 그 아래에서 절하기 위해 옷을 걷어 올리는 예의를 일컫는다. 전하여 제자가 스승에게 배움을 청하는 의례라는 의미로 사용되었다.

(56) 저산(樗山) 조용규(趙龍奎, 1851~1901) [저산공휘용구(樗山公諱龍奎)]

|약전| 자가 희천(希天)이며 호는 저산(樗山)이다. 헌종[憲廟][358] 신해년(辛亥年, 1851) 4월 9일에 태어나서, 고종 38년인 1901년[辛丑] 2월 2일에 졸(卒)하였으니, 향년[壽] 51세다.

공은 본디 성품이 순수(純粹)하였고, 효성과 우애심을 아울러 갖추었다. 이른 시기 적부터 문예(文藝)를 이루어 평생토록 일로 삼았다. 또 공은 진실한 마음의 지두(地頭)[359]를 극진히 실천하여, 말 한마디와 한 번 침묵하는 동안에도 스스로 법도[規矩]를 지켜서 주변의 사우(士友)들이 칭송(稱頌)하여 이르기를,

"군자(君子)로다, 조(趙) 모(某)여!"

라고 운운하곤 하였다.[가장(家藏)에 나온다.]

공은 여러 번에 걸쳐 향해(鄕解)[향시]에 합격하였으나, 결국 등용(登庸)되지 못하자 모든 사람들이 이를 애석하게 생각하였다. ○ 일찍이 율정공(栗亭公)[조종례]의 「가장(家狀)」을 지었는데, 유고집[遺集]에 실려 있다. ○ 또 일찍이 지은 〈술회시(述懷詩)〉[360]를 통해서 읊조리기를,[361]

"뜻하지 않게 이 몸은 액운[百六]의 가을을 만났고

358 연대가 전혀 맞지 않는 원문의 '헌묘(憲廟)'는 '철종(哲宗)'의 오기(誤記)일 것으로 판단된다. 즉, 철종 2년인 1851년[辛亥]을 잘못 표기한 것으로 보인다.

359 나라나 지역 따위의 구간을 이르는 경계를 말하는데, 여기서는 마음의 경지·경계를 의미하는 표현으로 사용되었다.

360 평소 가슴에 품고 있던 감회나 회포를 시로써 푼 양식을 말한다.

361 "不意身逢百六秋, 宣宣華髮世如流, 對君如識今安道, 非爲溪山入剡州."

일찍 센 백발 머리 세월은 흐르는 물과 같아라.

그대를 식자처럼 대하였더니 이젠 도에 편안해하니

시내며 산을 섬주(剡州)[362]로 접어들기 위함은 아닐세!"

라고 하였다.

○ 또 읊조리기를,[363]

"작은 동산 남쪽 한 구역의 그림 같은 암자

물 건너에는 인가가 겨우 서너 집

대숲 시냇가의 화롯불엔 흰 눈이 머무르고

바위틈에 엉긴 습기는 푸른 남기(嵐氣)[364]를 일으키누나!"

라고 하였다.

○ 또 읊조리기를,[365]

"주인의 정자 두둑에는 작은 연못 돈대(墩臺)[366]

눈과 다툰 찬 매화나무 햇살로 눈이 뜨이네.

362 섬주는 중국 절강성(浙江省) 승현(嵊縣) 서남쪽에 위치한 섬현(剡縣)을 말한다. 동진(東晉)의 왕희지(王羲之, 321~379)가 이 고을의 섬계(剡溪)에 살고 있던 친구가 그리워 눈 내리는 밤에 배를 타고 찾아간 일이 있다.

363 "一區菴畵小山南, 隔水人家纔數間, 竹磵爐明留素雪, 巖局微濕起蒼嵐."

364 남기(嵐氣) 중의 '남'자는 산속에 생기는 아지랑이 같은 기운을 말한다. 참고로 창람(蒼嵐)은 광해군(光海君)의 호였다.

365 "主人亭畔小池臺, 鬪雪寒梅照眼開, 刺舟野渡氷初合, 洗藥林泉水自廻, 世亂謾吟王粲, 草玄愧乏子雲才, 如今壯志消磨盡, 且將雄釰入山來."

366 대(臺) 혹은 돈대(墩臺)란 사방을 관망할 수 있게 흙을 높이 쌓아 위를 평평하게 만든 곳을 지칭한다.

배 저어 밤에 건넌 얼음이 다시 합쳐지고
씻어 주는 약[洗藥][367]인 임천의 물은 스스로 흐르구나.
난세의 느릿한 읊조림이란 왕찬(王粲)의 부(賦)[368]인데
『태현경』 초안[草玄]은 양자운[子雲]의 재주가 결핍되어 부끄럽네.[369]
지금의 웅장한 뜻 닳아서 다 없어질 것만 같은데
또 장차 영웅의 검은 산에 들었다 나오리."

라고 하였다. ○ 또 원천재(源泉齋)의 원운(原韻)에 이르기를,[370]

"작은 시냇가의 샘물 근원이 살아 솟구치니
취하여 재실(齋室) 이름 삼아 이 마음을 타이르네.
쉼 없이 뒤섞여 구덩이를 채우고 흘러가서
가는 것이 이와 같아 심해에 다다르리.[371]

367 세약(洗藥)은 병든 부위나 상처를 씻는 데 쓰는 약을 뜻한다.

368 동한(東漢)의 문학가인 왕찬(王粲, 177~217)은 산동성 추현(鄒縣) 출신으로 어려서부터 재주가 뛰어나서 주변의 기대를 받았다. 한나라 말엽에 천하가 크게 어지러워지자 형주(荊州)의 유표(劉表)에게 의탁하였다가, 다시 조조(曹魏)에게 투항하여 승상연(丞相掾)이 되었다. 왕찬은 형주에 있을 때 강릉(江陵)의 성루(城樓)에 올라가 고향으로 되돌아갈 것을 생각하면서 진퇴(進退)·위구(危懼)의 심정을 서술하면서 지은 시가 바로 〈등루부(登樓賦)〉다. 위 시의 '왕찬부(王粲賦)'란 시어는 바로 이 등루부를 가리키는 표현이다.

369 초현(草玄)이란 역(易)을 본떠 저술한 한유(漢儒) 양웅(揚雄)의 『太玄經』의 초안(草案)을 일컫는 표현이다. 자운(子雲)은 부(賦)로 유명하였던 양웅의 자(字)다. 결국 시부(詩賦)보다는 『태현경』이 못하다는 의미인 것이다. 시불(詩佛)이라는 칭호를 얻었던 당(唐)나라의 왕유(王維, 701~761)가 지은 시구 중에는 "듣자 하니 감천궁(甘泉宮)에서 부(賦)를 올릴 수 있다 하던데(聞道甘泉能獻賦), 홀로 양자운(揚子雲) 같은 재능 있음을 짐작하여 알겠노라!(懸知獨有子雲才)"라며, 양웅의 작부(作賦) 역량을 칭송한 구절이 보인다.

370 "源泉活潑小溪潯, 取以名齋警此心, 混然不息盈科進, 逝者如斯放海深, 勉使工夫敦本實, 莫將榮利謾浮沈, 函稱於水丁寧意, 聖訓昭昭貫古今."

371 이 구절은 『論語集註』, 「第九 子罕」편의 제16장에서 공자(孔子)가 설파한 언명, 즉 "공자께서 냇가에서 말씀하셨다. 가는 것이 물과 같도다. 밤낮을 쉬지 않구나!(子在川上曰, 逝者如斯夫. 不舍晝夜)"라는 한 구절을 차용한 시어(詩語)에 해당한다.

공부도 근본이 도탑고 알찰 것을 권하노니

영화며 이익에 속아 마음 들썩거리지 말지어다.

편지에 물의 뜻이 정녕(丁寧)[372]하다고 일컬으니

밝디 밝은 성인의 가르침은 고금을 꿰뚫누나!"

라고 하였다.[수여(水餘) 마을.][373] ○ 공은 일찍이 『저산집(樗山集)』과 『지곡유거기(智谷幽居記)』의 「서문[序]」을 직접 서(序)[374]하였다. 또 『대명홍기이단설(大明紅記異端說)』[375]과 『최전설(崔顚說)』을 저술하였다.[유고(遺稿)에 있다.]

(57) 조성로(趙性魯, 1807~1844) [생원공휘성로(生員公諱性魯)]

|약전| 자는 여성(汝聖). 순조 7년인 1807년[丁卯] 4월 7일에 태어나서, 1831년[辛卯]에 생원시에 합격하였다. 헌종(憲宗) 10년인 1844년[甲辰] 12월 7일에 졸(卒)하였다.

공은 어려서부터 크고 넓은 도량이 있어서 명성이 원근으로 퍼졌다. 성장함에 미쳐서는 하늘에 근본한 효성과 우애심이 발휘되기 시작하였고, 화목을 도탑게 하여 사람들과의 관계를 생기 있게 만들었다. 본디 공의 성품은 매우 중후하였고 의젓하기는 마치 태산(泰山)과도 같았으며,

372 정녕(丁寧)은 거짓이 없이 진실함 혹은 정중하고 친절함 등의 의미를 내포한 단어다.

373 경남 함양군 지곡면 마산리에 소재한 마을 이름으로, 세칭 '무내미(水餘)'로 불렸다고 한다.

374 서(序)란 한문 문체의 하나로, 실마리를 풀어내듯 사물의 이치를 조리 있게 서술하는 글이다. 서문(序文) 또는 서(敍)라고도 칭한다.

375 서명 중의 '대명홍(大明紅)'이란 꽃 이름이다. 명(明)나라의 흥망과 관련된 고사인 듯하나, 출처는 자세하지 않다. 입재(立齋) 정종로(鄭宗魯, 1738~1816)가 쓴 〈화엽루기(花葉樓記)〉에 "일찍이 듣건대, 이른바 '대명홍(大明紅)'이라는 것이 길이 지사(志士)의 슬픔을 일으킨다고 하더니, 지금 모리재[某里]의 화엽루가 또한 그러하다.(嘗聞有所謂大明紅者, 長起志士之悲, 今某里之花葉樓亦然)"라는 설명이 보일 따름이다. 鄭蘊, 『桐溪集·續集』 卷3(한국문집총간 75), 「附錄」, 〈花葉樓記[鄭宗魯]〉, 민족문화추진위원회, 1986, 365쪽 참조.

말수 또한 적어 과묵하였다. 그러면서도 온화하기란 흡사 봄바람 같아서 친하고 소원하고 하는 간격이 전혀 없었다. 또 기뻐하거나 분노하는 등의 감정을 드러내지 않아서, 욕을 하거나 꾸짖는 소리가 개나 말에게도 미치지를 않았을 뿐만 아니라, 상스럽고 속된 이야기는 아예 치아(齒牙)에 담지도 않았다.[가승(家乘)[376]]

매년 부모님의 기일(忌日)을 당해서는 밤이 새도록 마음 아파하고 괴로워한 나머지, 거의 기식(氣息)이 끊기어 운명(殞命)할 뻔한 지경에 처하기도 하였다. 모친의 건강에 혹여 조금 차도가 있을라치면, 몸소 맛있는 음식을 구해서 드렸다. 또 매일 아침마다 대변을 맛보아 잠시 동안이라도 모친 곁을 떠나지 않았다. 모친이 다시 정상을 회복하면, 부드럽고 기쁘게 하여 안색을 밝고 윤택하게 하였다. 또한 찾아온 손님과 더불어 상대할 적에는 즐겁고 기쁜 듯이 대하였다. 공은 순수하고 강직한 기운을 타고났지만, 꾸밈이 없이 의젓하고 솔직하면서도 화락[和泰][377]한 모습을 보였다. 그 때문에 공을 만난 이는 공경하였고, 거듭 그런 소문을 들은 자들은 높이 칭송하고 사모하였다.[가승(家乘)]

(58) 태평재(太平齋) 조성욱(趙性郁, 1824~1875) [태평재공휘성욱(太平齋公諱性郁)]

|약전| 자는 의명(義明)이며 호는 태평재(太平齋). 순조 24년인 1824년[甲申] 2월 1일에 태어나서, 고종 12년인 1875년[乙亥] 12월 20일에 졸(卒)하였다. 향년 62세다.

376 가승(家乘)이란 한 집안의 역사적 사실을 적은 책을 말한다.

377 화태(和泰)란 조선 세종 때의 열다섯 곡 가운데 열두 번째 곡을 말하는데, 여기서는 화락하다는 의미이다.

공은 아주 어려서 믿고 의지하였던 부친을 여의었던 탓에, 모부인(母夫人)의 교양(敎養)을 오롯이 받들었다. 그리하여 어린 시절부터 동네의 이웃 사람들 모두가 효동(孝童)이라 일컬었다. 공은 그 가산(家産)을 영위함에 우선적으로 제전(祭田)을 마련하였고, 또 제사를 모실 때에는 성의와 공경을 극진하게 다하였다. 또 같은 종족을 진휼(賑恤)하거나, 궁핍한 이웃들을 살필 적에는 그 힘이 미치는 바를 극진하게 다하였다.

모부인의 상(喪)을 당해서는 삼 년 동안의 시묘살이[居廬]를 행하면서 일심(一心)으로 추모(追慕)하였다.['남원향교문(南原鄕校文)'[378]을 통(通)한 전주(全州)의 희현당(希顯堂) 기문.[379]]

여러 읍(邑)의 장보(章甫)[유생][380]들이 공이 선보인 효행의 사적(事蹟)들을 읍영(邑營)[381]에 바치자, 수의(繡衣)[사또][382]의 글이 미쳤다. 이 일은 유고(遺稿)에 소상하게 기재되어 있다.

(59) 산당(山堂) 조성전(趙性全, 1811~1852) [산당공휘성전(山堂公諱性全)]

|약전| 자는 이회(而晦). 순조 11년 1811년[辛未] 9월 4일에 태어나서, 철종 3년인 1852년[壬子] 11월 3일에 졸하였다.

공은 소싯적부터 용기와 힘이 매우 뛰어난 데다가, 웅장한 포부[雄圖]

378 '남원향교문'이란 南原鄕校誌編纂委員會, 『南原鄕校誌』, 回想社, 1995의 전신(前身)일 것으로 추정된다.

379 재실(齋室)의 일종일 것으로 짐작되는 전주의 희현당(希顯堂)이란 이 건물에 소장된 기문(記文) 양식을 겸하는 의미로 쓰인 듯하다.

380 장보(章甫)는 유학(儒學)을 공부하는 선비들인 유생(儒生)을 다르게 표현한 단어다.

381 현(縣)이나 부(府)의 관청. 기존의 남원부(南原府)는 조선 전기인 1413년(태종 13)에 이르러 남원도호부(南原都護府)로 개편되었다. 종3품인 수령(守令)이 남원도호부를 맡았다.

382 수의를 입은 사또라는 뜻으로, '어사또'를 달리 이르는 말이다. 수의는 암행어사를 지칭하는 표현이기도 하다.

와 훌륭한 경륜까지를 겸하였으나, 안타깝게도 이른 나이 때부터 공부하여 배움을 닦을 만한 기회를 놓쳤다. 이에 성장한 뒤의 어느 날 하루 아침 나절에 분연(奮然)히 떨쳐 일어나 별도로 산속에 집 한 채[山堂]를 짓고는 문을 걸어 잠그고 홀로 거처하였다.

이후로 산당에서 『맹자(孟子)』와 『당송팔가시선(唐宋八家詩選)』을 서로 반복해서 침잠하면서 글 뜻을 완미(玩味)하곤 하였다. 공은 구독(句讀)[383]에 능한 사람을 기다릴 틈도 없이 스스로 글 뜻을 이해하면서 책을 읽었는데, 특히 병가서(兵家書)를 더욱 좋아하였다. 이렇게 하여 연세(年歲)가 쌓이도록 공부하는 동안에 서울 등지에 나가 노니는 일을 완전히 끊었고, 요직을 차지한 권세가(權勢家)의 대문 근처에는 아예 얼씬거리지도 않았다.

주변 사람들 중에서 혹 공에게 무과(武科)에 응시할 것을 권유하였지만, 이 또한 듣지 않았다. 무릇 공을 깊이 잘 알고 지내온 사람들이라면, 이 세상에 크게 훌륭한 일을 함직한 인물로서 기대하지 않음이 없었건만, 끝내 과거 시험에 응하지 않았으니, 그 충분히 합격할 가능성에 대해서 애석하게 여기기만 하였다.

공은 어버이를 섬기는 일에 정성으로 하였고, 그 선대 조상님[先德]들이 남긴 문적(文籍) 중에서 유실(遺失)되었거나 빠뜨리진 것들은 공독(公牘)[384]과 야사(野史) 따위를 통해 널리 두루 찾기도 하였다. 또 당시 조정(朝廷)의 지체 높은 벼슬아치들에게 글을 요청하여 선대 전보(前譜)를 만드는 일 대부분에 온 정성과 힘을 다 쏟아붓기도 하였다고들 운운한다.[가장(家狀)에 나온다.]

383 글을 쓸 때 문장 부호를 쓰거나, 끊어 읽는 방법 등을 정한 규칙인 구두법(句讀法)을 말한다.
384 관청의 문서나 공식적인 문서 등을 통칭하는 단어다.

(60) 초화(初花) 조성복(趙性宓, 1818~1866) [초화공휘성복(初花公諱性宓)]

|약전| 자는 자천(子賤). 순조[純廟] 18년인 1818년[戊寅] 2월 27일에 태어나서, 1866년(丙寅, 고종 3) 8월 16일에 졸하였다. 향년[壽] 49세다.

공은 생래적(生來的)인 기개와 도량이 우뚝하고 뛰어났고, 마음은 단아하고 편안하였다. 여덟 살이 되면서 능히 문장을 엮어서 글을 지을 수 있었고, 서체(書體) 또한 훌륭하였다. 성장함에 미쳐서는 한경(漢京)[서울]에 유학하게 되었다. 이때 추사(秋史) 김정희(金正喜, 1786~1856)[385] 선생이 공을 한 번 만나 보고는 심히 경애(敬愛)하며 이르기를,

> "그대의 풍재(風栽)[386]는 맑고 고상하며, 힘차고 굳센[遒勁][387] 서법(書法)은 마치 연꽃이 이제 막 피어난 것만 같으니, 초화(初花)로써 호를 삼는 것이 어떠하겠는가?"

라고 하였다.[388] 공의 초호(初號)는 상남(桑南)이었지만, 초화(初花)라는 호로 세상에 알려지게 된 것은 바로 이러한 이유 때문이었다.

385 본관은 경주(慶州)로 예산(禮山) 출신이다. 조선 말기의 문신이자 실학자이면서 추사체(秋史體)를 개척한 저명한 서화가이다.

386 원문의 '풍재(風栽)'는 스스로 굳게 지키는 위의(威儀)를 뜻하는 풍재(風裁)의 오기(誤記)일 것으로 판단된다. 실제 허유(許愈)의 『后山集』에는 "君之風裁, 淸高"로 기록되어 있다.

387 흔히 필치(筆致)를 평하는 수사어로 '단아준경(端嚴遒勁)·웅후준경(雄厚遒勁)' 등의 사례와 같이 연용되곤 하는데, 힘차고 굳셈을 뜻한다.

388 이상의 내용은 許愈, 『后山集』 卷19(한국문집총간 327), 「遺事」, 〈處士趙公遺事〉, 민족문화추진위원회, 2004, 413쪽에도 수록되어 있음을 확인하였다. "時秋史金公正喜書法, 爲東國第一, 公一造門, 甚敬愛之曰, 君之風裁淸高, 畫法遒勁, 如初發芙蓉, 盍以初花爲號, 名字之改, 亦秋史之命也." '처사조공'은 조성복을 가리킨다.

또 선생은 '적일성루(笛一聲樓)'[389]-누각에 울려 퍼지는 한 가닥 피리 소리-를 써서 공에게 증정하였다.[390] 그뿐만 아니라 추사는 '우염옥허주(偶厭玉虛住), 굴작세간인(屈作世間人)'- 즉, "우리는 옥(玉)이 헛되이 머무르면서, 세상 사람들을 속이는 것을 미워하노라!- 이구(二句)를 지어서 공과 전별하였다. 이 글귀를 암송하는 자들이 "추사의 전신(傳神)이다"[391]고들 하였다. 그런데 공은 이 세상에 태어난 이후로 원고를 모아 두지 않았던 까닭에, 지금 보존된 유집(遺集)[곧 『초화집(初花集)』] 2권은 바로 생질인 권병태(權秉太)[392]가 거두고 베낀 결실들이다. 청전(青田) 이청(李晴)[393]이 시집(詩集)의 「서문[序]」을 지었고, 청수(聽水) 홍재정洪在鼎, 1820~?)[394]이 〈장소헌기(長嘯軒記)〉를 썼다. 또

389 후일 '적일성루'는 경남 사천시 곤양면 환덕리에 소재한 고(故) 조성래(趙性來) 가(家)의 사랑채의 당호이자 별칭으로 사용되었던 사실이 확인된다. 초화의 후손으로 추정되는 조성래 씨는 생전에 상당한 분량에 이르는 문헌과 서화품들을 수집한 끝에, 가칭 '적일성루소장장서목록집'을 작성하고 보관과 활용 방법을 고민하던 도중에, 안타깝게도 거간꾼들에 의해 도난당하는 사태가 발생했다고 한다. 강희근, 「慶南文壇, 그 뒤안길(262): '후반기' 동인 조향 태생지 환덕리(1)」, ≪경남일보≫ 2013. 8. 26.

390 원문에는 '적(笛)' 자(字) 대신에 옥편에도 안 보이는 '竹 + 遂' 자의 합성어로 된 글자로 채워져 있기에, 『후산집』에 수록된 '적일성루(笛一聲樓)'로 대체하였다. 차후 조성복은 '적일성루'를 자신의 서실(書室) 편액(扁額)으로 내걸었다.(『后山集』 卷19, 「遺事」, 〈處士趙公遺事〉, 413쪽.): "築一書屋, 揭扁笛一聲樓, 庋積數千卷詩書, 庭植數百本花卉, 文學之士, 課日相訪, 討論古今, 詩酒自娛."

391 전신(傳神)은 초상화에서 인물의 정신이나 감정을 표현하여 그리는 일을 말한다.

392 허유가 지은 〈처사조공유사〉에는 생몰 연도 미상(未詳)인 취련(醉蓮) 권병태(權秉太)에 대해 이하와 같이 소개해 두었다.(413쪽): "누님의 아들인 권병태는 호가 취련으로, 조실(早失) 부모하여 공의 문하에서 학업을 전수받았다. 공은 마치 자기 자식인 양 가르치고 길러서, 문사(文詞)와 필법이 세상에 알려지게 되었다.(姊子權秉太號醉蓮, 早失怙恃, 受學於公之門, 而公教育如己出, 文詞筆法, 有聞於世.)"

393 『承政院日記』 1660책, 正祖 13년 7월 14일(戊戌) 조에 "수찬 이청을 추고하는 일로, 왕의 뜻을 전하는 계사가 내려졌다.(修撰李晴推考事, 傳旨啓下矣.)"는 구절이 발견되나, 동일인지 여부가 확실하지 않다.

394 본관은 남양(南陽)으로 자는 공실(公實)이며 부친은 진사 홍우섭(洪友燮). 1848년[戊申]에 진사시에 합격한 이래로 제참(齊參)·빙검(氷檢)·의첨(衣僉)·선부군국주사(繕副軍國主事) 등을 역임하였다.

한 허유(許愈, 1833~1904)[395] 선생이 〈처사조공유사(處士趙公遺事)〉를 찬(撰)하였다.[396]

(61) 종횡(宗衡) 조응규(趙膺奎, 1824~1891) [종형공휘응규(宗衡公諱膺奎)]

|약전| 자는 명원(明遠). 순조 24년인 1824년[甲申] 3월 26일에 태어나서, 고종 28년인 1891년[辛卯] 8월 17일에 졸(卒)하였다. 향년 68세다.

공은 철종(哲宗) 3년인 1852년[壬子]에 진사시에 합격하여, 고종(高宗) 4년인 1867년[丁卯]에 처음으로 참봉(參奉) 벼슬을 하였다. 이후로 사재감(司宰監)[397]과 상의원(尙衣院) 주부(主簿)[398] 및 사직(社稷)·전(殿)·묘릉(廟陵) 등의 참봉을 거쳐, 영돈녕부(領敦寧府) 판관(判官)·전설시(典設寺) 별제(別提)[399] 등을 차례로 역임하였다. 공의 풍모[風]·모유[猷]와 기개[氣]·도량[度]은 한 시대가 사모하는 바가 되었다. 인생 만년(晩年)에 이르러 태어나서 자란 고향[400]으로

395 본관은 김해(金海)로 호는 남녀(南黎)·후산이며, 이진상(李震相)의 문인. 평생에 걸쳐 학문 연구에 전심하였으며, 1903년에 덕행(德行)으로 참봉에 천거되었으나 나아가지 않았다. 허유는 스승 이진상의 심학(心學)과 주리(主理)의 설을 굳게 따름으로써, 영남(嶺南)의 한주학파(寒洲學派)의 이론 확립에 기여하였다.

396 각주 388) 참조.

397 고려와 조선 시대 때 어량(魚梁)·산택(山澤)에 관한 일을 관장하기 위해 설치되었던 관서(官署)이다.

398 조선 시대에 임금의 의복이나 대궐 안의 재물과 보물 따위를 관리하고 공급하는 일을 맡아보던 관청으로, 주부는 여기에 소속된 종7품 관직에 해당한다. 1895년(고종 32)에 상의사(尙衣司)로 고쳤으며, 1905년에는 상방사(尙方司)로 다시 개명하게 된다.

399 조선 시대 때 의식(儀式)에 쓰는 장막(帳幕)을 공급하는 일을 맡아보던 관청으로, 전설사(典設司)가 맞는 명칭이다. 별제는 전설사의 실제 주재관으로 종6품의 품계에 해당한다.

400 경남 하동군 옥종면 회신리 월횡마을로 파악되었다.

되돌아가 유술(儒術)을 숭호(崇好)하였다. 월고(月皐) 조공(趙公) 성가(性家)[401]는 남들보다 월등히 뛰어난 재주와 세상에 등용될 만한 그릇됨을 허여(許與)하면서 공을 평해 이르기를,

"허리 아래의 뼈는 유연한 띠요, 씩씩한 기백(氣魄)은 공의 전신(傳神)이니, 공은 그 여기에 있는가?[402]

라고 하였다. 공은 생전에 『낙하창수집(洛下唱酬集)』 1권과 『전원창수집(田園唱酬集)』 1권을 남겼다. 동문인 애산(艾山) 정재규(鄭載圭, 1843~1911)[403]가 묘표(墓表)[404]를 지었다.

(62) 계운(溪雲) 조남규(趙南奎, 1857~1927) [계운공휘남규(溪雲公諱南奎)]

|연보| 자가 명서(明瑞)며 호는 계운(溪雲)이다. 철종 8년인 1857년[丁巳]

401 월고(月皐) 조성가(趙性家, 1824~1904): 경남 하동군 옥종면 출신으로 본관은 함안이다. 부친은 동몽교관에 증직된 조광식(趙匡植)이다. 노사(蘆沙) 기정진(奇正鎭, 1798~~1879)의 문인으로 스승의 리일분수설(理一分殊說)을 적극적으로 지지하였고, 조성가의 성리학적 질의에 대한 기정진의 답설이 바로 유명한 〈외필(猥筆)〉 1편이다. 1883년에 선공감(繕工監) 감역(監役)에 제수되었고, 1902년 수직(壽職)으로 통정대부에 증직되었다. 전남 장성의 고산서원(高山書院)에 배향되었고, 저서로는 『月皐文集』 20권 10책이 있다.

402 이 두 구절 사후에 지은 제문(祭文)이나 만사(挽詞)일 것으로 짐작된다.

403 본관은 초계(草溪)로 호는 노백헌(老柏軒)·애산이다. 1864년(고종 1)에 합천에서 전라도 장성의 기정진의 문하에 들어가 수학함으로써, 영남 지역에서의 노사학파(蘆沙學派) 성장에 일조하였다. 1903년에 저술한 〈납량사의기의변(納凉私議記疑辨)〉과 〈외필변변(猥筆辨辨)〉을 통해 전우(田愚)의 학설을 비판하고 사설(師說)을 옹호하였다. 1910년 경술합병 이후에 일제가 저명한 인사에게 주는 은사금을 물리쳤으며, 익년인 1911년에 오랑캐의 침략에 조선이 점차 빠져드는 것을 경계하는 유언을 남기고 죽었다. 사후에 합천의 경덕사(景德祠)에 봉안되었고, 저서로 『老柏軒集』 49권이 있다. 정재규에 관한 논의로는 김봉곤, 「嶺南地域 蘆沙學派의 成長과 門人 鄭載圭의 役割」, 『남명학연구』 29, 경상대 남명학연구소, 2010을 참조.

404 죽은 이의 이름과 생몰(生歿) 연월일 및 행적 등을 새기어 무덤 앞에 세우는 푯돌이나 푯말을 말한다.

2월 21일에 태어나서, 1927년[丁卯] 9월 28일에 졸하였다. 향년 72세다.

공은 근본으로 타고난 성품이 원만하고 두터웠고, 일에 대처해서는 청렴·정직하게 행하였으며, 영화며 이익 따위에는 조금도 구애됨이 없었다. 또 공은 마음이 평안하고 고요하여 스스로 즐거웠으며, 말을 할 적에는 반드시 신중하게 하였다. 사람들과 어울릴 때에는 늘상 화락하고 의젓한 모습으로 대해 온화하고 따스한 기운이 저절로 느껴지게끔 하였다.

공은 이른 시기 적부터 시작하여 막냇동생과 오랫동안 동거(同居)하면서 식사도 함께 해왔다. 그러던 차에 하루는 숙질(叔侄)들끼리 싸움이 일어나자, 공은 이 모든 것이 자신이 집안을 잘못 다스린 책임의 소치라 생각한 끝에, 스스로 회초리로 자기 팔뚝을 매질하면서 말하기를,

"옛날에 '목용(繆肜)이 스스로를 매질한 것'[405]이 과연 이와 같았을까?"

라고 하자, 온 집안이 곧장 바로잡혔다. 사람들은 공이 제가(齊家)를 엄중(嚴重)하게 한 처사에 대해 칭찬하였다. 또한 공은 집안의 상장례(喪葬禮)나 기제(忌祭)에 대처할 때에는 예제(禮制)를 어기지 않았다. 매년 기진(忌辰)

405 원문에는 '목용(繆肜)'으로 표기되어 있으나, 실은 '목용자과(繆肜自撾)'의 의미가 내포되어 있다. 어릴 적에 조실부모한 목용 4형제들은 계속 동거하면서 같이 생활하였다. 그런데 형제들이 각기 결혼한 뒤로부터 제수(弟嫂)들이 재산을 나누고 분가(分家)할 것을 요구하면서부터 집안에 분란이 일어나기 시작하였다. 이에 목용이 스스로 자신을 매질하면서 이르기를, "용아, 네가 몸을 닦고 행실을 삼가서 성인의 법을 배우는 것은 장차 풍속을 바로 잡으려는 것인데, 어찌하여 자기 집조차도 바로 잡지 못한단 말인가?(繆肜, 汝修身謹行, 學聖人之法, 將以齊整風俗, 奈何不能正其家乎)"라고 자책하자, 여러 제수들이 머리 숙여 사죄하고 화목을 되찾았다고 한다.(弟及諸婦聞之, 悉叩頭謝罪, 遂更爲敦睦之行.) 이 미담은 『소학』과 여러 교훈서에 소개되었다.

[기일]을 당해서는 친히 제수(祭需)를 올리는 일을 집행하였고, 밤새도록 잠을 자지 않았다. 또한 공은 아직 완전히 다 갖추지 못한 것을 미리 시행하곤 하였는데, 여러 대(代)에 걸친 조상들의 묘도 문자[墓道][406]에 정성을 극진하게 다하였다.

태어나서 자란 향리와 향당(鄕黨)의 마을 사람들에 대해서는 주휼(賙恤)[407]을 극진하게 행하였다. 또한 효성과 우애심, 그리고 덕행(德行)으로 인하여 사람들이 흠모하고 우러러보는 대상이 되었다. 종예(宗裔)[종손] 규당(圭堂)과 진규(晉奎)가 〈호서(號序)〉[408]를 지었으니, 이로써 공의 사람됨을 충분히 알 수 있다.

(63) 청사(淸史) 조상식(趙商植, 1862~1924) [청사공휘상식(淸史公諱商植)][409]

|약전| 자는 경보(敬甫). 철종 13년인 1862년[壬戌] 10월 21일에 태어나서, 1924년[甲子] 1월 13일에 졸(卒)하였다. 향년 63세다.

공은 타고난 자질이 탁월하였고 재주며 품격 또한 우수(優秀)하여, 이미 팔구 세에 접어들기 시작하면서 책을 읽고 그 뜻을 능히 이해할 수

406 묘비(墓碑)·묘갈(墓碣)·묘지(墓誌)·묘표(墓表) 등과 같이 작고한 조상들의 생전 이력과 교우 관계며 주요 업적 등을 새긴 글자를 말한다.

407 원문에는 주휼(周恤)로 표기되어 있다. 가난한 사람을 구하여 도와주는 것을 의미한다.

408 이를테면 〈계운서(溪雲序)〉 형식의 글로서, 호를 계운(溪雲)으로 짓게 된 경위와 함께 호 주인공에 대한 간략한 언급이 가해진 양식이다.

409 청사 조상식의 거주지는 덕유산(德裕山) 남쪽 자락인 지금의 경남 거창군 북상면 월성리 양지마을이다.

있었다. 성장함에 미쳐서는 신공(愼公) 병우(炳祐, 1812~1895)[410]의 문하에서 사사(師事)한 끝에, 학행(學行)이 점차 향상되었다. 노년에 이르러 용암대(龍巖臺)를 축조하고 지은 시(詩)에 이르기를,[411]

"덕유산 남쪽의 제일가는 명구(名區)
안개와 노을은 대지에 가득하고 물은 동으로 흐르네.[412]
이곳에 깃들어 사니 상심도 넉넉해지고
봄 집에서 머지않아 천추를 우러러보겠노라!"

라고 하였다. 효행(孝行)으로 정려(旌閭)에 명해졌고,[413] 유고(遺稿) 2권을 남겼다.

(64) 송은(松隱) 조주식(趙周植, 1850~1908) [송은공휘주식(松隱公諱周植)]

|약전| 자는 선여(善汝). 철종 원년인 1850년[丙戌][414] 9월 2일에 태어나

410 본관은 거창(居昌)이며 신수이(愼守彝)의 5대손으로 호는 단사(丹士)·어천(魚川)이다. 1870년에 과거에 급제한 이후로 사헌부 감찰·지평과 사간원 정언 등을 거쳐, 1884년에 수찬으로 있는 동안에 고종(高宗)의 아관파천(俄館播遷)을 시종 호위하여 무사하게끔 하는 데 기여하였다. 이 일로 인한 공로로 낙안(樂安) 군수(郡守)에 특배(特拜)되었으나, 갑신정변(甲申政變)을 주도한 세력들이 다시 주도권을 차지하자 관직을 은퇴하고 귀향하였다. 이후 신병우는 지금의 거창군 북상면 창선리 월성천 변에 귀래정(歸來亭)과 낙선대(樂仙臺)를 짓고 긴 은둔 생활을 영위하다가, 그곳에서 타계하게 된다.

411 "德裕山南第一區, 烟霞滿地水東流, 捿息於斯慉我足, 春堂不遠仰千秋."

412 운위된 시어(詩語)인 '수동류(水東流)'란 덕유산이 제공한 남도의 명천(名川)인 경남 거창군 북상면의 월성천(月星川)을 가리킨다.

413 '효자통정대부승정원좌부승지함안조공상식지비(孝子通政大夫承政院左副承旨咸安趙公商植之碑)'로 명해진 정려 비석은 1925년[乙丑] 3월 상순에 예조판서를 지낸 안동인[安東] 김종한(金宗漢, 1844~1932)이 지었다. 이 정려비의 소재지는 거창군 북상면 월성리 양지마을이다.

414 원문의 '병술(丙戌)'은 경술(庚戌)의 오기일 것으로 판단된다.

서, 1908년[戊申] 3월 24일에 졸하였다. 향년 73세다.

공(公)의 모부인(母夫人)이 공을 뱃속에 배었을 즈음에 이몽(異夢)을 꾸고 애를 낳았다고 한다. 그래서인지 공은 기개와 도량이 비범하였을 뿐만 아니라, 재주와 기량도 영리하고 민첩하여 이른 시기에 경사(京師)[서울]에 유학하여 고관대작의 문하에도 출입하게 되었다. 그러나 시사(時事)가 날로 잘못되어 가는 것을 목도하고는, 마침내 뜻을 접은 채로 고향으로 돌아와서 자취를 감추고 이름이 드러나지 않게 하기 위한 목적으로 덕유산(德裕山) 남쪽의 원학동(猿鶴洞)[415]에 은거하여 '구름 밭을 갈고 달을 낚시질하는 것[耕雲釣月]'으로 목숨이 다할 때까지의 계획으로 삼았다. 그러나 공의 경우 내면 가득히 온축(蘊蓄)된 것들 중에서, 미처 그 만분의 일도 펼쳐 보지도 못하였으니, 이를 모든 사람들이 애석하게 여겼다.

(65) 치재(致齋) 조용헌(趙鏞憲, 1869~1951) [치재공휘용헌(致齋公諱鏞憲)]

|약전| 자는 가헌(可憲). 고종 6년인 1869년[己巳] 5월 6일에 태어나서,[416] 1951년[辛卯] 1월 29일에 졸하였다. 향년 83세다.

공은 천부적으로 매우 뛰어나고 총명하였으며, 재주가 있는 기질[才氣] 또한 탁월하였다. 또 공은 조상 대대로 전해 온 집안의 가르침을 받들어 효성과 우애를 충실히 실행하였다. 공은 일찍이 면우(俛宇) 곽종석(郭

415 원학동은 화림동(花林洞)·심진동(尋眞洞)과 함께 이른바 '안의(安義) 삼동(三洞)'으로 불리는 명승지로, 지금의 경남 거창군 위천면과 북상면 사이에 위치한 명승(名勝) 계곡을 가리킨다.

416 본적은 지금의 경남 사천시(泗川市) 곤양면(昆陽面) 환덕리(還德里). 증조부는 곤은(崑隱) 조승억(趙承億)이며 조부는 조성교(趙性教), 부친은 이초(二初) 조면규(趙冕奎)이고, 모친은 안동 권씨(安東權氏)다.

鍾錫, 1846~1919)[417] 선생으로부터 학문을 전수받은 끝에, 문학(文學)과 덕행(德行)으로 많은 사람들이 받들어 존중하는 대상이 되었다. 또한 두문동(杜門洞) 사우(祠宇)를 건립할 때에,[418] 춘포(春圃) 공성학(孔聖學, 1879~1957)[419]과 더불어 이 일을 주선(周旋)하는 데 가장 앞장서서 온 힘을 다 기울였다.

선조고(先祖考)인 덕곡(德谷) 선생을 봉안(奉安)하는 고유문(告由文) 및 상형축문(常亨祝文)[420], 그리고 고죽재(孤竹齋) 조안경(趙安卿)[421] 선생을 봉안하는 고유문 등은 모두 공이 지은 글들이다. 그뿐만 아니라 율수재(聿修齋)[422]의 기문[記]을 짓는 일에도 손길이 미쳤으니, 이는 성품이 베풀어 주는 것을 좋아하였기 때문이다.

417 본관은 현풍(玄風)으로 경남 산청군의 단성(丹城) 출신이다. 4살 때부터 부친과 이홍렬(李鴻烈)에게서 사서오경(四書五經) 등을 배웠고, 이후 주자학 공부에 전념하여 20대 초반부터 이미 학자의 명성을 떨쳤다. 25세 때 이진상(李震相)의 문하에 들어간 뒤로는 심즉리설(心卽理說)을 더욱 심화·발전시켰다. 이후 서울과 전국을 무대로 하여 다양한 활동을 전개하였으며, 3·1운동 때 137인이 결집한 파리장서에서 대표로 추대되었다. 이로 인해 2년 형의 옥고를 겪었고, 그 여독으로 생을 마감하였다. 저서로는 도합 183권 분량의 『俛宇文集』이 있고, 1963년에 이르러 건국훈장 독립장이 추서되었다.

418 두문동 72현 중의 한 사람인 임선미(林先味)의 후손 임하영(林河永)이 주동이 되어 1934년에 창건한 두문동(杜門洞) 서원(書院)을 지칭하거나, 혹은 이 건물 안에 부설된 사우(祠宇)[사당(祠堂)]를 가리키는 듯하다.

419 본관은 곡부(曲阜)로 개성(開城) 출생. 김택영(金澤榮)으로부터 한학을 배워 시문에 능통하였고 성균관 부제학을 역임하였다. 기업의 성패보다는 민족 자본에 의한 향토 개발로 일본인들의 자본 침략을 극력 반대한 지사형 민족 기업가이다. 개성삼업주식회사 사장과 개성인삼조합 조합장 등을 지냈다.

420 원문에는 '상형문(常亨文)'으로 표기되어 있다.

421 호는 천산(泉山) 또는 고죽재로 감찰공 인계(仁啓)의 아들이다. 고려 충정왕 3년(1351)에 문과에 급제하여 벼슬이 호조전서(戶曹典書)에 이르렀으나, 이태조가 공양왕을 몰아내고 왕위에 오르자 공은 개성의 부조현(不朝峴)에 올라 비탄의 눈물을 흘리면서, "때가 이미 잘 못되었도다. 벼슬을 버리지 않고 무엇을 구하겠는가?(時已非矣, 不去何求)"라고 하면서 두문동에 들어가 숨었다. 조선의 태조가 옛 관직으로 불렀으나 응하지 않았다.

422 1686년(숙종 12)에 매계(梅溪) 조위(曺偉, 1454~1503)의 업적을 기리기 위하여 그의 유허지에 세운 사당으로, 지금의 경북 김천시 봉산면 인의리 769번지에 위치하고 있다. '율수(聿修)'란 조상의 덕(德)을 이어받아 닦는다는 뜻으로, 율수재는 조위가 이룩한 학문 세계에 대한 계승 의지가 반영된 작명법임을 알 수 있다.

공은 항상 성(誠)·경(敬)·겸(謙) 세 글자로써 부신(符信)을 삼았다. 참된 마음[誠]으로 일에 임하고, 경(敬)으로 자기 몸의 처신을 행하며, 겸손함으로 사람을 접하였으니, 일생 동안의 행동거지[行操]가 모두 규구(規矩)와 법도(法度)에 치우침 없이 자연스럽게 들어맞았다. 공은 유집(遺集) 5권과 『동유록(東遊錄)』 1권을 남겼다. 공의 〈호기(號記)〉는 회봉(晦峰) 하겸진(河謙鎭, 1870~1946)[423]이 지었고, 〈계서(契序)〉는 중재(重齋) 김황(金榥, 1896~1978)[424]이 찬(撰)하였으며, 또 묘갈명[墓碣]은 도산(濤山) 성순영(成純永, 1896~1970)[425]이 지었다.

(66) 괴은(槐隱) 조용구(趙鏞求, 1882~1947) [괴은공휘용구(槐隱公諱鏞求)]

|약전| 자는 성숙(聲淑). 고종 19년인 1882년[壬午] 12월 22일에 태어나서, 1947년[丁亥] 1월 14일에 졸(卒)하였다. 향년 66세이다.

공은 어려서부터 재능이며 지혜가 뛰어났고, 어버이를 모시고 형을 공경함에 반드시 그 도리를 극진하게 다하였다. 성장함에 미쳐서는 호학(好學)하여 힘써 학문을 행하였다. 특히 주공(周公)·공자(孔子) 및 정주학(程朱

423 본관은 진양(晉陽)으로 지금의 진주시 수곡면 토곡리 출신이다. 13세에 사서·오경의 요의(要義)를 모두 익혀 사람들의 칭송을 받았고, 17세에 당대의 명유인 허유(許愈)를 만났다. 24세부터는 성리학(性理學)을 논하기 시작하여 경상우도를 대표하는 대학자로 성장하였다. 저술로 『朱語節要』·『陶文酌海』·『明史綱目』과 정인보(鄭寅普, 1893~?)가 극찬한 『東詩話』 등이 있다. 우리나라 유현(儒賢)들의 학문과 연원을 체계 있게 정리한 『東儒學案』 30권도 매우 주목받는 저술이다.

424 명신이었던 동강(東岡) 김우옹(金宇顒, 1540~1603)의 후손으로, 부친은 도산서원(陶山書院) 원장을 지낸 김극영(金克永)이며, 곽종석(郭鍾錫)의 문인이다. 1910년 경술합병 이후로 부친을 따라 경남 산청의 황매산(黃梅山) 자락의 산골인 만암(晩巖)으로 이사하여 독서에만 전념하였다. 일제 강점기 동안에 제1, 2차 유림단사건(儒林團事件)으로 두 번의 옥고를 치렀다. 저서로는 『瑣記』·『孝經章句』·『四禮受用』·『東史略』·『歷年圖捷錄』·『獨立提綱』·『寰瀛對照』·『益朋堂叢鈔』·『日記』 등이 있다.

425 본관은 창녕(昌寧)이며 호는 후당(厚堂)·도산이다. 부친은 백강(柏岡) 성대호(成大鎬)로 경남 창녕군 고암면 원촌에서 태어났고, 만년에는 서울 장위동에서 생활하였다. 심재(深齋) 조긍섭(曺兢燮, 1873~1933)의 문인으로 왕성한 활동을 엿보게 해 주는 숱한 문헌 기록들이 남아 있으며, 저서로는 『厚堂集』이 있다.

學)의 서책들을 강구(講求)하였고, 심성(心性)·의리(義理)의 도리를 아울러 탐구하여 밝혔다. 또한 예(禮)로써 몸가짐을 조율하였고, 의(義)로써 자제들을 가르쳤다. 집안일을 하면서 집에 머무를 때와 일을 처리할 적에는 화목과 인내의 덕목으로써 교화해, 공의 가내(家內)가 이웃 동리의 좋은 본보기가 되었다. 유고(遺稿) 일국(一局)[426]이 집안 깊숙이 보관되어 있다.

(67) 송헌(松軒) 조정규(趙正奎, 1871~1944) [송헌공휘정규(松軒公諱正奎)]

|약전| 자는 치오(致五). 고종 8년인 1871년[辛未] 2월 30일에 태어나서, 1944년[甲申] 11월 29일에 졸(卒)하였다. 향년 74세다.

공은 타고난 자질이 총명하고 뛰어났으며, 어버이를 모심에 효성을 극진하게 다하여, 향리(鄕里)에서는 공을 포창[褒]하고 장려[奬]하였다. 또 공은 같은 종족(宗族)에 대처하거나, 자제들을 가르칠 때에는 모두 한결같이 은의(恩義)를 위주로 하였다. 선조(先祖)를 추모하기 위한 일에 이르러서는 더욱 성의와 힘을 다하였다. 이를테면 선대의 묘소(墓所)나 재사(齋舍)[재실]에 이지러짐이 있다든가, 혹은 미처 간행되지 못한 선대의 유집(遺集) 같은 것들에 대해 경영[經紀][427]하지 않음이 없어서 일일이 거두어 정리함으로써, 능히 선대의 뜻을 충실히 이어 받들어 계승하는 사업을 완수하였다.

공은 집안 살림이 빈궁(貧窮)하였지만, 그 즐거움에 마음 편안해하여, 세력이나 이권 따위가 그 마음가짐을 움직이게 하지는 못하였다. 이에

426 일국(一局)이란 바둑·장기 등의 한 판을 가리키지만, 여기서는 책판(冊版)의 의미로 사용된 듯하다.

427 경기(經紀)란 나라를 다스리는 대법을 지칭하는 단어나, 여기서는 사업(事業)을 계획·관리하거나, 꾸리고 돌보는 등의 의미를 내포하고 있다.

공을 잘 아는 자들은 모두 다 공을 두고 덕(德)을 숭상하는 군자(君子)라고들 칭송하곤 하였다.

(68) 죽사(竹史) 조경제(趙京濟, 1901~1949) [죽사공휘경제(竹史公諱京濟)]

|연보| 자는 원여(元汝). 고종 38년인 1901년[辛丑] 9월 14일에 태어나서, 1949년[己丑] 3월 24일에 졸하였다. 향년[壽] 49세다.

공은 어려서부터 학업에 독실하였고, 추범(秋帆) 권도용(權道溶, 1878~1959)[428] 선생의 문하에서 학문을 전수받은 끝에, 자못 명성이 있었다. 1910년[庚戌]에 자행된 경술합병(庚戌合併)으로 나라가 망한 후에는 은거(隱居)한 채 세상 바깥으로 나오지 않았다. 이때 공은 손수 매화와 대나무를 심고서는, 말을 더듬거리며 회포를 읊조리어 피력하곤 하였다.

만세를 소리 높여 외치던 누런 양의 해[己未, 1919][429]에 이르러, 공은 일본[倭] 헌병대(憲兵隊) 문밖에서 독립만세(獨立萬歲)를 앞장서서 주창한 끝에, 기어이 체포되어 3개월 동안의 옥고[幽]를 치르기도 하였다. 이후 공

428 본관은 안동(安東)으로 경남 산청군 단성면에서 출생한 일제 강점기의 유학자이자 독립운동가·교육자다. 면우 곽종석의 문하에서 수학하였으며, 타고난 자질이 뛰어나고 의기(義氣)가 빼어나 대학자들의 높은 기대를 받았다. 경전과 제자백가를 두루 탐독하였고, 성리학을 깊이 연구하여 많은 문하생을 배출하였다. 1919년에 3·1 만세운동이 일어나자, 경남유림대회를 개최하고 조선독립선언서 등을 배포한 일로 체포되어 대구 감옥에 수감된 바가 있으며, 출옥한 뒤에는 제자들에게 항일 정신을 고취시켰다. 1913년 위암(韋菴) 장지연(張志淵)의 후임으로 경남일보 제2대 주필로 취임하여 언론 계몽운동에 힘썼다. 만년에 오은정사(吳隱精舍)를 건립하고 후진 양성에 주력하였고, 저서로는 『秋帆文苑原集』이 있다. 1987년에 이르러 정부로부터 독립운동 유공자로 공훈을 인정받아 대통령포장에 추서되었다.

429 원문의 '황양숭호지세(黃羊崇呼之歲)'란 누런 양의 해인 1919년[己未]에 3·1 만세 운동을 펼쳤던 사실을 우회적으로 표현한 어휘다.

은 도곡서원(道谷書院)[430]을 다시 건립하는 일을 여러 해에 걸쳐 경영(經營)하다가, 미처 건물이 중건(重建)되기도 전에 타계하고야 말았으니, 어찌 너무나 가슴 아픈 일이 아니겠는가? 공이 생전에 남긴 유고(遺稿)가 세상에 전하고 있다.

430 경남 함양군 지곡면 개평리에 소재하였던 서원으로, 1701년(숙종 27)에 지역 유림의 공의(公議)로 조승숙과 정복주(鄭復周)·노숙동(盧叔仝)·노우명(盧友明)의 학덕을 추모하기 위해 창건하고 위패를 모셨다. 1869년(고종 6)의 서원철폐령으로 훼철된 뒤에 복원하지 못한 것을 중건하기 위한 목적으로 장기간에 걸친 경영 사업에 착수하였던 듯하다. 현재의 도곡서원은 2001년에 복원된 건물이다.

참고문헌

1. 경사류(經史類) 및 여타의 원전

『論語集註』·『孟子集註』·『小學』·『禮記』·『大戴禮記』·『書經』·『詩經』·『周易』·『史記』·『道德經』·『莊子』·『天官書』·『嶺南文獻錄』·『丙辰丁巳錄』·『我我錄』·『孝友錄』·『涪溪記聞』·『紫海筆談』·『春坡日月錄』·『東閣雜記』·『孝友錄』·『大東野乘』·『東國名賢錄』(한국학중앙연구원 장서각 소장본: MF 35-707).

2. 문집(文集)과 왕조실록류(王朝實錄類)

金麟厚, 『河西集』(한국문집총간 33), 민족문화추진위원회, 1986.

金昌協, 『農巖集 Ⅱ』(한국문집총간 162), 민족문화추진위원회, 1986.

盧禛, 『玉溪集』(한국문집총간 37), 민족문화추진위원회, 1986.

柳希春, 『眉菴集』(한국문집총간 34), 민족문화추진위원회, 1986.

宋時烈, 『宋子大全 Ⅰ』(한국문집총간 108), 민족문화추진위원회, 1986.

沈光世, 『休翁集』(한국문집총간 84), 민족문화추진위원회, 1986.

尹鳳九, 『屛溪集 Ⅲ』(한국문집총간 205), 민족문화추진위원회, 2000.

李肯翊, 『燃藜室記述·別集』, 민족문화추진위원회, 1989.

李萬運, 『默軒集』(한국문집총간 251), 민족문화추진위원회, 2001.

李象靖, 『大山集 Ⅱ』(한국문지총간 227), 민족문화추진위원회, 2001.

李潤雨, 『石潭集』(한국문집총간 16), 민족문화추진위원회, 2006.

李耔, 『陰崖集』(한국문지총간 21), 민족문화추진위원회, 1986.

李荇 外, 『新增東國輿地勝覽』, 1530.

李行, 『騎牛集』(한국문집총간 7), 민족문화추진위원회, 1986.

趙光祖, 『靜菴集』(한국문집총간 22), 민족문화추진위원회, 1986.

趙任道, 『澗松集』(한국문집총간 82), 민족문화추진위원회, 1986.

鄭蘊, 『桐溪集·續集』(한국문집총간 75), 민족문화추진위원회, 1986.

蔡貴河, 『多義堂先生實記』(국립 중앙도서관 소장본).

許穆, 『冶隱先生續集·附錄』(한국문집총간 7), 민족문화추진위원회, 1986.

許愈, 『后山集』(한국문집총간 327), 민족문화추진위원회, 2004.

『成宗實錄』 卷242, 成宗 21년 7월 26일(丙子).

『中宗實錄』 卷2, 中宗 2년 정묘(1507) 윤 1월 25일(己巳).
『中宗實錄』 卷19, 中宗 8년 10월 4일(戊戌).
『承政院日記』 1660책, 正祖 13년 7월 14일(戊戌).

3. 족보(族譜)와 읍지류(邑誌類) 및 여타의 서책

昆陽鄕土史編纂委員會, 『昆陽鄕土史』, 2004.
南原鄕校誌編纂委員會, 『南原鄕校誌』, 回想社, 1995.
南原郡 編, 『南原邑誌』(奎章閣 所藏 筆寫本), 연도 미상.
柳蕃, 『僻隱先生實記』 卷1, 「松都志」, 1907.
龍城誌編纂委(가칭), 『龍城誌』(하버드 옌칭도서관 소장본), 연도 미상.
任實雲水誌編纂委員會, 『任實雲水誌(下)』, 2012.
張源角, 「蘆川齋記」(咸安趙氏 門中 所藏板), 1959.
長水縣 編 『長水縣邑誌』(奎章閣 所藏 筆寫本), 연도 미상.
晉州通志編纂委員會(가칭), 『晉州通志』, 鵬精舍, 1964.
咸安趙氏尙書公派世譜委(가칭), 『咸安趙氏尙書公派世譜』, 1910.
咸安趙氏世德編纂委(가칭), 『咸安趙氏世德編』.
咸安趙氏世譜編輯委員會(가칭), 『咸安趙氏世譜』, 咸陽教授亭活印, 1963.
咸安趙氏德谷公派世譜編纂委員會, 『咸安趙氏德谷公派世譜 1』, 大譜社 , 2007.
咸安趙氏世譜編輯委員會, 『咸安趙氏言行錄』, 咸陽教授亭活印, 1963.
咸安趙氏察訪公派家乘編纂委(가칭), 『咸安趙氏察訪公派家乘』.
咸陽郡誌編纂委員會, 『咸陽郡誌』, 1953.
趙希文, 〈鳳凰臺記〉(『龍城誌』 收錄本), 연도 미상.
趙煥圓, 〈鳳凰臺記〉(鳳凰亭 所藏本), 1845.
崔兢敏 編, 『俛門承教錄』(경상국립대 고문헌도서관 소장본), 1974.
한국학중앙연구원, 『한국향토문화전자대전』.

4. 단행본

고영진, 『호남사림의 학맥과 사상』, 혜안, 2007.

昆陽鄕土史編纂委員會, 『昆陽鄕土史』, 2004.

김종수, 『재실의 사회사』, 민속원, 2019.

정경운 저(문인채·문희구 옮김), 『고대일록』, 서해문집, 2016.

최석기 외, 『19세기 경상우도 학자들(上·中·下)』, 보고사, 2016.

5. 논문류

김봉곤, 「嶺南地域 蘆沙學派의 成長과 門人 鄭載圭의 役割」, 『남명학연구』 29집, 경상대남명학연구소, 2010.

金貞子, 「杜門洞72賢의 選定人物에 대한 검토-《華海師全》과 《騎牛集》을 중심으로-」, 『釜大史學』 22집, 부대사학회, 1998.

金鍾秀, 「덕곡 조승숙과 『함안조씨언행록』 연구」, 『동방문화와 사상』 6집, 동방문화대학원대학교 부설 동양학연구소, 2019.

金鍾秀, 「거창군 북상면의 蘆川齋 一考」, 『南冥學』 23집, (사)남명학연구원, 2018.

박학래, 「월고 조성가의 생애와 학문: 영남지역 노사 문인 확산과 기정진과의 학문 수수를 중심으로」, 『동양학』 42권, 단국대학교 동양학연구원, 2007.

윤호진, 「덕곡(德谷) 조승숙(趙承肅)의 생애와 후대의 평가: 수양명월(首陽明月)과 율리청풍(栗里淸風)」, 『淵民學志』 23집, 연민학회, 2015.

이의강, 「여암(厲菴) 정도현(鄭道鉉)의 생애와 학문세계」, 『한문고전연구』 18권, 한국한문고전학회, 2009.

전호태, 「한국의 검파형 암각화와 문화유산 스토리텔링」, 『역사와 경계』 15집, 부산경남사학회, 2017.

6. 기타

강희근, 『慶南文壇, 그 뒤안길(262): 후반기 동인 조향 태생지 환덕리(1)』, ≪경남일보≫ 2013. 8. 26.

≪한국매일≫ 뉴스(2013. 10. 1.)」의 리빙 숲 〉 문화 이야기 〉 남도기행 〉 남도정자: '남도(南 道) 정자기행(687)-남원 봉황정(鳳凰亭)'

찾아보기

단행본 및 서책

숫자

ㄴ

ㄷ

ㄹ

ㅁ

ㅂ

ㅅ

ㅇ

ㅈ

ㅊ

ㅍ

ㅎ

한자

오백 년 명문가의 도덕적 원천
함안조씨언행록

2021년 10월 8일 초판 1쇄 발행

지은이 김종수
펴낸이 권순기
부장 박현곤
행정팀장 김성균
편집 이가람
디자인 이희은

펴낸곳 경상국립대학교출판부 | 출판등록 1989년 1월 7일 제16호
주소 경남 진주시 진주대로 501
전화번호 055) 772-0801(편집), 0802(디자인), 0803(도서 주문)
팩스 055) 772-0809
전자우편 gspress@gnu.ac.kr
홈페이지 http://gspress.gnu.ac.kr
페이스북 https://www.facebook.com/gnupub

저자와의 협의하에 인지를 생략합니다.
이 책의 판권은 경상국립대학교출판부에 있습니다.
경상국립대학교출판부의 서면 동의 없이 무단 전재 및 복사를 금합니다.

책값은 뒤표지에 있습니다.

이 도서의 국립중앙도서관 출판시도서목록(CIP)은 서지정보유통지원시스템 홈페이지(http://seoji.nl.go.kr)와 국가자료공동목록시스템(http://www.nl.go.kr/kolisnet)에서 이용하실 수 있습니다.